人類学・社会学的視点からみた過去、現在、未来のことばの教育

言語と言語教育イデオロギー

佐藤慎司　村田晶子：編著

三元社

はじめに

　本書は、さまざまな学会において著者たちが行ったパネル・ディスカッションで出されたアイディアを発展して作ったものです。2015年4月にシカゴで開催されたアメリカ日本語教師会での「人類学的視点からみた日本語教育」パネルを出発点として、6月に金沢で開催された言語文化教育研究学会の研究集会の「人類学・社会学からみたことばの教育：言語教育における言語イデオロギーを考える」、8月にフランスボルドーで行われたヨーロッパ日本語教師会の「人類学・社会学とことばの教育：ことばの教育と人類学・社会学の専門性を持った研究者の連携」パネルにおいて、本書の著者たちがさまざまなアイディアを出し、議論を重ねました（佐藤・村田・井本・岡野・川村・ましこ・山下）。さらにその後、佐藤と村田の知り合いで、人類学、社会学を専門にしていて、言語コミュニケーションに興味を持っている青山、榎本、津田、照山、徳永、堀口に声をかけ、今回の編集本の企画が実現することとなりました。

　これらのパネルを組むことになったきかっけは、佐藤と村田がコロンビア大学のティーチャーズカレッジで教育人類学を学んだことにあります。佐藤も村田も大学院で人類学を研究する前からことばの教育に携わっており、大学院で人類学・社会学的視点からあらためてことばの教育を捉えなおしてみると、いろいろ考えさせられることがありました。学位取得後、自分たちが勉強したことの意義をいろいろ考えていくうちに、ことばの教育の中で当たり前になっていることにいろいろ疑問を持つようになり、自分自身の実践を含めて、ことばの教育を問い直す作業をしています。世界中でヘイトスピーチ、テロ、移民・難民問題が増え、その問題解決の矛先がある特定グループの排斥という方向に動いているのを目の当たりにし、外国語教育や人類学という、多様な他者との

コミュニケーション、多様性の尊重、差異を乗り越えるための研究活動や教育活動に携わる者として十分な役割を果たしていないのではないかと痛感します。だからこそ、以前にも増して自分たちにも何かできることがあるのだということを信じてことばの教育とその研究に携わっているとも言えます。本書の各章の著者達ともそうした想いを共有しています。今後も本書を読んでくださる読者の方々とともに、ことばの教育と研究の可能性を信じて関わっていければと思います。

　最後にこの本の企画の段階から編集に至るまであたって温かく見守ってくださった三元社の石田俊二社長に心より感謝の気持ちを表したいと思います。本当にありがとうございました。

　9月の涼しくなったプリンストンと東京にて

佐藤慎司　村田晶子

目　次

人類学・社会学的視点からみた過去、現在、未来のことばの教育
言語と言語教育イデオロギー

はじめに　III

第1部
人類学・社会学的アプローチの意義
001

第1章　言語・コミュニケーション教育における人類学・社会学的アプローチの意義
　　　　　………………… 佐藤 慎司（プリンストン大学）／村田 晶子（法政大学）　003
1. はじめに　003
2. 言語コミュニケーション教育における人類学・社会学的アプローチの意義　004
   2-1. 言語人類学におけるコミュニケーション研究　005／2-2. 言語イデオロギー・言語教育イデオロギー　007／2-3. アイデンティティと状況的学習論　009／2-4. 社会言語学　011／2-5. 教育社会学：不平等の再生産　012／2-6. 質的調査法とエスノグラフィー　013／2-7. 新しいフィールドワークの手法　016
3. 人類学・社会学的アプローチ研究や実践の社会的貢献　018
4. 言語コミュニケーション教育研究・実践へ　019
5. 本書について　021
   参考文献　022

第2部
ことばの教育の人類学・社会学
025

第2章　言語教育／学習の知識社会学
　　　　　グローバル化における「バベルの塔」と日本列島上をおおう言語イデオロギー………………………… ましこ・ひでのり（中京大学）　027
1. はじめに　027
2. 自明視される言語学習と言語政策　028

2-1. 義務教育と就学状況・識字実態 028／2-2.「国語」の自明性再考 031／2-3. 自明視される英語教育神話 035
3. 洗脳としての日本語／「外国語」学習："meme"の発信・受容がかかえる政治性 041
　　　3-1. 日本語教育関係者／国語教育関係者が無自覚な実態：洗脳装置としての言語教育 041／3-2. 神話＝共同幻想としての「外国語」教育 044／3-3. 言語学習者の姿勢と実態 048／3-4. 神話の伝道師＝洗脳装置の末端としての言語教員たち 050
4. おわりに 055
　　　参考文献 056

第3章　学習者の社会階層と日本語学習……岡野 かおり（ラトローブ大学）059
　　　要旨 059
1. はじめに 060
2. 教育と社会的不平等 060
3. オーストラリアにおける日本語学習 063
4. カリキュラムの階層性：オーストラリアの場合 065
5. 学習者を取り巻く社会的・制度的外的条件と、学習者の行動の相互作用 069
　　　参考文献 071

第4章　教員のライフヒストリーから何を学べるのか
　　　　北米の継承語教育・国際バカロレア教育の実践者の周辺的参加と変容
　　　………………………………津田 和男（国連国際学校）・村田 晶子（法政大学）074
1. 教員のライフヒストリーを分析する意義 074
　　　1-1. ライフヒストリー作成の動機 076／1-2. ライフヒストリーの構成 077
2. 津田のライフヒストリー 078
　　　2-1. 津田の生い立ち：「日本の教育に対する反面教師との対抗と対話」078／2-2. 渡米のいきさつ：「自立した表現教育としての日本語教育の実践」078／2-3. 北米での窮乏：「輝く移民的初期状況」079／2-4. 70年代末：「教育（国際バカロレア）の未来との出会い」081／2-5. 転機——80年代末のバブル期と日本語ブームによ

る変化：「米国における中等日本語教育の胎動」083／2-6. 90年代——標準化の波：「中等日本語教育の概念化のカリキュラム・デザインの底流」084／2-7. 標準化のパラドックス 087／2-8. 学生の共同体（自助集団）の構築と探求型の教育：「国際教育の国際バカロレア教育の批判的・自立的な実践」087

3. 考察 089

  参考文献 093

第5章　社会言語学からみたこれからの言語・コミュニケーション教育の課題……………………………………山下 仁（大阪大学）094

1. はじめに 094
2. 社会言語学と言語・コミュニケーション教育 095
3. マクロ社会言語学と複言語主義 099
4. ミクロ社会言語学的観点 104

  4-1. 呼称表現 105／4-2. ポライトネス研究 106／4-3. リテラシー 108／4-4. ウェルフェア・リングイスティクス 111／4-5. ヘイトスピーチと構造的な暴力 114

5. おわりに 116

  参考文献 117

第6章　コミュニケーションスキルを問う
生きづらさを抱える人のためのコミュニケーションワークショップのエスノグラフィー
……………………照山 絢子（筑波大学）・堀口 佐知子（テンプル大学日本校）120

1. はじめに 120
2. R会のワークショップ 122
3. R会の参加者たち 128

  3-1. 川田さん 128／3-2. 楠さん 131／3-3. 大澤さん 135

4. R会の思想 137
5. おわりに 141

参考文献 145

第7章 教室における「授業」と「英語」の非自明性から考える「英語教育」の再帰的批判と「ことばの教育」の再興
……………………………………………………………………榎本 剛士（大阪大学） 146

1. はじめに 146
2. 実際に使われることばの流動性とコミュニケーションの多層性を見据える 148
   2-1.「ジャンル」概念を通じた「授業」と「授業時間中に起きていること」の区別 148／2-2.「脱／再コンテクスト化」と「スケール」 151
3. 教室を巡る「英語」：その動態と可能性 154
   3-1. せめぎ合う「スケール」、変容する「指導」 154／3-2. 同じ言及指示的テクスト、異なる現実？ 157／3-3. スケールを跨いだ「コンテクスト批判」の萌芽 160／3-4.「今・ここ」で展開するメタ・コミュニケーション、「英語教育」の再帰的批判、そして「ことばの教育」の再興 163
4. おわりに 166
   参考文献 168

第3部
人類学・社会学的視点を生かしたことばの教育
171

第8章 大学における多文化協働フィールドワークを通じたことば・文化の学び……………………………………村田 晶子（法政大学） 173

1. 文化人類学のエスノグラフィー 173
2. フィールドワーク科目の概要 176
   2-1. 協働グループの構成 176／2-2. フィールドワークの流れ 179
3. フィールドワークを通じた言語コミュニケーションの学び 181
   3-1. 留学生のフィールドワーク中のことばの使用 181／3-2. 学部生にとってのフィールドワーク中のことばの使用 183／3-3. フィールドワークを通じた他者、社会との関わり 183

4. ケーススタディー：刺青のフィールドワークの分析 184
  4-1. 協働作業のプロセス分析 184／4-2. 調査協力者との関わり 186
5. エスノグラフィー作成のもたらす可能性と振り返りの重要性 187
6. おわりに 189
  参考文献 191

第9章　ミニ・エスノグラフィーと言語文化教育
個人の役割に焦点を当てて
              川村 宏明（米国オハイオ州フィンドレー大学）　183

1. はじめに 193
2. 超短期プログラムの運営、指導を通じて 193
3. エスノグラフィック・アプローチの言語学習への応用実践例 202
  3-1. 留学オリエンテーションへのミニ・エスノグラフィーの応用 202／3-2. 海外研修旅行中の活動へのエスノグラフィーの応用 204／3-3. 留学中のミニ・エスノグラフィー 205
4. 結び 209
  参考文献 210

第10章　拡張現実（AR）を活用した英語での学習
学習者の日常を拡げ母語と指導言語の溝を埋める
              青山 玲二郎（香港理工大学）　211

1. 新技術の教育利用は必要か 211
2. 多言語社会・香港とエリート英語教育 213
3. 指導言語を巡る政府と現地の人々の衝突 216
4. 英語を指導言語とする講義の観察調査 218
5. 英語で人文学を学ぶ時に学習者が抱える課題 221
6. ARを用いて状況的学習を促し経験と知識の断絶を越える 224
7. ARを用いて学習者の日常を拡張する実践 230
8. 学習者への聞き取り調査とその結果 236

9. ARの英語学習への活用と今後の課題 239
10. 人類学・社会学的視点からみた新技術の活用 241
 参考文献 243

第11章　ことばにならない経験をことばにすること
多文化チーム・エスノグラフィーの実践をふりかえる
 ………………………………井本 由紀（慶應大学）・徳永 智子（群馬県立女子大学）　246
1. はじめに 246
2. 「ふりかえり」とは 247
3. 多層的なエスノグラフィー 251
4. チーム・エスノグラフィーの教育実践をふりかえる 253
 4-1. ことばを使うことの難しさ 253／4-2. 情動・感覚に意識を向ける：異文化体験の先へ 258／4-3. フィールドワークを行う暴力性・危険性 262
5. おわりに 264
 参考文献 265

 執筆者紹介 267

第 1 部

人類学・社会学的アプローチの意義

第1章

言語・コミュニケーション教育における人類学・社会学的アプローチの意義

佐藤 慎司（プリンストン大学）／村田 晶子（法政大学）

1. はじめに

　言語コミュニケーションはさまざまな目的のために行われるが、それは気心の知れた人との情報交換やさまざまな感情（喜び、悲しみ）の分かち合いなどのどちらかと言えば「楽しい」コミュニケーションだけでなく、相いれない隣人とうまくやっていく契約的な「難しい」コミュニケーションもある。しかし、最近気にかかるコミュニケーションは、知らない他人を攻撃する「コミュニケーション」である。現在、世界の至る所やオンラインでヘイトスピーチ、テロ、移民・難民の問題などが増加し、以前よりも世界に敵意、憎しみ、不信感が溢れている。そして、どちらかといえば、自分たちの問題や不安、不満を、まずは自らを省みることによって解決しようとするのではなく、マイノリティ、移民、外国人などの「他者」に原因や責任を転嫁することで解消しようとしているかのようである。そして、この状況は残念ながらますます悪化していく一方であるように感じる。

　本書では、このような状況の中で、1) 言語コミュニケーション教育における人類学・社会学的アプローチの意義を検討し、2) 具体的にどのような言語コミュニケーション教育研究、言語コミュニケーション教育実践が可能かの提案

を行うと同時に、3) その研究や実践の社会的貢献は何かについても考えたい。

　本書で考える言語コミュニケーション教育における人類学・社会学的アプローチの意義とは、私たちの多くがこれまで自明視してきた社会制度、地理的、文化的、歴史的に作り上げられてきた規範を問い直す姿勢、そして、内省・振り返りを行い、自分が今後どう振舞っていくか考えていくための視点を提供することにある。以下の節では、言語コミュニケーション教育における人類学・社会学的アプローチの意義がどのようなところから生まれてきたのかを見るために、人類学・社会学において言語コミュニケーション教育に関連のある分野を概観する。

2. 言語コミュニケーション教育における人類学・社会学的アプローチの意義

　従来の実証主義的な（体験し確認できる事実にのみ認識の根拠を認める学問上の立場）言語学習分析においては、言語、文化、学習といった概念を社会的な文脈から切り離し、抽象化した形での分析が主流であった。このため文化・社会は、言語学習をとりまく環境が付随的な一要因として捉えられることも多かった。もちろん言語学習においてスキルの育成（例えば、話す、読む、書く、聞く）、そして機能分析（依頼、断り、許可など）は重要なことであるが、それだけではある特定の文脈での言語コミュニケーションによって歴史、社会、文化、政治的に何がなされているのかが見えなくなってしまう。

　こうした意味で、言語、文化、学習といった概念を、埋め込まれた状況から切り離さずに取り扱う人類学、社会学の視点が注目されている。本書でいう人類学・社会学的立場とは、言語、文化、学習といった言語・コミュニケーション研究に重要な概念を言語・コミュニケーションをとりまく環境、つまり付随的な一要因として捉えるのではなく、社会的な文脈、埋め込まれた状況から切り離さずに取り扱う立場をさし、人や学習を取り巻く歴史的文脈を踏まえながら、彼らが生きる「今」、「ここ」の状況に光を当てるアプローチである。本節

では、人類学（文化人類学、社会人類学、言語人類学、教育人類学）、社会学（教育社会学）、言語学（社会言語学、語用論）などでなされている言語コミュニケーションと教育に関する議論を簡単に概観する。

2-1. 言語人類学におけるコミュニケーション研究

　言語コミュニケーションにおいてコンテクスト（しばしば、文化、社会とも言われる）は、2つの点で注目に値する。一つはコミュニケーションの適切さを測る規範的要因であり、もう一つは将来のコミュニケーションの適切さを生み出す創造的役割である。コミュニケーションの適切さを測る一要因として例えば、ら抜き言葉が適切なのか、敬語はどの程度使うのが適切なのか、最近では漢字のとめはねに関して様々な議論がなされているが、どのバージョンの漢字が正しいのか、とめはねが間違っていても正しいのか、言語コミュニケーションの適切さに関しては常に様々な議論がなされている。

　一方で、コミュニケーションのもう一つの局面として、その適切さに関するコミュニケーションが実際になされることによって、将来のコンテクストが生み出されていくという行為遂行的（performative）な側面がある。上の例に当てはめるなら、漢字のとめはねに関して、あるいは敬語の使用に関して、それぞれの個々人がどう対応し、どういう言動をするかによって、（その個々人がどういう立場にある人間かによってその影響力は異なるが）これからの将来の適切さ、つまり、コンテクスト（文化、社会）が作られていくのである。そして、この両局面がコミュニケーションの分析に不可欠であることが近年の言語人類学の研究では明らかになっている（小山2009）。

　言語コミュニケーションの適切さが変化していく一つの例として、テクノロジーの発達によるコミュニケーションの仕方の変化がある。テクノロジーは狭義では科学技術と訳されることもあるが、広義には技術とも訳される。コミュニケーション・言語においてこのテクノロジーの発達はただ言語使用、コミュニケーションを便利なものにしてきただけでない。新たなテクノロジーが生ま

れることによって、言語コミュニケーションのあり方そのものも変わってきている。Ong (1982) が述べるように、文字が生まれ言葉が書き残せるようになったこと、印刷の技術が生まれ本などが広く普及するようになったことで人々のコミュニケーションの仕方は変化してきた。そして、20世紀に入り、科学技術の発達によりラジオやテレビ、インターネットが生まれ、その普及により人々のコミュニケーションの仕方は目まぐるしく変化している。また、テキストメッセージやチャットなどのコミュニケーションでは書き言葉とも話し言葉とも言えない言葉が現れ、それに加え、絵文字のような新たなコミュニケーションツールも生まれてきている。つまり、Ong (1982) が述べるように、技術は人が作り出した「人工物」であると同時に、人間のコミュニケーションに多大な影響を与えている。そして、技術はまた、人間が新しいコミュニケーションの在り方を模索するためのツールとしての創造的な可能性を秘めており、そうした人と人工物との相互作用を捉える研究が求められている。

　小山 (2009) は、このような両義的な言語コミュニケーションの捉え方は、近代言語学、とくに形式主義言語学からではなく、社会言語学（ラボフなど）や言語人類学（ボアズなど）から生まれて来たものであり、「言語とは、構造的特徴や形式構造のみに収斂するようなものではなく、社会文化的なコミュニケーションの一環をなすものなのであり、そのようなものとして、つまり、社会文化的なコンテクストとの関係において、言語や文法は、理論化されるべきものである」と述べている。本書では主にコミュニケーションに関して第7章（榎本）が「英語の授業時間中に起きていることは英語の授業であり、生徒はそこで英語を学んでいる」という前提から始まらない、教室という前提自体を問い直すことから始まる言語コミュニケーションの可能性を、また、テクノロジーに関しては第10章（青山）が言語コミュニケーション教育における新しいテクノロジー、拡張現実技術（AR）の可能性を取り上げている。

2-2. 言語イデオロギー・言語教育イデオロギー

　上記のようにコミュニケーションを捉えた場合、言語コミュニケーションに埋め込まれたコンテクスト（状況や関係性）を分析するとはどのようなことを指すのだろうか。例えば、「いいです」という発話は学生の解答の後に教師によって用いられる場合、いい意味を持つかもしれないが、授業中に学生が教師に向かって「（先生の授業は）いいです」という場合は不適切だと捉えられるかもしれない。しかし、その先生のお気に入りの学生が「（先生の授業はいつも楽しくて）いいです」と言った場合には、それが喜んで受け入れられる可能性もある。つまり、ある発話がどのような意味をもち、それがどのような行為になるかは、発話者と受け手との具体的な関係によってしか決まらないのである。上の例でも見たように同じ発話をしても誰がどのような状況でその発話を行なったかによって意味は異なってくる。このような教育現場の文脈の分析は、教員の実践を問い直す意味でも重要である。例えば、日本語のクラスで学生がお辞儀をした後に教師が「いいです」と言った場合、そのお辞儀の仕方が肯定される。ある人はそのお辞儀の仕方は丁寧すぎると思うかもしれないし、他の人はもっと深く頭を下げるべきだと思うかもしれないが、教師が「いいです」と言ったことにより、教室の中でその正しさはある程度保証される。そして、とくに社会の中である特定の発話（言説）が支配的になった場合、例えば、日本語の教科書、また、何かのマニュアルに「謝るときには45度以上頭を下げることがふさわしい」などの記述がある場合、私たちはその発話行為を注意して、よく吟味して考える必要がある。なぜなら、それがふさわしいかどうかよくわからない状態であった場合でも、そのような日本語の教科書やマニュアルがたくさん出版されることによって、それがふさわしくなっていく、つまり、規範が固定化し、再生産され、イデオロギー化されていくからである。

　言語とイデオロギー、また、言語教育とイデオロギーの関係は長い間、言語人類学、批判的社会言語学などの分野で議論されている。言語イデオロギーはSilverstein（1979: 193）が、話者がその言語を使う際の導きとなり、最終的には

言語に変化をもたらすようなパターンとして捉えたものであり、Irvine (1989: 255) は、「社会と言語の関係についてについて個々の文化が持っている理念の体系を指し、これらは倫理的・政治的利害関係」[1]であると言っている。つまり、言語イデオロギーとは、言語の実践そのものではなく、理念とその理念の体系であり、倫理的・政治的な利害関係を伴っている。

　わかりやすい例は、女性語という概念である。言語イデオロギーという考え方では、「日本語には女性語がある」という人々のビリーフ（信念）が、女性語に関する知識や女性は「このように話すべきだ」という規範を内面化していくと考える。そして、それと同時に「女性語は美しい」「女性語はきれいだ」などという理念も持つようになり、それは男性語と対比されることも多い。つまり、それぞれの理念が独立して集められたものではなく、互いが互いに依存して成り立っているのである。また、「男性は女性語を話すべきではない」「女性は男性語を話してもいい」など常に倫理的・政治的な利害関係を伴ってもいる。つまり、「言語こそが社会組織の実際のそして可能な形態、そして、社会的、政治的な結果が定義され争われる場なのである」[2] (Weedon 1987)。本書では、第2章（ましこ）では識字率、国語・日本語とその教育、英語教育を、第10章（青山）では香港における英語と中国語（広東語も含む）の関係、第6章（照山・堀口）ではコミュニケーション障害を抱えた人々にとってのコミュニケーションスキルに焦点を当て、言語コミュニケーションとその教育においてどのように言語やコミュニケーションのイデオロギーが生み出され、再生産され、影響を与えているかを明らかにしている。

1　linguistic ideology---the cultural (or subcultural) system of ideas about social and linguistic relationships, together with their loading of moral and political interests. (Irvine 1989)

2　Language is "the place where actual and possible forms of social organization and their likely social and political consequences are defined and contested." (Weedon 1987)

2-3. アイデンティティと状況的学習論[3]

「言語イデオロギー・言語教育イデオロギー」の項で、発話が社会文化的にどのような意味を持つか、それがどのような行為であるかは、発話者と受け手との具体的な関係によってしか決まらないと述べたが、それはアイデンティティ・主体概念とも密接に関係がある。アイデンティティという用語は、エリック・エリクソン（Erikson 1959）が提唱したものであるが、彼はアイデンティティは「わたしとは何者であるかをめぐる私自身の概念」（個人的同一性）と「わたしとは誰であるかと社会および他者が考えているわたしについての観念」（社会的同一性）の二項の相互依存的な関係から成り立っており、これらが一致することでアイデンティティは統合され安定する、それを理想的な状態と見ていた。

エリクソンがどちらかと言えばこの個人的同一性と社会的同一性を固定的に捉え、その関係性を見ていたのに対し、プロセスとしてのアイデンティティを積極的に主張したのはスチュアート・ホール（Hall 1996）である。ホールはアイデンティティを個人の内部にあるものであると捉えるのではなく、アイデンティティは現在進行形の常に構築過程にあるもの、アイデンティフィケーション（identification）であると捉えている。例えば、著者はアメリカに住んで20年以上になるが、ある先輩の研究者から「20年以上もアメリカに住んでいればもう日系人1世ですね」と言われ、戸惑いを感じた記憶がある。自分を日系人、移民と考えたことがなかった私にとってそのように他の人から見られているということは驚きであったが、その後、20年以上も外国に住んでいれば日系人と考えられてもおかしくないのかもしれないと考えるようにもなっている。また、ある学会のパネルディスカッションで日本語を外国語として学ばれた日本語作家の方を「越境文学の作家」と紹介したところ、その方から「越境文学の作家」と呼ばれるのはあまり好きではないとのコメントをいただいた。そこで、

3 　言語教育とアイデンティティ理論の概観は三代（2011）を参照。

どのように呼ばれたいかと本人に伺ったところ、ただの作家がいいですとの回答であった。これらの例にも見られるように、アイデンティティはただそこにあるのではなく、コミュニケーション・言説実践を通して構築されていくものでもあるのである。

　最近の言語コミュニケーション研究では、言語にしてもアイデンティティにしても、明確な境界線を持ち固定的かつ静的に捉えるのではなく、より流動的で混合化され液状化したものであると見なされるようになってきている（ハインリッヒ 2016; 尾辻 2016）。これは、言語やアイデンティティがどこかで誰かによって作られたもの、それを用いたり、当てはめたりするという考え方から言語、アイデンティティは個々人が積極的に作ってもいけるもの、変えてもいけるものだと考えられるようになっていることを示している。

　このようなアイデンティティの問題は言語教育や学習においてどのように分析されているのだろうか。言語学習とアイデンティティの関係を論じたものにはNorton (2000) がある。Nortonはこれまでの学習動機（モチベーション）という概念の代わりに新しく「投資」という概念を取り入れ、言語学習を文化的資本としての言語を獲得するための投資として説明している。この視点は、三代 (2012) も言うように、言語学習が言語の持つ社会的価値そこに発生する権力関係との関係から選択される極めて社会的で、動態的なものであることを明らかにしている。その際、その言語学習者の投資という行為そのものが、文化資本を文化資本たらしめる、つまり現在の文化資本の価値を維持する側にも回っているのであることを忘れてはならない。

　また、学習とアイデンティティを語る上で状況的学習論 (Lave & Wenger 1991) は欠かせない。状況的学習論では、学習を状況に埋め込まれたものであると考える。したがって、学習は「単なる知識や技術の獲得ではなく熟練者としてのアイデンティティを形成していく全人的な学びであり、そのアイデンティティ形成はコミュニティ全体のダイナミズムの中で行われ、同時にそれはコミュニティ全体の変容ともなる」（三代 2011: 236）と考える。つまり、熟練者としてのアイデンティティを形成していくためにコンテクスト（文化、社会、コ

ミュニティ）が必要なのであり、それは、適切さを測る一要因として大切なものである。それと同時に、そのアイデンティティが形成される際に起こるコミュニケーションが、コミュニティ全体（コンテクスト、文化、社会）の変容を起こしていくのである。この理論は言語学習にも大きな影響を与え、教室内の練習だけではなく、実際にことばが使われている状況でアイデンティティ交渉を行いながらことばを学習していくことの重要性が認識されるようになっている（トムソン2017）。

2-4. 社会言語学

ことばの教育における社会的な文脈を可視化しようとするとき、社会言語学の視点、とりわけ、ことばの問題を社会の問題として捉える視点（第5章〔山下〕）が重要となる。一般に社会言語学とは、言語を人間社会のさまざまな事象に関係づけて研究する言語学の一分野（大辞林）とされ、大別すると以下の3つに分けられる。1) 狭義の言語学（言語そのものの構造を明らかにするもの）の成果を社会的な言語問題に適用するもの、2) 言語の使用実態と社会的条件の関連性の分析、3) 大きく一つの国、文化を基盤として、そのなかで言語（多言語社会における複数の言語も含む）がどのような位置づけをされているか、文化と言語の関係、伝達行動（言語行動と非言語行動からなる）において言語がどのように用いられているか、対話の構造などを研究対象とするもの（日本大百科全書）である。

しかし、現在の社会言語学は、本書の第5章（山下）でもまとめられているように「言語学の一分野で、社会的影響による言語の多様性や流動性などを探求するもの」といった従来の学問区分は無意味化しつつある。社会現象の一種としての言語現象を、学際的な理論・データを動員して記述・解析し現実的課題に応用しようという、総合的科学・臨床学的な運動というべきであろう（ましこ 2014, 17; ましこ 2016も参照）。第5章（山下）では社会言語学を「言語の問題を社会の問題としてとらえ、言語学や社会学ばかりではなく、いろいろな学問分

野と協力してその社会の問題解決に貢献しようとする学問分野」と定義している。

　本書では、言語・コミュニケーション教育の課題として第5章 (山下) で、「複言語主義」の目指す柔軟なコミュニケーション能力の養成や、そのコミュニケーション能力が一定の役割を果たすような言語空間をつくること、また、そのような言語空間で注意すべきことを具体的に提案しているが、第2章 (ましこ) では日本の現実がそれとは程遠いこと、そして、それを乗り越えるためにはまず「言語観教育」の導入が不可欠であることを指摘している。

2-5. 教育社会学：不平等の再生産

　社会の問題を解決しようとする姿勢は、社会言語学にのみ存在するわけではない。志水 (1998) によれば、教育社会学とは「教育現象を社会学の理論や方法を用いて研究する学問」であり、本書で岡野も述べているように、その中心的課題は学校教育がいかに社会的不平等に加担しているのか、またそれと同時に社会的不平等をなくす方向にも作用しているのかを考察することである。

　例えば、ブルデューの「文化再生産論」(Bourdieu 1984) では、教育が象徴的権力であることが明らかにされるとともに、文化資本を教育システムが評価することによって、支配階級のもつ文化が、学校システムにおいて成功を収め、支配階級の子どもが高い学歴を得て、高い階級へと再び再生産されることを明らかにしている。また、階層による言語使用の相違に注目したのがバーンスタインの「言語コード論」である (Bernstein 1971)。バーンスタインは、言語コードを「暗黙の内に獲得され、適切な意味（認知ルール）、その実現の形式（実現ルール）、よびだしの文脈を選択し統合する規制原理」と規定し、その規制メカニズムを明らかにした。それによれば、家庭生活のなかで中産階級出身の子どもは精密コードと限定コード[4]の使い分けを身につけ、労働者階級出身の

4　「精密コードはその使用者を普遍主義的意味秩序に方向づけるのに対して、限定コードはその使用者を個別主義的意味秩序に方向づける」(Bernstein 1971)。

子どもは限定コードのみを身につけていく。その結果として、精密コードを用いる学校教育では、労働者階級出身の子どもは成功を収められず「身分にふさわしい職業」に就くようになっていくのである。

しかし、そのような再生産はいつもスムーズに行くとは限らない。「ハマータウンの野郎ども」（Willis 1977）のような抵抗の理論では、労働者階層の若者たちの、学校が持っている中流階層を志向した文化に対する反抗を描いている。そして、反抗の中で彼らは、労働者としての、つまり労働者階層の一員としての自分たちのアイデンティティを確かなものにしていくが、そこでは結果的に社会的差異の再生産が行われていると見る。

本書では第3章（岡野）が、学習者の家庭背景や社会的・制度的条件が学習成果やモチベーションとどのような関わりがあるのかについて特にオーストラリアの中等教育における日本語学習をケーススタディーとして考察している。また、第7章（榎本）においては、英語の授業において3名の男子生徒が授業というジャンルに対して創造的に「反抗」している様子を描き、すべてが変容のプロセスの中にあること、また、教室はそもそも複数のコミュニケーションの筋書きを許容する場所であること、そして、そのような場所として教室を捉えることも捉えないことも「言語イデオロギー」的な営為であることを示している。

2-6. 質的調査法とエスノグラフィー

人類学・社会学のことばの教育への貢献は理論だけではなく、方法論の分野でも多大である。言語コミュニケーション（教育）研究では、個人、言語・文化、社会・コミュニティなどの動的な関係を明らかにするために、エスノグフ

そして、精密コードは文脈への依存度が弱く、限定コードは文脈への依存度が強いとされている。例えば、「どうして野菜をたべなければいけないの？」という子供の問いに「食べろと言っているだから、食べなさい。親の言うことが聞けないのか」というのが限定コード、「野菜は栄養があって、体に良いでしょう。最近よく病気になるじゃない」と応じるのが精密コードである。

ラフィー、ケーススタディー、ライフヒストリーなど、人類学・社会学の質的調査法が用いられることも多くなってきている。ここではフィールドワークとエスノグラフィーを中心に見てみたい。

フィールドワークはもともとは人類学で発展し、他の領域に広く用いられるようになった質的な調査の手法であり、「野外調査」、「現地調査」と訳されることも多い。フィールドワークは、広義の意味では室内で行われる研究活動との対比で用いられることが多く（佐藤 2006）、フィールドワークを通じて明らかになる豊かな現場の文脈は、教室では得ることのできない多様で濃密な知的経験を提供してきた。

フィールドワークの定義はさまざまであるが、人類学の分野では、調査者が現場（調査したい出来事が起きている場）に赴き、そこで現地の文脈をなるべく壊さない形で調査し、人々の行動や生活世界、人と社会、人が作った人工物の関係性を分析する質的な調査方法として用いられてきた。フィールドワークの結果をまとめた記述がエスノグラフィー（民族誌）と呼ばれるもので、エスノグラフィー（ethnography）はギリシア語のethnos＝国民・民族と、graphein＝記述に由来している。エスノグラフィーは本章ではフィールドワーク調査をまとめたものとして扱うが、研究によってはフィールドワークと同義で調査全体を指す場合もある。

フィールドワークの意義を考える上で、人類学の分野におけるフィールドワークの位置付けの変化が重要な意味を持っている。伝統的な人類学のフィールドワークでは、人類学者が主として「未開」の地に赴き、「原住民」の「文化」を描き出す形式が取られ、多くの人類学者がフィールドで集めた事実を「客観的に」記述することを志向してきた。

しかし、80年代以降、こうしたフィールドワークの在り方は人類学の中で自己批判的に問い直されるようになった。従来のエスノグラフィーは、西洋の権威としての人類学者（主に白人の研究者）と調査対象者（現地の人々）との間の非対称な関係性の中で作られてきたことが批判され、調査者の立場性に埋め込まれた政治性、権力性が問題視されるようになった。そして、エスノグラ

表1：知のメタアプローチの比較（箕浦1999, 2009を再編成）

	実証主義的アプローチ（実験など）	解釈的アプローチ（フィールドワークなど）	批判的アプローチ
研究目的	行動や社会を律している普遍的な法則を見つけること、知見の一般化	特定の状況における人間行動に見られる規則性を理解し共有する	結果を分析し、不平等をあばき、解放のスタンスを育てる
研究の焦点	観察可能な行動に着目。客観的に「測る」ことに力点	行動や状況に埋め込まれた意味に着目。「分かる」ことに力点	不平等な社会構造や抑圧のパターンを変えていくことに力点
研究の焦点とプロセス	条件統制をしてノイズの除去。因果関係の把握。変数操作が主な研究技法。	人と人、人と状況やモノとの相互作用、そこで伝達される意味を分析、理解	隠された権力による統制を明らかにする
研究者のスタンス	客観的であること。研究対象との間に距離をとる	研究参加者のいる場に身を置き、対象を文脈もろともに理解することに努める	対象から学ぼうとする学習者、かつ批判的意識の覚醒を促す教師
研究対象者の位置付け	研究者の指示に従う受動的な存在	意味の共同構築者であり、能動的な協力者	一緒に学ぶ学習者、研究者にとっての教師
主なデータ収集法	数量的データを得るための実験や調査	質的データを得るためのフィールドワーク	方法は問わない

フィーが実際は調査者の編集を経た事実の再構成であり、調査対象者との関係性が大きく影響していることが指摘された（Clifford and Fisher 1986）。

このような流れから、従来の、調査者（だけ）が一方的に現場を調査し、その結果を記述するというフィールドワークの方向性の転換が迫られるようになった。そこから、現場から見た調査者の立場性を批判的に捉える姿勢（自己再帰的な姿勢）、そしてフィールドの人々の視点を取り入れた調査を行うことの重要性が浮き彫りにされた。人類学のフィールドワークの位置付けのこうした変化、実証主義的なアプローチから解釈的アプローチ、批判的アプローチへとその重点がシフトしていった。こうした流れと関連して、箕浦は3つの知のメタアプローチの違いを**表1**のように示している。

表1が示す通り、実証主義的アプローチ（実験など）では、客観的現実、測定可能な事象の調査に力点が置かれ、調査者は調査対象と距離を取ることが前提とされており、フィールドワークもまたこうした実証的なアプローチの影響

を受けてきた。

　これに対して、解釈的アプローチでは調査者は客観的記述を標榜するのではなく、調査協力者との相互作用が調査結果に結びついていること、そしてそうした相互作用がフィールドの人々の生活世界を理解する上で積極的な意味を持っていることが調査者によって明確に意識されている。

　さらに、「批判的アプローチ」（表の右側）では、調査者がフィールドに変革をもたらすような働きかけをすることが目指される。ここではフィールドの人々の社会構造上の位置取りを明らかにするだけでなく、「位置取りを変えていける力を当事者（調査対象者）が身に付けること」（箕浦 2009: 7）が目指される。当事者参加型のアクション・リサーチでは、現場の問題解決という視点からこのような批判的アプローチを取り入れたフィールドワークが行われるようになってきている。本章においても、人類学、社会学的視点を取り入れた研究の社会的貢献として、「ウェルフェアリングイスティックス」や「市民性の育成」について後述するが、こうした概念は、解釈的アプローチ、批判的アプローチと強く結びついていると言えるだろう。

2-7. 新しいフィールドワークの手法

　解釈的アプローチ、批判的なアプローチは、「協働」への志向と現場のエンパワメント、社会貢献をより強く前面に押し出しており、以下のようなあたらしいフィールドワークの手法と連動している（表2）。

　①のアクション・リサーチは調査者が現場の人々と協働で行う調査であり、現場の変革やエンパワメントが目指され（第9章〔川村〕）、②のライフストーリーは、個人の人生全体のストーリーを調査者と調査協力者の相互構築的なインタビューを通じて作成するものである（第4章〔津田・村田〕）。③のアクティブ・インタビューは質問者と回答者の相互構築的、多元的な語りが目指されており、④のネイティブ・エスノグラフィーは調査者がアウトサイダーとしてでなく、自己の所属集団の内側に位置しながら調査するアプローチである（教育

表2 フィールドワークの新しい手法（藤田・北村2013から抜粋、再編成）

	誰が	誰を／何を	どのように	何のために
①アクション・リサーチ	調査者と現場の人々	現場で生起する問題	協働	変革・エンパワーメント
②ライフストーリー	調査者	調査協力者	対話的構築、相互行為の積み重ね、時間性	個人の生の全体性への接近、経験の生成
③アクティブ・インタビュー	質問者	回答者	能動的に協働し情報を構築	解釈の実践、多元的な語り
④ネイティブ・エスノグラフィー	ネイティブである調査者	自分の所属集団	集団の内側から	表象の政治批判
⑤チーム・エスノグラフィー	調査者チーム／調査者と現場の人々のチーム	調査協力者	協働、データ共有、多声的アプローチ	視点の複数化、フィールドの拡大
⑥当事者研究	当事者（問題を自覚した人）とピア・グループ	自分の問題		問題への対処
⑦オートエスノグラフィー	自分	自分	感情経験の内省的喚起	知の制度批判

関係者が内部者として自分の教育現場を分析する場合はこれにあたり、本書の第10章（青山）、第8章（村田）等いくつかの章はこれにあたる）。また、複合的な視点を取り入れるために、⑤のチーム・エスノグラフィーのように、複数の調査者、あるいは調査者と現地の人々がチームとして協力し合いながら調査を行う手法も取られている（第11章〔井本・徳永〕、第8章〔村田〕、第6章〔照山・堀口〕）。さらに⑥当事者研究（例えば言語教育の文脈で言えば学生自身）、⑦調査者のインタビューに答えるのではなく自分自身の経験を分析するオートエスノグラフィーなど多様な手法がとられるようになった。

以上に見てきたようなフィールドワークの背景となるアプローチの変容とそれに伴う新たな手法は、言語文化教育関係のフィールドワークにおいても大きな意味を持っている。言語教育関係者が教育の現場（家庭、学校、コミュニティーなど）のフィールドワークを行う際、調査者自身の立場性に自覚的であると同時に、調査協力者との協働、調査の対話的構築の可能性を探ることが、現場の課題を深く理解し、現場に調査結果を還元する上で非常に重要であろう。

批判的アプローチは、現場との協働を通じて課題解決のための方略を考えるウェルフェアリングイスティックス (徳川 1999) とも深く関連し、調査者、調査協力者が共に社会の変革を目指すような市民性の育成 (細川・尾辻・マリオッティ 2016) を考えいく上でも重要であろう。

同時に、フィールドワークの手法は、学習者が学ぶ支援をする「フィールドワーク教育」としても大きな可能性を持つ。本書では学生のフィールドワーク教育のデザインと学びのプロセスを第8章 (村田)、第11章 (井本・徳永)、第9章 (川村) が分析しており、多様な言語文化的な背景を持つ学生がチームで調査を行うことによる多声的な調査の可能性、文化の記述の政治性について学生達に考えさせるような教育のデザインとしてもその教育的な意義は大きい。

3. 人類学・社会学的アプローチ研究や実践の社会的貢献

本書でいう人類学・社会学的立場とは、言語、文化、学習といった言語・コミュニケーション研究に重要な概念を言語・コミュニケーションをとりまく環境、つまり付随的な一要因として捉えるのではなく、社会的な文脈、埋め込まれた状況から切り離さずに取り扱う立場をさすことは前にも述べたが、本章では、これまでに検討してきた人類学・社会学的視点が言語教育研究、言語教育実践に貢献できる点をまとめたい。

まず、個人は、ただ文化、社会や制度から影響を受けているだけでなく、個人の行為が同時に文化、社会や制度に影響も与えている、つまり、相互作用のプロセスの中で両者が変容しているのだという視点を再確認することである。この見方では、文化、社会や制度と個人との相互作用を重要視している。文化、社会や制度の前で個人は無力なのではなく、一人一人の個人の行動、発話、言動によって文化、社会や制度は作り出され、維持されているということ、また、当たり前のように思われていることでも、社会文化的、歴史的に分析すれば、

必ずだれかの意図があり生み出されているのだということである。

　ここで個人が文化、社会や制度に関わって行く際に大切なのは、自明視していることを疑うということである。例えば、異なった社会／体制下での言語学習を考察することにより、当然視されていたことが、実はある特定の条件の結果であるかもしれないと自省的に考えることができる。また、様々な事象を観察する、エスノグラフィーを書く、ジャーナルを書くという活動を通して、客観的に書くとはどういうことなのか、だれがどのような場でだれに何のために書いているのか／話しているのかということの政治性を意識することもできるようになり、これまで自明視してきたことが本当に自明のことなのかを改めて問い直すことができる。また、このように分析していくことで、人々が築いてきた社会の地理的文化的歴史的多様性を尊重することもできる。また、自明視していることを疑ったあとに欠かせないのが、内省、振り返りである。自分は文化、社会や制度にどう関わってきたのか、これからどう関わっていくべきなのか、そのために今自分は何をすべきなのか、その語りを共有する一つの方法としてもエスノグラフィーは役立つであろう。

4. 言語コミュニケーション教育研究・実践へ

　まず、現在の言語・コミュニケーション教育に欠けていると考えられるのは、言語コミュニケーション教育が対象言語や文化に関するさまざまなビリーフの維持、再生産に大きく関わっていることへの教育関係者自身の（批判的）意識であり、教育実践への問い直しの姿勢である。それは本書の著者が皆、悩みながら日々の教育実践の中で問い直し続けている点でもある。このような個人と社会との相互作用、とりわけ、社会への参加を通じた自己と社会の更新に焦点を当てたアプローチとして、最後に「ウェルフェアリングイスティックス」（徳川1999）「市民性形成をめざす言語教育」（細川2012, 細川・尾辻・マリオッティ2016）と「社会・コミュニティ参加をめざすことばの教育」（佐藤・熊谷2011）

をここで紹介したい。ウェルフェアリングイスティックスとは「人々の幸せにつながる」「社会の役にたつ」「社会の福利に資する」言語コミュニケーション研究であり、福祉・福利・厚生言語学と訳されることもある。この分野は徳川がノーベル経済学者アマルティア・センの「ウェルフェア・エコノミクス」に喚起され、提唱した学問分野で、研究成果の社会的貢献、学際的研究を推奨している。

ただ「人々の幸せにつながる」「社会の役にたつ」「社会の福利に資する」言語コミュニケーション研究・教育においては、だれが「人々の幸せにつながる」「社会の役にたつ」「社会の福利に資する」と判断できるのかということ、また、ウェルフェア・福祉という概念そのものについても批判的に考察する必要がある。福祉（そして教育）の対象は、限られた人（あるコミュニティのメンバーやある国の国民など）だけなのであろうか、また、「よさ」「しあわせさ」「ゆたかさ」はだれがだれのしあわせ、ゆたかさを決めることができるのであろうか。言語コミュニケーション教育がある特定の言語コミュニケーション（例えば、日本語という言語とそのコミュニケーション）だけに焦点を当てていると、その言語を話さないものはあるコミュニティに入れない、その言語の出来具合（だけ）によって成員を序列化してしまうという「すべての人に最低限の幸福と社会的援助を提供」できない状態を作ってしまうことにもなりかねない。学習言語を第2・3言語、あるいは、外国語として勉強する成人学習者はことばのリソースとして、すでに自分の使いこなせることばを持っているのであり、それをどう活用していくのかを言語コミュニケーション教育でも体系的に考えていく必要がある（村田 2018）。

細川（2012: 260-261）は、「ことばの市民」を「国籍や母語の別を問わず、ことばによって自らを表し、他者との対話によって協働のコミュニティを形成し、そのコミュニティを含む社会そのものに働きかけていく、ことばの行為者としての個人である」と定義し、公共的な場は全て「市」であり、その公共の場における「個人」こそ「市民」なのであると述べている（細川・尾辻・マリオッティ 2016: 3）。また、社会・コミュニティ参加をめざすことばの教育（佐藤・

熊谷 2011）の中で、社会・コミュニティ参加は「自分の既に所属している（したい）コミュニティに関する様々な規則（約束事、習慣、考え方、行動パターン）などを学ぶ、その規則、規範を批判的に分析する、コミュニティの中で議論をしながら、つまり、説得したりされながら、いいと思うものは受け継ぎ、変えた方がいいと思うものは変えて行くための努力をする、メンバーの一人として責任を担う」ことであると定義されている。このどちらにも共通する点は、福島（2015）や細川（2012）の言う「共に生きる空間」、ことばを通して、自己と他者たちが交渉する中、自己と他者の違いを時には受け入れ、抵抗し、譲り合い、合意する様々な過程を経て形成される場というものを重視している点である。

本書においても第5章（山下）は「複言語主義の目指すコミュニケーション能力が一定の役割を果たすような言語空間をつくること」の重要さを指摘し、第8章（村田）の複言語を用いたフィールドワーク教育は、そうした可能性を示している。また、第11章（井本・徳永）では「自分の弱さやもやもやした感情をことばにするには、教員と学生、学生たちの間に信頼関係があり、自然と表現を共有できる場が醸成されること」の重要性が指摘されている。こうした本書の教育実践は、自らを表すことば、社会・コミュニティに参加をすることばを一つの言語だけに限定せず、相互作用、学びあいの場の中に位置づけている点で、上記のウェルフェアリングイスティックスの理念と深くかかわっていると言えるだろう。

5. 本書について

本書では、まず、第1部でことばの教育における人類学、社会学的アプローチの理論的意義をまとめた。これに続く第2部では、ことばの教育において社会・文化・制度は個人に影響を与える一つの変数ではないという視点、個人は社会的行為者であるという視点からの研究、そして、自明視されている点を再

考し自明でないことを明らかにするような研究を取り上げる。最後に、第3部では、人類学・社会学的視点からの言語コミュニケーション教育の実践を具体的に示す。

参考文献

尾辻恵美（2016）「メトロリンガリズムとアイデンティティ：複数同時活動の場と場のレパートリーの視点から」『ことばと社会』18号、三元社

小山亘（2009）「社会文化コミュニケーション、文法、英語教育：現代言語人類学と記号論の射程」『言語人類学から見た英語教育』綾部保志（編）ひつじ書房

佐藤郁哉（2006）『フィールドワーク――書を持って街へ出よう 増訂版』新曜社

佐藤慎司・熊谷由理（2011）『社会参加をめざす日本語教育：社会につながる、かかわる、はたらきかける』ひつじ書房

徳川宗賢（1999）「対談　ウェルフェア・リングイスティクスの出発」『社会言語科学』第2巻第1号、89-100.

トムソン木下千尋（2017）『外国語学習の実践コミュニティ：参加する学びをつくるしかけ』ココ出版

志水宏吉（1998）『教育のエスノグラフィー：学校現場の今』嵯峨野書院

パトリック・ハインリッヒ（2016）「液状化する社会におけることばとアイデンティティ：イギリス、ドイツ、日本の比較」『ことばと社会』18号、三元社

福島青史（2015）「「共に生きる」社会形成とその教育」『異文化間教育とは何か グローバル人材育成のために』西山教之・細川英雄・大木充（編）くろしお出版

藤田結子・北村文（2013）『現代エスノグラフィー：新しいフィールドワークの理論と実践』新曜社

細川英雄（2012）『ことばの市民になる：言語文化教育学の思想と実践』ココ出版

細川英雄・尾辻恵美・マリオッティ、マルチェッラ（2016）『市民性形成とことばの教育：母語・第二言語・外国語を超えて』くろしお出版

ましこ・ひでのり（2014）「日本の社会言語学はなにをしてきたのか。どこへいこうとしているのか――「戦後日本の社会言語学」小史」『社会言語学』第14号、1-23.

ましこ・ひでのり（2016）「不思議な社会言語学受容の伝統――「戦後日本の社会言語学」小史・補遺　書評　田中春美・田中幸子編著『よくわかる社会言語学』」『社会言語学』第16号、175-187.

村田晶子（2018）『大学における多文化体験学習の挑戦：海外と国内をつなぐ学びと振り返り』ナカニシヤ出版

箕浦康子（1999）『フィールドワークの技法と実際：マイクロエスノグラフィー入門』ミネルヴァ書房

箕浦康子（2009）『フィールドワークの技法と実際Ⅱ：分析・解釈編』ミネルヴァ書房

三代純平（2012）「言語教育とアイデンティティの問題を考えるために」細川英雄（編）『言語教育とアイデンティティ：ことばの教育実践とその可能性』春風社

Bernstein, B. (1971). *Class, codes and control. Vol. 1. Theoretical studies towards a sociology of language*. London: Routledge & Kegan Paul.

Bourdieu, P. & Passeron, J. C. (1977). *Reproduction in education, society, and culture*. London: Sage. ピエール・ブルデュー&ジャンクロード・パスロン（1991）『再生産――教育・社会・文化』宮島喬（訳）藤原書店

Clifford, J. and Fischer, M. (1986). *Writing culture: The poetics and politics of ethnography*. Berkeley: University of California Press. ジェイムズ クリフォード、ジョージ マーカス（1996）『文化を書く』春日直樹、和邇悦子、足羽與志子、橋本和也、多和田裕司、西川麦子（訳）紀伊國屋書店

Erikson, E.H.(1959). *Identity and the life cycle*. New York: International University Press. エリクソン・エリック、H.（1973）『自我同一性』小此木啓吾（訳）誠信書房

Hall, S. & du Gay, P. (eds). (1996). *Questions of cultural identity*. London: Sage.

Irvine, J. (1989). *When talk isn't cheap: language and political economy*. American Ethnologist 16(2):248-67.

Lave, J., & Wenger, E. (1991). *Situated learning: Legitimate peripheral participation*. University of Cambridge Press. ジーン・レイヴ&エティエンヌ・ウェンガー（1993）『状況に埋め込まれた学習：正統的周辺参加』佐伯胖（訳）産業図書

Norton, B. (2000). *Identity and second language learning*. Clevedon: Multilingual Matters.

Ong, W. J. (1982). *Orality and literacy: The technologizing of the word*. New York: Methuen. オング・ウォルター J.（1991）『声の文化と文字の文化』桜井直文・林正寛・糟谷啓介（訳）藤原書店

Silverstein, J. (1979). "Language structure and linguistic ideology." In *The elements: A parasession on linguistic units and levels* (R. Clyne, W. Hanks, and C. Hofbauer, eds.), 193-247. Chicago: Chicago Linguistic Society.

Weedon, C. (1987). *Feminist practice & poststructuralist theory*. Oxford and New York: Basil Blackwell.

Wills, P. (1977). *Learning to labour: How working class kids get working class jobs*. New York, Columbia University Press. ポール・ウィリス（1985）『ハマ

ータウンの野郎ども——学校への反抗・労働への順応』熊沢誠・山田潤(訳)筑摩書房

第 2 部

ことばの教育の人類学・社会学

第2章
言語教育／学習の知識社会学
グローバル化における「バベルの塔」と日本列島上をおおう言語イデオロギー

ましこ・ひでのり（中京大学）

1. はじめに

　世界の多言語性は明白である。3000万人をこえる第一言語話者／第二言語話者数をかかえる言語は30を優にこえ、第一言語話者1億人超でさえ10をこえるとされる世界が、「英語化」でくくれるはずがない。これら大言語話者集団が半世紀程度で消失することはなかろう。グローバル化がアメリカ化ではないことが明白であるように[1]、世界が依然として多文化空間でありつづけていることはいうまでもない。

　本章では、グローバル化が急伸する20世紀以降の世界を瞥見しつつ、そのなかでの言語教育現象を社会学的に解析することをめざす。ここでは、筆者がフィールドとしてきた日本列島周辺におもに焦点をあてる。

1　アメリカの国技的スポーツ、野球／アメリカンフットボールが世界的にはまったくといっていいほど不人気であるし、単位系としてのヤード／ポンド法もどんどん劣勢になっていっている。アングロサクソン文化のなかでも、アメリカ産の文化の大半は世界的デファクトスタンダードでなく完全な「ローカルルール」である。

2. 自明視される言語学習と言語政策
2-1. 義務教育と就学状況・識字実態

　言語的社会化の領域としてごく日常的な光景から検討してみよう。保育ないし就学前教育の空間としての保育所や幼稚園はともかく、小学校・中学校へは保護者が学童・生徒を通学させる義務をおっている。そして、「国語」とよばれる教科をまなぶことが当然視されるし、中学進学後は「英語」とよばれる教科をまなび、その大半が高校に進学することが一般的だとみなされていて、そこでは「国語」「英語」が選抜入試として課されることに疑問がもたれることがないだろう。これら、ごく一般的な光景は、本当にあたりまえなのか。さしあたり、就学率などから、かんがえていこう。

　まず、地理的な比較をこころみる。たとえば、ユニセフの「世界子供白書2014 統計編」[2]にあたると、カンボジア（2008-2011年）の「初等教育純就学率98%」「成人の識字率74%」はともかく、「中等教育純就学率 男／女　39／36%」「中等教育純出席率46／45%」と急落する。しかも「中等教育純就学率」「中等教育純出席率」の急落は、カンボジアなど第三世界の例外的少数ではなく、世界でごく一般的な状況であることがわかる。周囲のみんなが中学校にかよい、大半が高校に進学するという現代日本の教育環境が決して「自明」ではないことがわかる。

　つぎに、空間を日本列島に限定して歴史的な比較をこころみてみよう。
「壮丁教育程度調査（1899年-1930年）に見る成年男子（20歳）の学力程度」[3]によれば

2　https://www.unicef.or.jp/library/pdf/haku2014.pdf
3　斉藤泰雄「識字能力・識字率の歴史的推移——日本の経験」広島大学教育開発国際協力研究センター『国際教育協力論集』第15巻第1号（さいとー2012）
　http://home.hiroshima-u.ac.jp/cice/wp-content/uploads/2014/02/15-1-04.pdf

	1899年	1900年
高等小学校卒業	6.2	6.5
高等小学校卒同等学力	4.9	4.9
尋常小学校卒業	29.4	30.6
尋常小学校卒同等学力	8.9	9.5
稍々読書算術ヲ為シ得ル者	26.0	25.5
読書算術ヲ知ラサル者	23.4	21.7 〔いずれも%〕

とある。これは、兵役に服した成人男性の教育水準のデータであるが、第二次世界大戦前の旧制の高等小学校は初等教育である。新制中学校の義務化で戦後日本の学歴水準が非常に向上したこと、19世紀末の非識字者は無視できない比率だったことがわかる。

さらにさかのぼると、「自署の不可能な者の県別、男女別比率」(1886-1891)では、1880年代後半をとおして、鹿児島県女子は90%以上が自署さえできず、滋賀県男子が10%程度であることを例外に、滋賀県女子／岡山県男女／鹿児島県男子は、約30-60%が自署不能と計測されている[4]。現代人がイメージする「リテラシー」とはまったく異質である。日本列島も、初期近代には非識字層が遍在していたわけだ。つまり「識字率99%」イメージがねづよい現代日本[5]だが、それは幻想・神話のたぐいにすぎない[6]。

ともかく「(ほぼ)完璧なモジ共同体」という理想が信じられている以上、政治思想史学者ダグラス・ラミスにならって、現実と論理的に構築された理想的イメージとの比較対照をこころみてみよう[7]。たとえば、ウィキペディア「識

4 　同上。
5 　たとえばウィキペディア「識字」では「日本 ― 99.8%（男性99.9%、女性99.7%）」と、まことしやかに数値があがっている。
6 　すみ（2012）、かどや・あべ編（2010）、あべ（2015）などが関連文献も豊富に紹介した文献である。
7 　ちなみに、真理の探究のために必要な「外部に通じる三つの窓」を「過去へ通ずる歴史の窓」「現在ある他の社会へ通ずる窓」「純粋な理論の世界にある理

字」などの「統計」がいかなる計量分析による推計なのか不明だが、数値が実態を反映したものではない証拠は、いくつもあげられる。ここでいう「識字」とは、もちろん「自署できる」といった水準ではない。たとえば、「標準的な日本語表記にそった新聞／雑誌（紙媒体やウェブ版）を苦痛なくよみとばし精読できる」「肉筆／キーボード／タッチパネル等で、標準的な日本語表記を苦痛なく長時間かけず産出できる」などをイメージしている[8]。まず英語圏／中国語圏から大量に流入した人口が日本列島人口（在住者）の0.1％程度におさまるはずがないと、すぐ気づくであろう。たとえば、平均的に高学歴ではないだろう20歳前後の在沖海兵隊員が、「沖縄タイムス」「琉球新報」を苦もなく愛読できるはずがない。つまり、「数値」は、国家が主権を行使する地理空間がカ

想社会へ通ずる窓」というぐあいに、時間軸での比較（時代的対照）と空間上での比較（地理的対照）と、理念型との比較（論理的対照）の3次元での比較対照を、「いま／ここ」を相対化するための不可欠な視座（「外部」）だと指摘したのは、政治思想史家ダグラス・ラミスである（ラミス 1982: 22-3 = 2017: 72）。

8 　教育学的概念としては、「機能的識字」がある。以下は、ウィキペディア「機能的非識字」から。

機能的非識字（きのうてきひしきじ、英語：**Functional illiteracy**）とは、個人が日常生活において、読み書き計算を機能的に満足に使いこなせない状態を指す。〔……〕読み書き計算を機能的に使いこなせる状態である**機能的識字**、**機能的リテラシー**（**Functional literacy**）と対義語的に用いられる。〔……〕機能的非識字者は、母語における読み書きの基本的な識字能力は有していながら、さまざまな段階の文法的正確さや文体などが水準に及ばない。つまり、機能的非識字の成人は、印刷物に直面しても、現代社会において機能する行動ができないし、たとえば 履歴書を書く、法的な契約書を理解する、指示を書面から理解する、新聞記事を読む、交通標識を読みとる、辞書を引く、バスの運行スケジュールを理解する、などの基本的な社会行動をとることができない。〔……〕「ビジネス」誌によれば、アメリカでは1500万人の機能的非識字成人が21世紀の初めに職についていた。American Council of Life Insurersの報告では フォーチュン誌による全米トップ500企業の75％が自社の労働者に何らかの補習トレーニングを提供していた。全米で、3000万人（成人の14％）が単純な日常的識字活動ができない状態である〔……〕

バーする人口ではなく、「国民」を自明の前提としているにすぎない。

　読字障害ほか種々の知的障害も遍在する[9]。そもそも、さまざまな理由で中学までの教育課程を充分におえられなかった層は、一定量をしたまわることなく再生産されてきたはずだ。こうした広義の「漢字弱者」(あべ)が人口比で1000人あたり数名程度しかいないという数値が、日本列島の実態を反映しているはずがない[10]。かくして現代日本で広範に共有されていそうな「(ほぼ)完璧なモジ共同体」という理想は実態から乖離した幻想／神話だと断定してまちがいない。

　共時的／通時的比較(「外国」「過去」)および、理念型との対照でわかることは、われわれにとってみなれた「ごく一般的な光景」が、自明でもなんでもない現実だ。

2-2.「国語」の自明性再考

　さて、本節冒頭で、「国語」科をまなぶことが当然視され、中学進学後は「英語」科をまなびほとんどが高校に進学すること、「国語」「英語」が選抜入試として課されることに疑問がもたれることがないだろう、ごく一般的な光景をイメージするようのべた。そもそも「識字」をささえている「読字」「読解」力の育成装置こそ「国語」という教科のはずである。そして「国際化」に対応するための素養の機会保障が「英語」という教科とみなされているであろう。しかし、そもそも「国語」「英語」という学校教科自体、自明の制度なのか。

　まず、「国語」という教科名自体が、実は全然自明ではない。たとえば、ウィキペディア「国語教育」の「概念」はつぎのように記述されている。

9　たとえば、こーの(2014)。ちなみに、知的障害にかぎらず障害児には1979年3月まで就学義務が課されていなかった(こやま 2011)。
10　実際筆者が以前かよっていた美容室の店主は、「漢字が面倒なので新聞はよまない」とかたっていた。

日本において「国語教育」という用語は、通常（日本語が母語であることを前提に）日本人になされる日本語の教育を指す。日本以外の国においても、その国の国語の教育は当然存在するが、それを「国語教育」と呼ぶことはほとんどない。例えば、アメリカやイギリスでは、英語の教育はEnglish education（英語教育）と呼ばれる。他方、日本の「国語教育」に相当する英訳"Japanese Education"は直訳すれば「日本語教育」となるが、この用語は、主として日本人以外に対して行われる日本語の教育を指すものである。

「日本人以外に対して行われる日本語の教育を指すもの」だけが「日本語教育」とよばれ、「国語教育」という用語が「通常（日本語が母語であることを前提に）日本人になされる日本語の教育を指す」こと、日本以外でも「その国の国語の教育は当然存在するが、それを「国語教育」と呼ぶことはほとんどない」という記述。現代日本の言語教育のガラパゴス文化ぶりがみてとれる。

おなじくウィキペディア「国語教育」では、つぎのような対照表がかかげられている。

日本語教育との違い

	国語教育	日本語教育
日本語の捉え方	日本国で使用している日本の言語	世界の言語の1つ
学習者	日本語が母語である人。主たる対象は、学齢期の子どもたち。	日本語が外国語、第二言語である人。ただし日本語が母語であっても日本国外で生まれ育った人は日本語教育の対象になる場合もある。
目的	母語としての日本語をより良く使用できるようになること。また、思考能力を向上させること。	外国語（あるいは第二言語）としての日本語を学習者のニーズに応じたレベルに到達させること。
文法	国文法（学校文法）	日本語教育用の文法
教師	学校で教える場合、教員免許状が必要である。	日本国内では免許制度はない。

この表は、さまざまな異様とさえいえる理念を露呈している。たとえば第一言語話者への言語教育と第二言語話者などへの言語教育が異質であるとの見解／体制（「学習者」「目的」）はともかくとして、あてがわれる「文法」が別個である点は自明視できまい。さらに「日本語が外国語、第二言語である人」が学習者なら教師が無免許でよいというのは、実に異様だ。国語教育では「学校で教える場合、教員免許状が必要である」のに、「日本語教育は学校教育でカバーしなくてよい」「日本語教育は非専門家でよい」とは、無責任な体制の正当化といえるからだ。「外国語（あるいは第二言語）としての日本語を学習者のニーズに応じたレベルに到達させる」という「目標」は、おそらく空文と化している。専門資格をもたない日本語教育関係者が「学習者のニーズ」を充分把握できるとは期待できないし、当然「ニーズに応じたレベルに到達させる」専門技術を保障できるとはおもえないからだ[11]。

　そもそも、日系ブラジル人や中国大陸からの帰国者の家族など、日本語を第一言語としない層に対して、「就学義務」がないなどとして学習機会を保障しないこと自体異常だ。ブラジルポルトガル語・中国語・日本語等の学習機会が保障されない現状は、日本国籍をもたない層には、平然と責任放棄していることを意味する。米軍関係者をはじめ、インターナショナルスクールや朝鮮学校などを禁止しないこと＝黙認をもって言語教育の機会を間接的に保障しているかのような姿勢とせなかあわせなのである。実際、日系ブラジル人二世児童の不就学問題は、集住地周辺で浮上してきたが、文科省はつねにおよびごしだった。「国語教育」が自明視されている「いま・ここ」の問題性が露呈する。

　さきに、「標準的な日本語表記にそった新聞／雑誌」とか「標準的な日本語

11　もちろん、「母語としての日本語をより良く使用できるようになる」「思考能力を向上させる」という国語教育の「目的」がどの程度達成されているか自体うたがわしい。既存の「国語科」指導で、生徒たちの「思考能力」向上という目的が不充分にしか達成されていない現実は、入試選抜や入学後の指導で大学教員が毎年体感しているはずである。教養教育等に関するかぎり、「思考能力を向上させる」という目標は空文と化している。「国語教育」の機能不全を黙認したまま入学させて、その補償作業にも４年間失敗しつづけるからだ。

表記を苦痛なく長時間かけず産出できる」といった表現をしたが、おなじく「20世紀に急速に伝播していった標準日本語という言語現象」としるしたとおり、そもそも「標準日本語という言語現象」自体が、必然的で自明な歴史的現実ではない。「標準的な日本語表記」は、日本語学や言語政策史学が立証してきたとおり、上田万年ら帝国大学アカデミズムなしには成立しなかったはずだし、著名な人類学者・政治学者B・アンダーソンが定式化した「想像の共同体」(Imagined Communities) の典型事例としての近代日本の構築過程の一要素にすぎない。そもそも日本列島を軸とした現在の日本国の領土／国民／主権のありよう自体決して自明ではない。国際環境にいささかでも異質な事態が混在していたら全然ことなった結果となっていただろう。それとまったくおなじ構造が「（音声言語体系として）標準日本語」「標準的な日本語表記」についても、あてはまるのだ。乱暴ないいかたをすれば、現行の「国語科」という教科は、そういった歴史性／政治性から生徒をきりはなし、徹底的に脱政治化した知識としてあてがうという、実に偽善的・欺瞞的な姿勢に終始している[12]。文部科学省や各自治体の教育委員会はもとより、その理論的基盤を提供する国語教育関係者（国語教育学者はもとより日本語学者や日本文学関係者もふくめ）、そして日々国語科教育を実践している現場教員の大半が、こういった脱政治化した知識をあてがってきた。実に政治性のたかい洗脳工作といえるのだが、おそらく無自覚に加担しつづけている。つまり「自明な国語（教育）」という共同幻想の再生産装置として、学校は「国家のイデオロギー装置」（アルチュセール）にほかならない。亀井孝／田中克彦／イ・ヨンスク／安田敏朗らがくりかえし主張してきたように、「自明な日本語」現象など、ひとかけらもない（ましこ 1997＝2003, ましこ 2002a, ましこ 2002b＝2014, ましこ 2010）。

---

12 琉球列島における標準語化をはじめとして、日本列島周辺には強烈な植民地主義的同化教育が展開され、マスメディアと両輪となって現地の同化志向をあおってきた。これら「国語教育史」の実態の直視をひたすらさける国語史カリキュラムがいかに政治的かは明白だ。

2-3. 自明視される英語教育神話

　おなじように、高校入試等で自明視されてきた「英語教育」も実は自明ではない。そもそも、なぜ「義務教育」として「外国語」が必修なのか、「外国語」のなかで、なにゆえ「英語」が自明な選択肢なのかは説明できない[13]。「外国語」が市民的素養であるという自明視がそもそも破綻しているし、中学・高校で英語以外が履修できるケースはマレだからである。朝鮮語／中国語をまなびたい層は少数でもかならず遍在するはずだし、中南米から日系人が大量に移住・定着した現在、ポルトガル語やスペイン語が普通にまなべる学習環境を確保することこそ、公教育をになう自治体／政府の責任ではないか。しかし、日本政府が外国語教育関係で多言語化をはかったのは、唯一、センター試験や二次試験など大学入試にとどまるといえる。初等教育にまで英語をもちこもうとする一方、中等教育で英語以外の学習機会を保障する姿勢は皆無といえる。通常、こういった問題性はとわれることがない。「いま・ここ」という現状が自明視され、原理的な疑義がいっさい浮上しないからだろう。「グローバル化する国際社会のなかで、日本人が英語に習熟することは当然だ」といった通念が支配的だからこそ英会話学校の流行や小学校への英語導入などをおしすすめているわけだが、「これからの社会人に英語は必要不可欠」といった英語論の大半が都市伝説にすぎないことは、寺沢拓敬によって計量的に立証されている（てらさわ 2015）。

　ちなみに、国語科と英語科という教科教育が、まったく連携できずに市民的素養涵養に失敗している実態をひとつだけあげておこう。それは、日本語固有名詞のローマ字表記についての現場教員の不見識と、その再生産構造である。

13　寺沢拓敬が着目してきたように、新制中学校で外国語が必修化されたのは2002年である（てらさわ 2014）。英語を中学生がまなばねばならないとされた法制度など、現在まで一度もできたことがない。しかし、中学生にとって英語は事実上の必修科目であり、準義務教育と化した高等学校に進学するためにも英語は絶対にさけられない教科として機能している。

たとえば、国語科教員も英語科教員も、ローマ字で日本語を表記することを自明視しない（「日本語は、漢字カナまじり表記が当然である」という自明視）とせなかあわせで、地名・人名などをローマ字表記することは、国際化のなかで当然必要だと信じているだろう。しかし、文科省が訓令式をえらんで国語科でおしえ、法務省はパスポートでヘボン式をつかわせることを自明視してきた。なぜ、そういった、「すみわけ」が発生しているのか？　英語科教員は、英文のなかの日本語地名・人名をヘボン式で表記することをなぜ自明視するのか？これらは、米国の植民地と化してひさしい[14]日本の政治情勢と、ナショナリズムにうらうちされながらも、英語科教育に対する姿勢で一貫した方針をとりきれない文教官僚たちの矛盾（ないし、縦割り行政）が露呈しているのであろう。"Hidenori Mashiko"と表記することをパスポートが英文中で自明視することが、言語的ナショナリズムとしては、非常に問題がある[15]ことを、日本の政官財エリートは無自覚なのだが、それは、国語科／英語科を理論的にささえるアカデミズム自体が、思考停止してきたからだろう。

　以上みてきたとおり、社会言語学や教育社会学などの研究者の一部にとって、国語／英語など言語教育／言語政策における「自明性」など神話・幻想のたぐいにすぎない。しかし、神話性・幻想性に批判的な層は、一部の研究者にかぎられ、大衆レベルはもちろんのこと、大学関係者のおおくも自覚的ではない。批判的な層はあきらかに劣勢なのが現実だ。そもそも、たとえば「（表題をめにしたからには）この論集などをよまねば」と感じる層自体が少数派なのだ。そして、「自明性」の幻想性を暴露し、共同幻想の再生産構造を解析し、その解体、そこからの解放への「旅程表」をかく作業は、社会学徒が先鞭をつけ

14　ここでは、右派がずっとさわぎたててきた「おしつけ憲法」といった次元ではなく、日米地位協定をはじめとする準属国状況のこと。

15　筆者なら、英文中であろうが"MASIKO Hidenori"と訓令式をえらび、姓名を欧米式に逆転させることに異議をもうしたてるのが普通である。こうした問題提起が腑におちる層はともかく、指摘の論点がのみこめない読者がいるとしたら、それは知的植民地主義の犠牲者であり、学校教育の国語／英語のまぎれもない産物なのである。

ねばなるまい[16]。

　たとえば寺沢拓敬らの批判的検討の対象となった「都市伝説」たる英語論の大半（「これからの社会人に英語は必要不可欠」etc.）が、単なる妄想のたぐいとして黙殺されずに、大衆はもちろん知識層までも奔走させている実態。それは、「多分にアングロサクソン化がデファクトスタンダードと化しているグローバル化にのみこまれた日本語話者集団」「日本列島上の大衆を広範に洗脳しつつある英語帝国主義イデオロギー」という、マクロ／ミクロな次元での「社会的事実」の具体的事例なのである[17]。

　「英語帝国主義イデオロギー」は、乱暴にスケッチするなら、「世界語としての英語（＝普遍化した共有財）さえ駆使できるなら、少数言語話者も言語権を行使して世界的に主張を展開することができる」といった英語の支配的流通をパターナリスティックに正当化する議論である。「世界の共有されている媒体を駆使しさえすれば、『生活機会』（Lebens-Chance; vivokazo; life chance）を格段にひろげられるのだから、その権利行使のための時間／エネルギーをさかない人物／集団は愚劣だ」という新自由主義的／社会ダーウィニズム的敷衍も可能だろう。

　では、こういった英語学習の合理化＝正当化は、自明の真理なのか？　社

16　社会を構成員が共有する文化的要素は、あたかもウイルスのように個人の大脳に「感染」し、各人の身体を駆使して、あらたな「宿主」へと「伝染」していくといった文化観。それは、"利己的遺伝子"といった擬人的モデルを喧伝して一般人にもひろめた生物学者リチャード・ドーキンスの"meme"モデルとして一定範囲に流布した。これは構成員に内面化された社会的共有物＝情報体系と、その拡大再生産メカニズムの擬人論的解釈だ。

17　「多分にアングロサクソン化がデファクトスタンダードと化しているグローバル化にのみこまれた日本語話者集団」は巨視的構造における布置関係（マクロレベル）である。
　　一方「日本列島上の大衆を広範に洗脳しつつある英語帝国主義イデオロギー」の動態は、"meme"が教育システムやマスメディアなどを増幅装置として、個人・小集団のあいだへと伝播（個々人の大脳への感染）過程をなしている。それは、あきらかに微視的現象の大量発生・連鎖（ミクロレベル）といえる。

会言語学周辺の一部の研究者間では、もちろん、自明どころか、特定の集団的利害にもとづいた非常に恣意的な正当化にすぎないことがかたられている。たとえば、木村護郎クリストフは「原発と英語」という論考で、「節度をもって使う——「節電」と「節英」」という提言をしている（きむら 2012b:48＝きむら 2017b:173）。電力の無節操な消費が原発依存をうんだように、国際的なコミュニケーションに、無批判な英語使用をくりかえすのは、言語的少数者の言語権の侵害を常態化するのだから、そういった英語依存をひかえようという主張である。木村は、この議論にさきんじて、「「言語＝通貨」論再考——地域通貨論が言語の経済学に問いかけること」という論考を展開し、言語が地理的空間上、広域で通用すればするほど、価値がたかいといった近代経済学的な「合理主義」を批判的に検討した。「米ドルは世界中で決済可能なので、もっとも価値がある貨幣である」といった合理化が、経済学的な帝国主義イデオロギーにすぎず、地域通貨など空間を限定した流通貨幣の再評価をうながしたのだ。また、かどや・ひでのりは、「言語権から計画言語へ」で、「英語は平等をもたらすか？」と問題提起し、「あゆみよらせる力——コミュニケーションの個別状況における権力」という提起によって、英語をはじめとする大言語を駆使できる層が少数言語話者につねに権力的にふるまうことに無自覚だと批判した（かどや 2012＝2006）。「普遍化した共有財たる英語さえ駆使できるなら、少数言語話者も言語権を行使して世界的に主張を展開することができる」といったパターナリスティックな合理化を粉砕する批判といえよう。

　いずれにせよ、すくなくとも英語＝世界語というイメージは、実態からいちじるしく乖離した理念・理想にすぎない。英語の第一言語話者が4億人程度、公用語／準公用語国民が20億人超といわれる。しかしこれは、世界人口の過半数が英語を駆使する能力をもたないし、駆使しなければ日常生活がなりたたないような事態にないことを意味している。しかも、冒頭部でのべたとおり、「世界」の実態を「英語化」のひとことでくくれるはずがない。現実の直視をさけることで発生した実態から乖離した幻想を、あたかも自明な真理であるかに演出する合理化は有害無益な本質化といえる。そして、そういった恣意的な

共同幻想に即した世界観は、まさにイデオロギーというべきだし、それらを教育機関やメディアが喧伝しつづけてうたがわないとすれば、巨大な洗脳装置が作動して、現実直視をいたずらに回避している構造が放置されているということになる（きむら 2012; てらさわ 2014, 2015; きむら 2017ab）。

　また、おなじく、神話・幻想のたぐいにすぎない国語／英語など言語教育／言語政策における「自明性」に批判的な層が一部の研究者にかぎられ、あきらかに劣勢なのが現実だと指摘した。それは、洗脳装置が作動して、現実直視をいたずらに回避している構造が放置されてきたからであろう。英語帝国主義イデオロギーの横行と、それに対する批判的見解が劣勢なのも、そういった巨視的構造の産物といえよう。すでにふれたが、アングロサクソン化を事実上のデファクトスタンダード化であるかのように進行するグローバル化の一部。日米地位協定といった治外法権的な空間が潜在的に全土に発生しかねない準属国的な実態がかくされてきた戦後の日本列島。米国の世界戦略に翻弄され、自立した国際関係が構築できない戦後日本において、大衆がグローバル化の基調をアングロサクソン文化≒デファクトスタンダードと錯覚することは、ごく自然なながれであった。高等教育機関で複数の欧米語を第一外国語として勉学する姿勢があった戦前とことなり、英語＝第一外国語としてうたがわない意識が進行した。旧制高校から継承した教養主義の象徴として第二外国語の学習機会が保障されていた時代は短期におわり、冷戦構造の崩壊によるパックス・アメリカーナの到来で、外国語教育＝英語教育といった錯覚（一極集中）さえ一般化した[18]。人文・社会系の大学人でさえも、国外への発信は英語だけで充分、ない

18　バブル経済から冷戦構造崩壊、その後10年をふくめた20年間には、食文化の「多国籍」化や、Jリーグ発足・ワールドカップ日韓共催などサッカーブームの到来／愛知万博など、多文化化が進行した（たとえば名古屋市営地下鉄の車内アナウンスの多言語化etc.）。しかし、イタリア語やポルトガル語などの非英語圏文化の流入が少なめだつ程度だ。外国語知識の多言語化は進行せず、むしろ英語の「ひとりがち」状態がすすんだ（大学での第二外国語の衰微etc.）。2000年代には、ついに「英語第二公用語化」論とか、「企業内公用語」としての英語などを喧伝される時代がやってきた（ふなばし 2000, もり

し消去法的に英語といった風潮が急速に定着した。つまり、多国籍企業の現地対応として実質的多言語化はすすんでいる一方、公教育や研究開発などの空間では、急速な「一極集中」が並行しているという、皮肉な現実＝逆説を意味する。

「初等中等教育段階からのグローバル化に対応した教育環境作りを進めるため」といったうたい文句が、まくらにおかれながら、その作文の主題は「グローバル化に対応した英語教育改革実施計画」[19]だったりするなど、すくなくとも、現代日本の政官財における主流は、「グローバル化対策＝英語化」にすぎず、決して多言語化ではないといって過言でないのである。EUなど、先進的な言語政策／教育政策をつぎつぎうってきた地域と比較するなら、現代日本は、多言語化志向を基本的に拒否した空間にほかならない。

しかし、多言語化志向を基本的に拒否した空間は、現代日本にかぎられない。たとえば、ラテンアメリカからの移民の急増への反動としてわきあがった「イングリッシュ・オンリー」論にみる、アメリカ主流派社会の動向も、通底する意識の産物のはずである（よしかわ 2009）[20]。

　　しま 2000）。
　　　韓国系の多国籍企業の日本支社が、たとえば韓日英のトリリンガル空間になるとか、東南アジアに進出した日系企業が事実上多言語化する（くぼた 2015）など、グローバル化の加速化にともなう実質的な多言語化は、スポーツ界や大学・研究所などにかぎらず、企業社会を軸にかなり進行した。しかし、その一方で、現代日本の言語教育においては、国語＋英語、という、バイリンガル教育というより、モノリンガルを並行させた言語観が強化されているとしかみえない。それは、大学での第二外国語の衰微にみられるように、外国語教育の大衆化と反比例するかのように多言語化に「急減速」がかかる皮肉な光景だ。

19　「グローバル化に対応した英語教育改革実施計画」について（文部科学省初等中等教育局国際教育課外国語教育推進室、2013 年 12 月 13 日、http://www.mext.go.jp/b_menu/houdou/25/12/1342458.htm）

20　吉川敏博が「アメリカにおけるバイリンガル教育と英語公用語化」を再検討する議論を展開するうえで注記したつぎのような歴史的経緯は、植民国家／移民国家としてのアメリカの形成過程の決定的な矛盾を象徴しているといえよう（よしかわ 2009: 87-8）。

3. 洗脳としての日本語／「外国語」学習
"meme" の発信・受容がかかえる政治性

　言語習得については、バジル・バーンスタインによる「コード論」（「限定コード／精密コード」[21] etc.）、江原由美子による「ジェンダー秩序」を構成する「言語的諸規則」論など、社会学的モデルがすでに蓄積されてきている。ここでは、日本語習得や「外国語」学習に対する姿勢や、それをささえる認識を知識社会学的に解析していこう。

3-1. 日本語教育関係者／国語教育関係者が無自覚な実態：洗脳装置としての言語教育

　まず、言語教育を担当する教授関係者の認識と姿勢をとりあげてみる。

> 「建国時、西ヨーロッパからの移民が多く、そこでは母語が使用され言語地理学的「たこつぼ」社会が形成されていた。そうした社会では、母語以外に共通言語を修得する必要があり、バイリンガルは珍しいことではなかった。」
> 「当時はドイツ語系移民が圧倒的多数を占め、フィラデルフィアで話される主流言語はドイツ語であった。この状況を憂えたフランクリンはイギリス系による国家統一をめざし「ドイツ系移民を英語化するよりも自分たちがドイツ語化されてしまう」と警告を発した。」
> 「1890年以降の移民の出身地は、それまでの旧移民であるドイツ系や、スカンジナビア系とは異なり英語を話さない新しい集団（ユダヤ人、ギリシャ人、ポーランド人）、すなわち新移民が都市部に定住し始め、そこで見せる貧困や風習にアングロ系は警戒心を持ち始めた」
> 「1880年代から1920年代の対インディアン政策は、かれらの言葉を奪い、英語による同化を強制的にさせるところに主眼が置かれていた。そのため、インディアンたちの子供を親から切り離し、隔離することによって種族の言語を棄てさせ非インディアン化、すなわちアメリカ化を図ったのである。この政策により、インディアンの子供たちは教育を英語で受け親の言語を失い、英語は公言しなくても事実上の公用語となっていった。」

21　イギリスにおける労働者階級／中産階級の言語的特徴が、後者を前提にした学校文化が前者の学業不振を構造的に再生産するとの教育社会学モデル。

日本語学習の教授者たちは、どのように日本語を位置づけているだろうか。すでに着目したように、「日本語が外国語、第二言語である人」が学習者である「日本語教育」なのに教師が無免許でよいというのは、「日本語教育は学校教育でカバーしなくてよい」「日本語教育は非専門家でよい」という無責任な体制が自明視されていること意味している。言語学の素養はもとより、外国語ないし第二言語の学習者の把握、かれらに対する教授法理論とその実践という高度に専門的な知識／技術が不可欠なのに、実に異様である。

　そもそも日本語学習者の実態・内実は多様だ。なぜなら、第一言語としての社会化が完了している児童への保守的介入といえる国語教育とはことなり、年齢層はもとより、出身地域が多様であるなど属性やニーズが種々雑多になるからだ。学齢期ちかくから中高年まで、漢字圏と非漢字圏、第二言語としての習得か留学／就業目的なのか、その多様性は複雑であり、学習環境の微細な調整を要するのである。すくなくとも同化主義は暴走だ[22]。

　一方「国語教育」は「日本語が母語である人。主たる対象は、学齢期の子どもたち」が学習者であり、「母語としての日本語をより良く使用できるように

22　さきに、「外国語（あるいは第二言語）としての日本語を学習者のニーズに応じたレベルに到達させる」という理想は空文と化しているだろうと推測したが、しばしば無給のボランティアだったりする日本語教育担当者に、多様なニーズに対応すべく制度・体制づくりを設計し、かつ繊細な微調整など柔軟な修正をおこなえると期待する方がまちがいだ。それは「日本語が母語である人。主たる対象は、学齢期の子どもたち」といった対象が極度に限定された層に特化した空間で、かつ教員免許の保持者という「専門職」が動員される「国語教育」現場とは、資源動員上両極にあるといえる。「日本語教育」は、多様なニーズという不利な条件に対して、きわめて貧困な資源しか動員されないという空間なのである。それは、戦前の旧植民地への「国語」教育のような強圧的な同化教育よりはずっとましにしろ、ないないづくしの、きわめて無責任な不作為の集積なのだ。そもそも、みずからのネイティブ神話を相対化できない教授者たちは、「日本語文化の代表」という錯覚にまどろんで、学習者のニーズなど二の次で同化主義に暴走しかねない本質をかかえている。前述した旧植民地での国語教育における「大和魂」注入教育の誤謬は、「正統な日本語文化の紹介」へと洗練化＝隠蔽された。

なること。また、思考能力を向上させること」を目的とするために「国語科」等の教員免許状が必要だという。

　すでに、ウィキペディア「国語教育」の記述を紹介しつつ、「思考能力を向上させる」という目標は大学の教養教育等をふくめ空文化しているとのべておいた。

　国語科教員は、家庭などにおける日常生活から第一言語としての社会化が完了している児童に、「より良く使用できるようになること」や「思考能力を向上させること」をうながす専門家なのだという位置づけなのだろうが、なぜ社会科学や人文科学、自然科学などの課題にとりくませることで、それらが達成できないのか。特に「文学的な教材を読むこと・理解することに重点」をおくことで、言語運用能力や思考能力を向上させられるという合理化は、そもそも破綻しているであろう。また「低学年の頃には漢字や語彙の学習とともに音読に力がおかれ、学年があがるにつれて文学鑑賞の比重が高くなる傾向にある」だとか、「小学校においても古典教材を扱うことになった。そこでは伝統的な言語文化に触れることが重要であるとされている」といった動向も問題だ。低学年における「語彙の学習」や「音読」の重視はともかく、文学鑑賞・古典教材へといざなう姿勢は、学部でとりくんだ文学作品を生徒にあてがえば、それで日本語力や思考力が向上するという共同幻想にすぎないからだ[23]。漢字練習の重視にいたっては、デファクトスタンダードとしての正書法に適応させることしか眼中にない。恣意的な日本語漢字の使用実態を無批判に受容し、規範を権威主義的に甘受する姿勢をすりこむ洗脳装置といえる[24]。

　以上、これら日本語教育／国語教育関係者による日本語観／国語観の瞥見は、あくまで学習指導要領などから推察できるイデオロギーにすぎず、各教員が実

23　ちょうど既存の体育教育が、競技スポーツやダンスのマネごとをさせて、体位・体力向上をはかられるという、体育大学系の視野狭窄で短絡的な発想をベースにしてきたのと酷似している。

24　たとえば、ローマ字やカタカナのみで表記できる日本語の本質からめをそらし、わかちがき等が不可能であるかのような幻想を注入している点でも、日本語洗脳装置といわざるをえない。

際にどのような日本語観／国語観をもち、どう実践しているかの実態とは当然ズレがある。しかし「国語担当の教師には評論文読解などの場面で幅広い教養が求められるが、所属する学部・専攻の関係上人文科学分野（特に文学領域）に特化しがちである」（ウィキペディア「国語教育」）との指摘でもわかるとおり、国語科担当者のリクルートが文学専攻などを軸として出身学科がかたよってきたことはあきらかだ。社会言語学的視点やカルチュラルスタディーズなどの動向にうとく視野がひろくはないだろうこと、「幅広い教養が求められる」という本来の資質をもちあわせることは期待うすだろう[25]。

3-2. 神話＝共同幻想としての「外国語」教育

では、「外国語」学習の教授関係者は、どのように「外国語」を位置づけているだろうか。そもそも、「外国語」というのは、「外国」の言語なのか。たとえば現代日本のばあい、海域にへだてられることで「孤立」した言語空間にみえるが、おおくの言語が国境でくぎられることなく「越境」しているように、「外国語ができる」だとか「何か国語しゃべる」といった表現自体が基本的に不適当なのである。

しかし『中学校学習指導要領解説　外国語編』の「第2章 外国語科の目標及び内容　第1節 教科の目標」では、つぎのように「外国語」は自明視されてい

25　ウィキペディア「国語教育」しめされている「国語」免許で要求される素養が以下のような国文学周辺の非常にせまい範囲に限定されていることひとつとっても、「幅広い教養」は期待しようがない。
　　　国語学　日本語を対象とした言語学。原則として他言語との対照・比較は視野には入れない。音声言語及び文章表現に関するものも含む
　　　国文学　日本の作品を対象とした文学。国文学史を含む
　　　漢文学　漢文で書かれた文学
　　　書道　　書写中心。中学校免許においてのみ必要
　教育職員免許法施行規則（昭和二十九年十月二十七日文部省令第二十六号）
　　　http://law.e-gov.go.jp/htmldata/S29/S29F03501000026.html

る。

1 目標の解説

外国語科では，次のように目標を設定した。

> 外国語を通じて，言語や文化に対する理解を深め，積極的にコミュニケーションを図ろうとする態度の育成を図り，聞くこと，話すこと，読むこと，書くことなどのコミュニケーション能力の基礎を養う。

では、日本列島上で定住者や留学生等が常用している北京官話・朝鮮語・英語・スペイン語・ポルトガル語などは、「外国語」なのだろうか。先住民族の言語として認定されているアイヌ語や、同様の主張がある琉球諸語は、「外国語」なのか[26]。文部科学省の姿勢は、あきらかに「日本列島内には（標準）日本語だけが国語である」という国語科における前提とせなかあわせの言語観（＝無自覚な自明性意識）がみてとれる。

それはともかく、「外国語を通じて，言語や文化に対する理解を深め」るとは、異言語をとおした自言語の意識化、異文化の意識化という意味であろう。中等教育において、圧倒的多数をしめる英語教育は、いくら広域に分布する旧英連邦の存在があるとはいえ、そこから事実上の宗主国たる米国のイメージを払拭できるはずがない。自言語の意識化は、アメリカ英語との対照となりがちであり（音声／文法）、多様な英語圏文化をバランスよく対照させることは困難だろう。すでに述べたとおり多様な言語文化によってたつ住民の多様なニーズにそって多様な言語が普通にまなべる学習環境を確保することこそ、公教育をになう自治体／政府の責任のはずである。しかし、すくなくとも公教育における

26　たとえば、「知里幸惠の『アイヌ神謡集』は、岩波文庫での中で"外国文学"として位置づけられて」きた（「知里幸惠」http://www.nextftp.com/y_misa/sinyo/chiri.html）。
　　琉球諸語を日本語の「方言」と位置づけることの不自然さについては、ましこ（2014）参照。

中等段階においては、英語以外の学習機会を保障する意思が欠落しているとしかおもえないのが戦後日本の現実であった。要するに「外国語を通じて，言語や文化に対する理解を深め」るとうたいつつ、その実英語帝国主義を甘受し、親米派日本人を育成する洗脳装置であるといったそしりをまぬがれないのである。文化的植民地といわれても、しかたがないであろう[27]。

　さきに「そもそも、なぜ「義務教育」として「外国語」が必修なのか、「外国語」のなかで、なにゆえ「英語」が自明な選択肢なのかは説明できない」とのべておいたが、「中学にあがったら英語を勉強する」「高校入試で英語を回避することなど不可能」といった体制こそ、ものをかんがえない人間の再生産装置、れっきとした洗脳装置というほかあるまい。公教育体制における英語科は、国語科と同様、自明視された制度＝教育／選抜装置でありつづけている以上、そこには民族宗教とにた同化装置的側面[28]がかかえこまれているし、別のありようがないと信じこませている点で、あきらかに隠蔽工作を無自覚におこなう洗脳装置にほかならない。そして、それが日本国の自明性、米国との同盟関係の自明性をすりこんでいるのなら、アルチュセールのいう「国家のイデオロギー装置」の一種というほかあるまい[29]。日常的な自明性＝共同幻想や疑似科学から市民を解放し、より普遍的な視座へといざなうのが科学教育であるとすれば、既存の国語科／英語科は、共同幻想を再生産する疑似科学のもうしごにほ

27　もちろん日本人の大半が、ヤードポンド法やアメリカンフットボール、カントリーミュージック、キリスト教、土足文化などを事実上無視している以上、戦後の占領期以降、日本列島がアメリカ文化でおおわれているわけではない（ましこ 2012）。同時に、野球やハリウッド映画など、ローカル文化を「世界標準」であるかのように日本人が受容してきた経緯もあきらかだ。そういった文化状況の素地が、中学校・高校の英語教育と、英語による選抜を自明視してきた高校教員・大学教員によって再生産されてきたことも、否定しがたい。

28　キリスト教圏／イスラム教圏に現地人カップルのもとうまれた児童に宗教上の選択肢など事実上ないのと、実は、現代日本での国語／英語の不可避性はほぼ同形である。

29　国語科と地歴科については、筆者はこうした観点から批判的に検討をつづけてきた（ましこ 1997＝2003）。

かならない。

　その意味では、仲潔が提唱する「言語観教育」（なか 2008）は、非常に示唆にとむ視座といえる[30]。なぜなら、言語教育とは、狭義の言語体系／言語文化の教授にとどまらず、社会言語学／言語人類学／文学などが蓄積してきた言語文化観にふれる機会を提供するばでもあるからだ。文部科学省の提示する言語教育の把握は実に偏狭であり、その教育イメージは、「言語観教育」というメタ言語教育の機会をみすみす逸するような点で有害無益とさえいえるかもしれない。実際、「アメリカ英語は、デファクトスタンダードであるどころか、世界で通じにくい変種群である」とか、「アメリカの中西部方言を規範として勉強をつづけることは、世界の英語の実態からめをそむけさせかねない」といった見解にきづける生徒は、中学・高校では皆無にちかいだろう。中高の英語科教員自身が、そういった社会言語学的な知見を大学でまなぶことなく教壇にたってしまい、その後も認識を修正する機会をもてないケースが大半だろうから。英語帝国主義とか、英会話イデオロギーといった見解に、まともに対峙したことのないまま英語・英米文化学科を卒業してしまう学生が、中学・高校の教壇にたって10代の生徒に接するのは、きわめて危険なことだとおもう。しかし、そういった認識は現場に皆無にちかいだろう。教育委員会や文部科学省が、「言語観教育」といった観点から教員研修をおこなうともおもえない。旧国語・国文学系の学科修了後、保守的な伝統主義者を再生産してうたがわない勢力[31]が支配的な国語科教育の現場。それと並行した「国際主義」だからだ。

30　同様の問題意識は、黒川悠輔「ことばをめぐる問題の解決に向けた言語意識教育の可能性と課題」「ことばをめぐる問題への教育的アプローチ──批判的言語意識の理論と実践に学ぶ」など（くろかわ 2012, 2014）。

31　かれらは、亀井孝／田中克彦らが提唱した「国語学」（国家語としての日本語を社会言語学的に批判する科学）とは無縁なままである。

3-3. 言語学習者の姿勢と実態

　すでにふれたように、日本語学習者は属性とニーズが多様である。障害児への特別支援教育での配慮と同形なのだ。盲聾児童が、聴力／視力の欠落の程度、言語的臨界期とよばれる時期以前の失明／失聴なのかいなか、家庭環境として聾者がいるかいないか、指点字を駆使できるだけの身体機能があるかどうかなどで、まったく指導体制がことなってしまうように、個々のニーズに具体的に対応するしかないのと同質の構造が、日本語学習者にはある。滞在歴が何年かだけではなく何歳からの在日なのか、第二言語かいなか、漢字圏出身者かどうかで、日本語教育のニーズは、まったく質／量がかわる。一方、インターナショナルスクールにかよわせ英語を軸に言語的社会化をすませれば充分とかんがえたり、基本的に米軍基地内で育児をおこなう育児世代にとって、漢字表記の知識など基本的に不要だし、そもそも日本語をまなぶ必然性を感じないかもしれない。

　対照的に、日本での介護士や看護師資格を取得すべくEPAで来日した医療関係者などは、難解な医学用語等をふくめた漢字表記に適応することは、さけられない。資格試験対策はもちろん、日常の研修生活をふくめて、要求される日本語の質／量は相当なものになるしかない[32]。英語だけでことたりない（経済学や工学などではない）大学など研究機関でまなぶ層など、専門人としての日本語能力を要求される留学生／研究員等は、一層高度な日本語力がもとめられるであろう。

　それに対して、国語教育の学習者は、属性や目的が非常に限定されているようにみえる。第一言語としての社会化が完了している児童に、「より良く使用できるようになること」や「思考能力を向上させること」をうながす目的とされているからだ。しかし実際には、学習障害をかかえた児童など特別支援教育をふくめた配慮を必要とする層が遍在するし、他方中高6年間一貫の私立・国立

32　EPA関連での、日本政府や関係者の無定見・無為無策の詳細については、ぬのお（2016）参照。

の受験を自明視する層も例外的少数とはいいがたい人口比にいたった。前者も混在する30名以上のクラスを一斉授業ですまそうとする、マクドナルド化の典型例とおぼしき現実がある。一方、そういった現実を回避して高学歴化を追求する後者が大都市圏には大量発生した。こういった、通常の力量の教員が独力で対応することなど不可能な現実のなかで、国語教科書等を素材とした教育実践がくりかえされているわけだ。学習塾や高校のような学力別に「わぎり」にされたクラス編成が最善の教育環境である保証はないが、通常の力量の教員に対応不能な多様性がおしつけられれば、当然マクドナルド化空間は崩壊する。なぜなら、サービス労働提供の超合理化過程としてのマクドナルド化は、提供されるサービス労働の定型化による低コスト化、それを可能にするセルフサービスや複製技術の総動員によってようやく成立する、つなわたり構造が常態だからだ。検定教科書を素材とした一斉授業という形式による公教育空間は、予算／人員／時間を削減されれば、それだけで破綻にむかう宿命をかかえている（経営学でいう"slack"の慢性的欠乏）以上、ニーズの多様化が一定水準をこえてしまえば、定型化したサービス提供という基本条件自体が破壊されてしまうからだ。あまりに多様な日本語学習者のニーズという問題を提起したが、実は、比較的均質的にみえる現代日本の国語科教育の空間さえも、実にあやういバランスのうえに再生産されている現実にすぎない。

　したがって、英語学習の学習者も英語を第一言語としない日本の中高生といった具合に、属性や目的が非常に限定されているようにみえるが、国語学習同様、実はニーズの内実が多様であることにはちがいがない。英語圏からの帰国生や、英語圏出身の保護者をもつ生徒などを一方の極として、そもそも、なぜ「義務教育」として「外国語」が必修なのか、「外国語」のなかで、なにゆえ「英語」が自明な選択肢なのかが説明不能だとした、すでに提起した問題がからまる層（高校進学が選択肢にはいりようがない家庭環境etc.）などをもう一方の極とする多様性が実在する。日本英語検定協会の、いわゆる「英検二級」「準二級」[33]等に小学生で合格してしまう層がごくわずかいる一方、「英検」

33　本来は英検二級が高卒程度と位置づけられているが、実際には準二級が事実

受験などとは無縁な中学生がすくなからずいるわけだ。英語の入試問題で得点できないことは高校入試に致命的な障害となるが、経済的ないし学力的な状況によって、高校進学自体が考慮にいれること自体ナンセンスなケースも少数ながら遍在することは、みのがせない。難関大学の入試選抜を前提にした中高生が小学校高学年から準備をはじめる態勢が一方の極にあり、学習者のバラつきは、公立学校という「うけざら」が制度的にカバーできる次元の「多様性」とは、（質的／量的、両面で）いいがたい。実際、英語にかぎらず、カバーしきれない現実に直面しているからこそ、公立校の教員は「自力本願」を早々にあきらめ、塾関係者まかせにしてきた。無免許が常態の学習塾は、専門資格無用の日本語教育とは逆の意味で、非常に皮肉な実態を露呈させているのである[34]。

以上のように、日本語／英語を軸とした言語学習を教授者と学習者に区分して素描してみた。では、これらの実態を社会的行為と典型例と位置づけ、"meme"の発信と受容という観点からみなおすとどうなるだろう。

3-4．神話の伝道師＝洗脳装置の末端としての言語教員たち

日本語教授者たちは、19世紀末以来、日本列島上および周辺の植民地に、「国語」を発信しつづけた。しかし、重要な事実は、当初「標準日本語」は構築過程にあり、「国語」という実体などどこにも実在していなかった点である（ましこ 1997＝2003）。アイヌ語話者に対しても、琉球諸語の話者に対しても、台湾語などの話者に対しても、「国語」をおしつけようとしながら、その実態は、実

上高卒相当のようだ。

34　さらに皮肉をのべるなら、大学教員には「免許」など必要とされる資格が不在で、品質保証とみなされてきた学位等ももちあわせていない教員が多数存在してきたし、今後も「根絶」されないだろう。このことは、学習塾の「実力」とならんで、小中高校に不可欠とされる教員免許（それは、中央政府レベルでの「品質保証」のはずだ）の意義を深刻なレベルでうたがわせるものだ。教員免許が生徒指導の必要条件でもなければ、十分条件でもない現実を露呈させているからだ。

体のない体系を、あたかも過去から実在したかのように演出したかたちで教授してみせることだった。たとえば東北出身の教員たちは標準語がイメージするはずの音韻体系を表現しきれず、沖縄や台湾の学習者たちを混乱させたことがしられている。しかし、かれらには、おそらく自覚がなかった。いいかえれば、自覚のない詐欺行為として、普請中の構造物（「国語」と称された"meme"）を拡大再生産する「教育」実践をくりかえした。「国語」という"meme"は、「伝言ゲーム」のようにミスコピーされていったようだ。柴田武が指摘しているように、盛岡師範学校と岩手大学教育学部は「ズーズー弁」を非ズーズー弁地域にあてがい定着させることに成功した（しばた 1978: 423）。同様に、東北／九州出身の教員たちは沖縄で教鞭をとって「国語」話者を育成し、育成された臣民たちの一部は、20世紀前半台湾など東南アジア各地や南洋群島で植民地教育をになう人材となっていった。おそらくは、上田万年らが構想した「標準語」からは、かなり偏差をかかえた"meme"として。旧英連邦各地にイングランド語が広範に伝播・定着＝土着化したことはよくしられている（「シングリッシュ」etc.）。しかし同様なことは日本列島各地や周辺、および太平洋各地で展開した「伝言ゲーム」としておきていたのであり、普遍的な現実だった。

　それはともかく、日本列島上のデファクトスタンダードとして標準日本語が定着したことは事実だ。「想像の共同体」を形成する「日本語」空間は実体を形成した（上田万年らによる「精神的血液」論）。ただし、あくまで「きいてわかる全国共通語」「よんでわかる全国共通語」にすぎず、「はなせる共通語」「かける共通語」からは、ほどとおい現実とせなかあわせだが[35]。

　そして、こういった「全国共通語」的なイメージは、「日本人の日本人による日本人のための日本語」といった、単一民族による単一言語文化イメージを

35　「きいてわかる全国共通語」「よんでわかる全国共通語」は「日本人」という「想像の共同体」を構築しただけでなく、在日コリアンなど旧植民地出身者にとっても「リンガフランカ」となり、二世・三世世代にとっては第一言語となった。民族学校に進学しない層にとっては、朝鮮語が「外国語」として機能するばあいがおおい。

強化した。とりわけ、敗戦により植民地の大半を喪失したことで「極東の孤立した列島国家なのだ」という、帝国主義の反動＝精神的鎖国の復活は、本質主義的な自民族意識にこりかたまらせた感がある。一方で「電子機器や輸送機器などの輸出立国」というイメージにもとづくナショナリスティックな自尊心を共有すると同時に、文化的には、「ガラパゴス化」を自嘲気味にひらきなおる、ないし、国粋主義的に美化するような意識が醸成されてきた。「日本人の日本人による日本人のための日本語」＝単一民族／単一言語文化イメージの象徴は、漢字カナまじり表記と敬語、および古典的うんちくといえよう（ましこ 2011）。納豆／豆腐などをはしを駆使してたのしむ層が国内外に発生したことを確認できても、無用に複雑な敬語体系に適応できる外国出身者は少数だ。まして漢字表記をよみかきするとなると「名人芸」とみなされる（過去には「変なガイジン」といった、自虐的な排外主義さえあった）。百人一首のカルタなどをたのしむ日本語マニアは特殊視されるだろう。屈折した日本語意識も "meme" として大量にコピーされるにいたった。こういったガラパゴス文化を醸成して問題を感じない典型例が国語科教員だろうし、「美しい日本語」イデオロギーを喧伝する日本語教員もすくなくないだろう。かれらは、日本列島内外に大量のマゾヒストを育成し、サディスティックに規範主義を発信する。「共有財産としての日本語」という発想から対極にあり、表記や規範についての合理化・改善の必要をみとめない層である。

　もちろん、こういった保守主義的な "meme" を無視／拒否する層が実在する。わかい世代や日本列島外にルーツをもつ層は、従順に規範をうけいれるわけではなく、さまざまな改変をくわえて「ミスコピー」をくりかえすことになる。「日本語のみだれ」などと保守主義から反発されようと、そういった反動で「ミスコピー」を封殺しきることは不可能だ。

　一方、英語を軸とした外国語学習の当事者たちは、どのように "meme" を再生産してきただろうか。

　広義の日本語が「国語」ないし「標準語日本語」として日本列島内外に伝播した過程を "meme" の拡大再生産としてスケッチしたが、実は、英語ほか外国

語を学習対象として習得する過程とかなりの共通性がある。なぜなら、理想的にはバイリンガル状況（第一言語＋第二言語）をめざして、教授／学習がなされるのが普通だからだ。実際、おおくの地域では、自地域の言語を「方言」と位置づけ、標準語との「ダイグロッシア」をみせる実態が支配的だった。植民地主義的な同化主義教育が実践された北海道と沖縄県では、アイヌ語や琉球諸語をすてて「日本語」化することが称揚された。それらは、異国に移住しないままで移民したかのように自言語を封印し、次世代に言語文化を継承しないこと（バイリンガルの断念）を意味した。

　以上のように、多数派日本人がかんがえるような、「日本人の日本人による日本人のための日本語」[36]と並行した「英語など外国語」というイメージこそ[37]、戦後日本に独自な特殊な言語観である。しかし、その一方、広義の日本語話者集団と、多数派日本人とやりとりするほかない時空に限定して日本語の一時使用をくりかえす集団とが、社会学的／人類学的に「すみわけ」をつづけていることも現実である。外国にルーツをもつ定住層が、しばしば「日本には外国人差別（レイシズム）がある」と批判することの相当部分は、外見で多数派日本人ではないと判断するや脊髄反射のように「非日本語話者」と断定する先入観の産物である。「日本語で質問したら、"I can't speak English"とかえされた」といった都市伝説は、そういった多数派日本人の一般的な発想法を実にうまく代表している。つまり、「外見がガイジンだ」→「日本語がはなせないにきまっている」→「英語が通じるはずだ」[38]→「カタコト英語の自分だから、最低限の

36　ましこ（2011）
37　米軍基地が林立する沖縄島などを極として、基地の街、インターナショナルスクールをかかえる大都市圏では、すくなくとも英語は「外国語」ではなく隣人の言語である。なにより、朝鮮語や中国語、ポルトガル語やスペイン語等さまざまな非日本語が、1世から4世ぐらいまでの世代差をまじえて日本列島上でかわされつづけている現状がある以上、「英語など外国語」といったモノリンガル幻想こそ、「多言語社会」たる日本列島の実態からめをそらした現実逃避というべきだ（さなだ／しょーじ 2005）。
38　非英語圏からの来日層が多数におよぶことに、多数派日本人は無知なままである。

英語表現ですませよう」といった論理展開だ。これらは、漢字表記等、文化的な非関税障壁を無数にはりめぐらせていることに無自覚な多数派日本人が、みえない排外主義によって、定住外国人と接触する機会をほとんど0にしてしまってきたという現実の産物だ。社会学的／人類学的に「すみわけ」しつづけてきたので、「他者」の存在にきづけないままなのだ[39]。

かくして、はなしことばの次元では自然習得というべき過程で"meme"としての日本語はコピーされ、並行して不徹底な「多言語表示」をベースに間接的なコミュニケーションがくりかえされる。一部の日本語マニアはそれこそマニアックに漢字表記／固有名詞等に適応するが、おおくの来日層は駅構内の表示や看板等で当座の必要情報は取得し[40]、それ以外は「外国人観光客むけ商品」が展開するキッチュな日本語文化を受容・消費する宿命にあるだろう。ごくかぎられた自治体での児童むけの日本語教育や、各種ボランティアによる日本語教室等[41]、EPA等体系的な日本語学習空間などを例外として、徹頭徹尾、自己責任原則による自力救済しか想定していない放置姿勢こそ日本社会の常態なのだ。

39　それはちょうど、バリアだらけの公共空間を放置しつづける不作為が障害者を構造的に屋内におしとどめ、あたかも障害者が社会に不在であるかのように錯覚してきた「健常者」と通底する。

40　公共交通機関のいきさき表示／場内アナウンスなど情報保障は、たとえば愛知万博など来日外国人意識した改革をふくめて、徐々に進行してきた。しかし、「警察官立寄所」を来日外国人に周知しようという"Frequently Patroled by Police" "警察巡邏場所"といった非日本語表示も各地でめだつ。愛知県で事例収集・解析した糸魚川美樹によれば、「売春目的の勧誘・客待ちは処罰されます」をつたえる看板の訳語がスペイン語／英語であるとか、「貴重品は何も置いてありません」の訳語が英語／ポルトガル語／スペイン語／中国語であるなど、「街頭の多言語化」の進行は、あきらかに「取り締まりの対象としてのみ扱っている表示」にみることができる（いといがわ 2006: 50-3）。それは情報保障ではなく、警告・拒否としかうけとれまい。

41　おおくの実践例が報告されているが、ここでは地域での自分たちのとりくみを報告している柿本隆夫や、各地のとりくみを実態調査した三田村／山﨑らをあげておく（かきもと 2011, みたむら／やまさき 2013）。

4. おわりに

　以上、グローバル化が進行する21世紀を20世紀の変容と対照することをふくめて、日本列島を言語教育／学習現象を社会学的に瞥見した。英語教育＝バイリンガル化の必要性が喧伝される一方、日本語表記など既存の規範を自明視したまま学習者にあてがったり、来日外国人によりそった情報保障をおこなう意思がなかったりなど、ちぐはぐな言語政策・教育実践がめだつ。その背後にある言語観が無自覚なイデオロギーだからである。言語状況に対するガラパゴス化した認識上の鎖国意識＝排外主義が日本列島を依然支配しているのだ。

　そもそもグローバル化は世界のアングロサクソン化ではない。依然として世界は「バベルの塔」状況がつづいているし、今後も世界全域が均質化していくことはない。そうである以上、すくなくとも日本列島上で自明視されてきた視野・射程がせまい言語観／言語政策／教育実践を根底からみなおす必要があることは明白だ。しかし、状況を瞥見するかぎり、残念ながら政官財の指導層がその事実に気づいているとはおもえない。それをジャーナリズムが批判しきれていないことはもちろん、アカデミズム自体が問題の所在を充分認識していない可能性がたかい。すくなくとも小学校に英語教育を導入しようとする動向や、中等教育／高等教育において多言語化／多文化化をはかる努力がほとんどないことをみれば、大学人のあいだで言語教育の多様化を促進しようといううごきは、よわいとみるほかない。政官財での現実直視の不在をうち[42]、言語政策や教育実践を改善するためには、まずは大学関係者、さらに政策担当者が認識を抜本的にかえるほかないとおもわれる。企業社会がマーケティング上の必要性から多言語化に対応することには、中長期的には期待ができるだろうが、それ

42　たとえば、企業人やそれとむすびつきがつよい大学人などは、グローバル化＝アングロサクソン化とかんがえがちだろう。組織内の英語化を当然視する言論人や大学人が横行するように。それら認識の事実誤認については、寺沢拓敬・木村護郎らの議論が最適である（てらさわ 2015、きむら 2017）。

をまっていては、言語的少数者をはじめとして、おおくの人口が、無自覚な洗脳等、被害をこうむりつづけることの放置を意味する。

　言語教育にかかわる大学人やジャーナリストが現状から脱出することは急務である。そのためにも、前述した仲潔らによる「言語観教育」の導入が不可欠だろう。その導入をきっかけに言語教育関係者自身、おのれの言語観の根本的変革をせまられるからだ。生徒たちに科学的な批判精神をつたえたいなら、自分たち自身が不断の自己批判にもとづく前進をやめない存在へと、うまれかわるほかない。それは自分自身がとらわれている幻想・神話からの脱却であり、人間的解放でもある。逆に批判精神にふれ（させ）たくないなら、ダグラス・ラミスのいう「影の学問」の実践者という「正体」を露呈しているといえよう。

参考文献
あべ やすし（2015）『ことばのバリアフリー　情報保障とコミュニケーションの障害学』生活書院
いといがわ・みき（糸魚川美樹）（2006）「公共圏における多言語化——愛知県の事例を中心に」『社会言語学』6号
えはら・ゆみこ（江原由美子）（2001）『ジェンダー秩序』勁草書房
かきもと・たかお（柿本隆夫）（2011）「外国人生徒のためのカリキュラム作りから見えること」米勢治子ほか編『公開講座 多文化共生論』ひつじ書房
かどや・ひでのり（2012）「言語権から計画言語へ」『ことば／権力／差別——言語権からみた情報弱者の解放』ましこ・ひでのり（編著）三元社（初版2006）
かどや ひでのり／あべ やすし編（2010）『識字の社会言語学』生活書院
きむら・ごろー・くりすとふ（木村護郎クリストフ）（2012a）「「言語=通貨」論再考——地域通貨論が言語の経済学に問いかけること」『ことば／権力／差別——言語権からみた情報弱者の解放』ましこ・ひでのり（編著）三元社（初版2006）
きむら・ごろー・くりすとふ（木村護郎クリストフ）（2012b）「原発と英語——日本における普及過程、問題構造および対策の共通性」『社会言語学』12号「社会言語学」刊行会（https://www.geocities.jp/syakaigengogaku/kimura2012v6.pdf）
きむら・ごろー・くりすとふ（木村護郎クリストフ）（2017a）『節英のすすめ』萬書房
きむら・ごろー・くりすとふ（木村護郎クリストフ）（2017b）「原発と英語——日本に

おける普及過程、問題構造および対策の共通性」『行動する社会言語学——ことば／権力／差別Ⅱ』かどや・ひでのり／ましこ・ひでのり（編著）三元社

くぼた・りゅーこ（久保田竜子）（2015）「アジアにおける日系企業駐在員の言語選択——英語能力至上主義への疑問」『ことばと社会』17号（特集：アジアのリンガフランカ）三元社

くろかわ・ゆーすけ（黒川悠輔）（2012）「ことばをめぐる問題の解決に向けた言語意識教育の可能性と課題——言語的不公正の視点から」『早稲田大学大学院文学研究科紀要 第1分冊, 哲学 東洋哲学 心理学 社会学 教育学』57
（https://dspace.wul.waseda.ac.jp/dspace/bitstream/2065/36950/1/BungakuKenkyukaKiyo1_57_Kurokawa.pdf）

くろかわ・ゆーすけ（黒川悠輔）（2014）「ことばをめぐる問題への教育的アプローチ——批判的言語意識の理論と実践に学ぶ」『早稲田大学大学院文学研究科紀要 第1分冊, 哲学 東洋哲学 心理学社会学 教育学』59
（http://dspace.wul.waseda.ac.jp/dspace/bitstream/2065/41226/1/BungakuKenkyukaKiyo1_59_Kurokawa.pdf）

こーの・としひろ（河野俊寛）（2014）「知的障害児への文字の読み書き指導研究の動向」『人間科学研究』第8巻 第1号, 金沢星稜大学
（http://www.seiryo-u.ac.jp/u/education/gakkai/h_ronsyu_pdf/8_1/p51_kawano.pdf）

こやま・もえ（古山萌衣）（2011）「障害児教育政策の歴史的展開にみる特別支援学校の意義」『人間文化研究』16号, 名古屋市立大学大学院研究科
（http://www.hum.nagoya-cu.ac.jp/journal/2011_16/069KOYAMA.PDF）

さいとー・やすお（斉藤泰雄）（2012）「識字能力・識字率の歴史的推移——日本の経験」『国際教育協力論集』第15巻第1号, 広島大学教育開発国際協力研究センター
（http://home.hiroshima-u.ac.jp/cice/wp-content/uploads/2014/02/15-1-04.pdf）

さなだ・しんじ（真田信治）／しょーじ・ひろし（庄司博史）編（2005）『事典 日本の多言語社会』岩波書店

しばた・たけし（柴田武）（1978）『社会言語学の課題』三省堂

すみ・ともゆき（角知行）（2012）『識字神話をよみとく——「識字率99％」の国・日本というイデオロギー』明石書店

てらさわ・たくのり（寺沢拓敬）（2014）『「なんで英語やるの?」の戦後史——《国民教育》としての英語、その伝統の成立過程』研究社

てらさわ・たくのり（寺沢拓敬）（2015）『「日本人と英語」の社会学——なぜ英語教育論は誤解だらけなのか』研究社

なか・きよし（仲潔）（2008）「言語観教育序論——ことばのユニバーサルデザインへ

の架け橋」『社会言語学』8号,「社会言語学」刊行会
ぬのお・かついちろー(布尾勝一郎)(2016)『迷走する外国人看護・介護人材の受け入れ』ひつじ書房
バーガー, P.L. ＝水野節夫＋村山研一訳(1995)『社会学への招待』新思索社(Peter Berger (1963) *Invitation to Sociology.* Doubleday)
ふなばし・よーいち(船橋洋一)(2000)「英語公用語論の思想」『言語』Vol.29, No.8
ましこ・ひでのり(1997＝2003)『イデオロギーとしての「日本」』三元社
ましこ・ひでのり(2002a)『日本人という自画像』三元社
ましこ・ひでのり(2002b＝2014)『ことばの政治社会学』三元社
ましこ・ひでのり(2010)『知の政治経済学——あたらしい知識社会学のための序説』三元社
ましこ・ひでのり(2011)「日本人の日本人による日本人のための日本語？——日本語・国語教育をといなおす」『公開講座 多文化共生論』米勢治子ほか(編)ひつじ書房
ましこ・ひでのり(2012)『社会学のまなざし』三元社
ましこ・ひでのり(2014)「「言語」と「方言」——本質主義と調査倫理をめぐる方法論的整理」『琉球諸語の保持を目指して—消滅危機言語をめぐる議論と取り組み』下地理則・ハインリッヒ(編)ココ出版
みたむら・とくみ(三田村徳美)／やまざき・みずき(山﨑 瑞紀)(2013)「日系ブラジル人親子が抱える教育面での問題」『東京都市大学横浜キャンパス情報メディアジャーナル』第14号
もりしま・もとひろ(守島基博)(2000)「企業内公用語論の意味と役割」『言語』Vol.29, No.8
よしかわ・としひろ(吉川敏博)(2009)「アメリカにおけるバイリンガル教育と英語公用語化の是非論」『立命館国際研究』21-3(http://www.ritsumei.ac.jp/acd/cg/ir/college/bulletin/Vol.21-3/04YoshikawaToshihiro.pdf)
ラミス, C・ダグラス＝加地永都子ほか訳(1982)『影の学問、窓の学問』晶文社
ラミス, C・ダグラス＝北川久ほか訳(2017)『ダグラス・ラミスの思想自選集』萬書房

第3章

学習者の社会階層と日本語学習

岡野 かおり（ラトローブ大学）

要旨

　学習者の家庭背景や社会的・制度的条件が、学習成果やモチベーションとどのような関わりがあるのか。これは教育社会学・教育人類学の中心的課題である。本章は、教育社会学の知見から、学習者の「社会階層」がいかに外国語学習に影響するのかを、オーストラリアの中等教育における日本語学習をケーススタデイとして考察する。外国語教科が必修でなくなった時、大多数の生徒が日本語学習をやめる。日本語学習を続けるか否かは、単なる学習者個人の好みや希望に基づくのではなく、学習者の家庭背景や、社会的・制度的条件が大きく影響する。生徒の間で日本語がエリート教科と認識されており、自分には無理だろうと考える学業成績の低い生徒が自分から辞めていく。その結果、日本語がますます成績優秀者を中心とする科目になり、さらに日本語が敬遠されていくという循環が繰り返される。本章は、学習者のモチベーション・学習成果を、個人の問題としてではなく、社会・制度的条件と関連させて理解することの重要性を明らかにし、こうした問題に対して、教育機関、現場の教師がどのように配慮する必要があるのかを検討する。

1. はじめに

　学習者が選択教科として日本語を学習するのは、日本語・日本文化が好きだからといったように、単に個人の好みの問題なのだろうか。本章は、教育社会学の知見をもとに、学習者を取り巻く社会・制度的条件がいかに外国語学習に影響するのかを、学習者の「社会階層」を中心に考察する。英語圏のオーストラリアの中等教育における日本語学習をケーススタデイとして具体的な例を検討しつつ、社会・制度的な外的構造的条件の内容が異なる社会でも存在するであろうこの現象を探索していきたい。

　まず、教育と社会的不平等に関する教育社会学の考察を簡単に紹介した後、オーストラリア、ビクトリア州における外国語教育・日本語教育の現状を簡単に述べる。次に、生徒の教科選択に影響する制度的条件のひとつとして、教科のヒエラルキーについて考察する。最後に、上記の具体例に参照しつつ、学習者を取り巻く社会・制度的条件と、学習者個人の決断・行動の複雑な相互作用について考察する。

2. 教育と社会的不平等

　「教育機会の平等」の理念は民主主義社会の基本であり、一般的に広く支持されている。教育社会学とは教育実践・現象を社会学的に考察する学問分野であり、その中心的課題は学校教育がいかに社会的不平等の再生産に貢献し、またそれと同時進行に不平等を緩和するのかを考察することである（e.g., Ballentine and Hammack 2011; Sriprakash and Proctor, 2013; Teese 2000; Ball 2004; 酒井・中村・多賀 2012）。生まれた時は同じライフチャンスを持った子供たちが、15年後の義務教育終了時には学業成績などの面で差異化し、中等教育修了時には大

学進学者・就職者、更に進学者の間ではどの大学のどのコースなのか等、ある程度職業的方向が決まっている。この時点の違いが子供たちの出身階層を反映しているるのは一般的な現象であるが（Davies et al, 2008; Iannelli 2013; Oakes 2006)、それはどうしてなのか。一体学校では何が起こっているのか。多くの先行研究が、生徒のジェンダー・人種・エスニシテイ・社会階層がいかに将来の志望・学業成績・職業達成に影響するのかを考察してきが、これらを踏まえて、本章は社会階層と外国語学習に焦点をあてる。

　子供の家庭背景が学業成績に影響するメカニズムの代表的なマクロレベルの理論を簡潔に紹介しよう。初期の理論は「欠陥理論」と呼ばれ、非中産階層の子供たちが家庭から学んでくるものが「不十分」で「不適当」であるために、学校での学業が振るわず、学校不適応になると説明する。後に登場した「学校・家庭文化の相違理論」は、子供たちが家庭から学んでくるものが「劣る」のではなく、ただ単に非中産階層の子供達の家庭の文化と学校文化が本質的に異なるため、子供たちが学校への適応障害をおこし、結果的に学業成績の不振・学校不適応となると説明する。なぜなら、学校文化は中産階層文化を前提にしており、この文化を家庭ですでに習得していない子供達は学校での学習が効率的に進まないからだ（Ballantine and Hammock 2011; Sadovnik and Coughlan eds. 2015)。

　この説明をさらに進めたのが、ブルデュー等の教育を介した「文化再生産論」であり（Bourdieu 1984)、階層による言語使用の相違に注目したのがバーンステインの「言語コード論」である（Bernstein 1971)。学校が使用する中産階級言語と労働者階級語には違いがあり、生徒は学業評価のために前者を使用することを求められる。その時、前者を家庭でマスターしていない子供たちは不利であると。数々の実証研究が、教室レベルでの詳細な相互作用を観察記録し、中産階層の文化・言語を持たない子供たちが周辺化され、結果的に社会的不平等が再生産されていく過程を考察してきた。これらは「学校エスノグラフィ

ー」を駆使して、生徒と教師の関わり合い・生徒同士の関係、生徒がいかに学校文化へ対応するかなどに目を向ける。非中産階層の子供たちが教室レベルの相互作用の中で、自分の能力や将来性の限界を認識し自分を取り巻く環境を現実視しつつ、将来の方向を模索することを示している（Okano & Tsuchiya 1999）。

先行実証研究では、学業成績に関しては必修教科であるリテラシーや英語（日本での国語）と算数を考察しており、選択教科である外国語についての研究は少ない。一番近いものは、出身社会階層が生徒の中等教育修了（大学入試）共通試験の教科の選択に大きく影響しており（Dilnot 2016）、またこうした教科の選択が社会階層の再生産に寄与するという英国の実証研究である（Inneli, Smyth & Klein 2016）。つまり、学業成績だけではなく、どの教科を選択するかも大学の行き先や将来の仕事に影響するのであり、その中で、同様の成績であっても非中産階層の生徒は「不利な教科」（non-facilitating）を選択しそれが進路に不利になり、その反面、中産階層出身の生徒は「有利な教科」（facilitating subject）を選択することによって共通試験の得点を上げる。有利な科目は外国語、数学、生物、化学、物理、歴史、地理などがある（Ianneli et al. 2016: 567）。これらの教科はソフトな教科・ハードな教科とも呼ばれ、同じような教科選択の傾向が特定のエスニックマイノリティにも観察されている（Shiner & Noden 2015）。オーストラリアでも同じような傾向が見られる。

本章は、オーストラリアの中等教育修了（大学入学）共通試験の選択科目である「英語以外の言語（LOTE, language other than English）」（外国語）の一つである「第二言語としての日本語」について、この教科選択が生徒の社会階層と関連する傾向があること、そして共通試験制度の教科による得点のスケーリングがこの傾向に深く関わっていることを考察する。その中で、中等教育における日本語教育のあり方について考える。

3. オーストラリアにおける日本語学習

　英語圏における外国語学習は、非英語圏のそれとは本質的に異なることをまず述べておこう。英語がグローバル言語としての地位を持つ現在、多くの非英語圏で英語学習が中等教育修了時まで必修になっている。日本も例外ではなく、ヨーロッパでは英語を含む二つの外国語学習が課されている国もある。英語圏では外国語は中等教育修了まで必修ではない。グローバル言語である英語を母語とする以上、外国語を学習する道具的動機が低いせいか、中等教育の最初の2年間ぐらいは必修であるが、その後は選択教科となる。その際、外国語を選択する生徒は極めて少なく、90パーセント弱の生徒が外国語の学習をやめる。

　オーストラリアでは学校教育制度は州政府の責任であるために州によって多少の違いはあるが、ここでは筆者の在住するビクトリア州の例を挙げる。ビクトリア州はオーストラリアの第2の州であり、全国人口の4分の1、580万人が、州都メルボルンを中心に住んでいる。学校では40以上の言語「英語以外の言語 (languages other than English, LOTE)」を学ぶことができる（小学校初年度から）。学校制度は、小学校（プレップから6年生まで〔7年間〕）、中等教育学校（7年生から12年生まで）、そして大学などの高等教育から成る。義務教育は10年生までで、9年生からは必修科目の他に生徒個人の選択する科目が導入される。11年生以降は、必修教科は英語のみとなり、残りの選択科目の中から選択した科目で中等教育修了（大学入学）共通試験を受ける。したがって、11年生になる時の教科選択は、生徒の進路に大きく影響することになる。「英語以外の言語」は、制度的には中等教育修了試験（12年生）の教科としてかなり高いレベルまで学習することができる。各学校がどの「英語以外の言語」を教えるかどうかの決定権を持ち、多くの場合それぞれの地域の要望を反映し、例えばイタリア系の住民が多い地域ではイタリア語が教えられるといった傾向がある。

　表1は小学校、中等教育学校、中等教育最終学年で学習者の多い「英語以外

表1　学習者の多い「英語以外の言語」　　　　（オーストラリア　ビクトリア州、2014年）

小学校	中等教育学校	中等教育最終学年（12年生）
イタリア語21%	フランス語20%	中国語（第一言語として）640人
日本語 20%	イタリア語19%	フランス語628人
インドネシア語18%	インドネシア語18%	中国語（第二言語として）508人
中国語18%	日本語17%	日本語443人
フランス語8%	ドイツ語11%　中国語10%	ベトナム語（第二言語として）307人

Source: Department of Education and Training (2014).

の言語」を提示している。小学校では、イタリア語・日本語・インドネシア語・中国語が多い。毎週1から2時間程度の授業であるため、教師の語学力が不十分な場合もあり、特に地方では教師不足の問題が深刻だ。中等教育学校では7年生8年生の期間に必修となることが多いが、地方では7年生だけの場合も多い。中等教育最終学年12年生になると、学習者の多い「英語以外の言語」は中国語（第一言語及び第二言語）・フランス語・日本語になる。小学校と中等教育低学年の「英語以外の言語」と、中等教育最終学年の大学入試共通試験での学習者の多い「英語以外の言語」が全く異なるのが興味深いが、これは後述する教科の制度的条件及びヒエラルキーにも関わっている。12年生で「英語以外の言語」の一番多いのが「第一言語としての中国語」であるが、これはオーストラリアの大学入学を目指す中国大陸からの私費留学生の数が毎年増加しているからだ。彼らは第一言語の中国語（北京語）と、「第2言語としての英語」を履修する。

　「英語以外の言語」学習者数は高学年になると極端に減少する。**表2**はオーストラリアのビクトリア州の小学校、中等教育学校全体（7から12年生）、中等教育最終学年（12年生）に、「英語以外の言語」を教科として提供している学校数のパーセントと、「英語以外の言語」を学習している生徒数のパーセントを示す。ビクトリア州では小学校では69パーセントの生徒が「英語以外の言語」を学習しているが、中等教育最終学年には生徒の17パーセントしか「英

表2　学校における「英語以外の言語」学習者　（オーストラリア　ビクトリア州、2014年）

	学校数	学習者数
小学校	74%	69%
中等教育期間	88%	42%
中等教育最終学年まで	44%	17.5%（全国平均は13%）

Source: Department of Education and Training (2014).

語以外の言語」を選択しない。それでも、ビクトリア州は全国トップを誇っており、全国平均は更に低い13パーセントである（Department of Education and Training 2014）。

　「英語以外の言語」が必修でなくなった途端に多くの生徒が「英語以外の言語」学習から去り、少数の学習者しか残らないのはなぜなのだろうか。その特定言語が嫌いになったとかという個人的な理由もあろうが、それだけではない。「英語以外の言語」学習の継続する生徒は比較的恵まれた家庭背景を持つものが多い。生徒を取り巻く社会的・制度的外的条件も大いに影響するだろう。その制度の一つが、以下に述べる教科のヒエラルキーの存在であり、その中での「英語以外の言語」の特権的地位である。中等教育修了（大学入学）共通試験での教科選択が生徒の出身階層に大きく影響されているという知見が、イギリスでの実証研究により示されていることは先ほどすでに述べた通りである。

4. カリキュラムの階層性：オーストラリアの場合

　教科にも「難しい」とか「成績優秀者にふさわしい」とか「有利」と考えられている教科とそうでないものがある。このような判断に基づいて教科の主観的ヒエラルキーが存在する（Vickers, 2013; Davies et al. 2008; Van de Werfhorst et al. 2003）。上位に位置する教科は一般的に困難だと考えられているものが多い。例えばいわゆる「高度の理系教科」と「昔からの文系教科」がこれにあた

る。前者には高度数学、科学（物理、化学）が含まれ、後者には「英語以外の言語」や歴史などがある。自分の学業成績に自信のない生徒の多くは上位教科を初めから選択しようとしないし、また教師もこれを勧めない。一方、教科ヒエラルキーの下位に位置するのは、比較的最近導入された人文系の教科（社会学、心理学、法律に関する教科等）、ビジネス関係の教科、及び職業的教科（食物技術等）である。

　教科のヒエラルキーは、一般人や生徒が抱く主観的なものだけではなく、大学入試試験制度によっても助長されている。オーストラリアでの大学入学は、原則的に、州政府が12年生を対象に一斉に行う「中等教育終了（大学入学）共通試験」において各生徒が得た点数により決定される。受験生の得点が、志望する大学の特定コースへの入学許可のために最低限必要な科目と点数の条件を満たせば、入学許可が決まる。州政府は各教科につき、総受験生の成績を上から下まで順番に一列に並べ、真ん中の生徒が50点満点のうち30点を得るように点を決めるが（日本の偏差値と類似する方法である）、さらにその後、教科間の得点を相対化するスケーリングというプロセスが適用される（Victorian Tertiary Admission Centre 2015）。これは、アカデミックな科目の「物理」と、そうでない「食物技術」の30点が同じ価値を持つのは、総学力を正確に評価していないとする理由のもとに実施される。スケーリングの結果、表3に示された通り、2014年には「専門数学」の30点が42点に、「日本語」の30点が39点に上がった。一方、「心理学」は30点が28点に、「食物技術」は30点が23点に下がった。これは、前者の教科を選択する生徒が全体的学業成績が高く、後者の職業的な教科を選ぶ生徒がそうでないため、「専門数学」や「日本語」で得た30点と、「心理学」や「食物技術」で得た30点を、同じ様に扱うのは不公平であるからと説明される。この調整のプロセスは全受験生の全ての教科の得点を考慮するもので、どの受験生がどの教科でどういう得点だったかを、毎年組み合わせて計算していく、非常に複雑なプロセスだ。

　表3は2014年度のスケーリング結果である。例えば、日本語は中位数（メ

表3　高等学校終了共通試験における教科別得点のスケーリング：30点がスケーリングされた後の最終得点　　　　　　　　　　　　　　（オーストラリア、ビクトリア州、2014）

スケーリングにより点が上がる教科	スケーリングにより点が下がる教科
ラテン語　46	法律関係学　28
高度な専門数学　42	心理学　28
フランス語　41	ビジネス・マネジメント　26
日本語　39	食物技術　23
イタリア語　38	産業・企業に関する学　20
化学　34	
物理　32	

Source: Victorian Tertiary Admission Centre, *2014 Scaling Report*

ジアン）30点が39になるが、「食物技術」は30点が23になってしまう。これなら、試験のスコアを少しでも上げるために、「食物技術」より「日本語」を選択した方が有利だと、高得点を求める成績優秀者は考える。つまり、医学・法学部などの難関大学コースをめざす成績優秀者の多くが、得点を上げるための有利な道具的「手段」として「英語以外の言語」を学習する。この結果、「英語以外の言語」はますますエリート教科となっていく一方、結果として、「英語以外の言語」学習者層の幅を限定することになってしまう。

　このような教科のヒエラルキーが主観的に存在するのは他にも理由がある。第一に、このヒエラルキーは医学、歯学、法律といった大学における学問分野ヒエラルキーを反映しているだけでなく、医学関係のコースへ入学するための必修教科（化学・高度の数学）の地位にも関係している。第二に、学費の高い私立高校の多くが上位教科を提供し、職業的教科はしないという傾向がある（例えばプロテスタント系私学の年間授業料の平均が200万円を、カトリック系のが60万円を超える）。第三に、ラテン語のように昔からの伝統的な人文系教科が未だに名誉ある科目だと考える高学歴高年齢層の人がいる。最後に、現場の教師が学業成績が上位でない生徒にこのような教科をすすめないという現実がある。「英語以外の言語」に関して言えば、全体的な学業成績が良くない

限り教師はすすめない。このように、制度的条件・学校文化により、教科のヒエラルキーが形成され、このヒエラルキーを認識しつつ生徒が選択教科を決めていくのである。

　ここで重要なのは、このような教科に基づく得点の相対化のプロセスが必要だという主張が成績優秀者やその保護者から主張されたことである。高学歴の専門職・管理職の保護者が自分の子供が「不公平」に扱われるのを懸念し制度的な変化を促せたのは、自分の子供に有利になるように制度に働きかけをする能力と手段があるからだ。この傾向は、「英語以外の言語」のアジア言語に関する例にも見られる。近年、「英語以外の言語」としての中国語科目が「第一言語としての中国語」、「バックグランド生徒の中国語（継承言語としての）」、「第2言語としての中国語」の3種類になった。アングロ系の親たちが、家庭で中国語を話すであろう中国系の子供たちと自分の子供が同様に評価されるのは不当だと主張したためである。しかし「バックグランド生徒の中国語（継承言語としての）」と「第二言語としての中国語」の境界線は恣意的なものである。片親が中国語を話す（読み書き能力がないかもしれない）家庭で育った子供の間でもその言語能力はそれぞれの家庭環境によって多様である。ましてや、この「第一言語としての英語以外の言語」と「第二言語としての英語以外の言語」の中間のカテゴリーがイタリア語などのヨーロッパ言語にはないのは、アジア言語学習者への差別ではないかという議論もある。これは、中国系・インド系・ユダヤ系の生徒が大学入試試験での上位を独占し、医学部などを多数占めるという現実の中（Donnelly 2015; The Sydney Morning Herald December 14th 2014）、ある種の脅威を感じるアングロ系の親の懸念なのかもしれない。アジア言語の複数カテゴリーを早くから導入したのは大都市シドニーの位置するニューサウスウェールズ州で、中国語、インドネシア語、韓国語、日本語に中間カテゴリーがある（New South Wales Education Standard Authority 2017）。これにより、片親が日本人である生徒が、自分の成績が不利になるのを恐れて中等教育修了共通試験において日本語を選択しなくなった。ビクトリア州では日本語の

この第3のカテゴリーについての議論が続く中、現在時点では導入されていない（Victorian Curriculum and Assessment Authority 2017）。カテゴリーが上から規範的に決められることに問題があるのであり、生徒自身が個人的に、外国語教科のスタンダードレベルか上級レベルかを選べるインターナショナルバカロレアのような方法が適当であろう。

5. 学習者を取り巻く社会的・制度的外的条件と、学習者の行動の相互作用

　以上述べてきたように、日本語を選択科目として学習を続けるという行動は、日本語・日本文化が好きだからといったような、単なる生徒個人の好みの問題だけではない。生徒は、自分を取り巻く社会・制度的な外的条件を考慮しつつ、自分が達成できるであろうという現実的な目標に向かって決断・行動する。と同時に、そうした生徒個人の決断・行動が、現存する外的条件に影響をもたらす。つまり、学習者を取り巻く社会・制度的外的条件と、学習者の個人の行動が相互に作用するのであって、この相互作用の結果として、現存する社会・制度的外的条件が再生産されたり、あるいは変化を余儀なくされると考えてよかろう。本章では、オーストラリアの日本語学習をケーススタデイとして、このプロセスを考察してみた。

　オーストラリアの中等教育最終学年まで「英語以外の言語」を続ける生徒は、「英語以外の言語」学習から何を求めているのか。確かに、言語学習を好み、またその文化に魅せられて学習し続ける生徒がいよう。しかし、中等教育最終学年まで「英語以外の言語」学習をした生徒の中で、大学でその言語を勉強し続けるのは極めて少数派であり、多くは大学入学時点でそれまで学習してきた「英語以外の言語」の学習をやめてしまう。

オーストラリアの日本語学習者に関する、学習者の取り巻く社会・制度的条件をここでまとめてみよう。現存する教科のヒエラルキーで、他の「英語以外の言語」と同様日本語は上位にあり、中等教育修了共通試験の得点のスケーリング制度により日本語は優遇される。そのため成績優秀者で、中等教育修了共通試験の高得点を要求する大学の難関コースを目指す生徒の多くは、少しでも高得点を得るために日本語をとる傾向がある。このような生徒にとって、日本語は高得点をとるための戦略的手段であり、日本語に特別な興味がなくても学習し続ける場合もあろう。アカデミックでない中等教育学校の多くは、最終学年まで日本語を提供しないため、生徒は通信教育で日本語学習を続けることができるが、生徒の多くは通信教育学習を好まないため、この時点でやめていく。　このような外的状況のもと、アカデミックで比較的恵まれた学校に在籍する、学業成績が全体的に上位の生徒が中等教育修了共通試験で日本語を選択し、それ故に、日本語がエリート教科と認識されていく。そうすると、アニメなどの日本文化に魅せられて実際は学習継続を望む生徒も、学校での日本語学習を敬遠し諦めてしまう状況がある。教科選択の助言をする教師たちも、アカデミックでない生徒には日本語を進めない。これでいいのだろうか。

　英語圏の中等教育における「英語以外の言語」学習は何を目指すのだろうか。大多数の生徒にとって、それは高いレベルの語学スキルではなく、最近流行りの「グローバル市民性」「異文化間コミュニケーション・理解」などが教育的意義として挙げられよう。　ビクトリア州政府による「英語以外の言語」教科の得点上乗せは、「英語以外の言語」を選択する生徒が増加するだろうと考えられたが、その効果があったのは、中産階層の家庭背景を持つ成績優秀者に対してのみであり、大多数の生徒にとっては逆効果であったようである。高得点を要する大学コースを目指す学業優秀な生徒は、得点上乗せされる「英語以外の言語」の道具的価値を求めて、大学入学共通試験まで続ける。しかし、大多数の生徒が「英語以外の言語」をエリート科目で自分には難しすぎると考えその履修を自分から避け、その結果としてますます12年生の日本語クラスには

成績優秀者だけ集まる。これを見た大多数の生徒はますます敬遠してしまうという悪循環になり、日本語がますます制度的にエリート化していき、日本語学習者層を少なくしているとも言える。この場合、先述の教育的意義は限られたものにとどまる。

　この循環的傾向に変化をもたらすために、教師が教室レベルで何ができるのかを考える必要があろう。まず、日本語学習に関する上記のような外的条件・一般的認識・生徒個人の行動の相互作用の存在を認識することから始まり、幅広い学習者層に魅力のある授業、選択教科を決めるときの助言、学校内で教師集団にたいする働きかけなど、検討の余地がありそうだ。そして、今一度中等教育における「英語以外の言語」学習は何を目指すのかを議論するのも良いだろう。

参考文献

Ball, S. (Ed.). (2004). *The RoutledgeFalmer Reader in Sociology of Education*. London: RoutledgeFalmer.

Ballantine, J. H., & Hammack, F. M. (2011). *The sociology of Education: A Systematic Analysis (7th edition)*. New York: Routledge.

Bernstein, B. (1971). *Class, codes and control*. London: Routledge & Kegan Paul.

Bourdieu, P. (1984). *Distinction*. Mass.: Harvard University Press.

Davies, P, S. Telhaj, D. Hutton, N. Adnett & R. Coe (2008). Socioeconomic background, gender and subject choice in secondary schooling. *Educational Research, 50*(3), 235-248.

Department of Education and Training, Victoria (2014). *Langauges provision in Victorian government* schools 2014. Melbourne, Australia: Department of Education and Training

Dilnot, C. (2016). How does the choice of A-level subjects vary with students' socio-economic status in English state schools? *British Educational Research Journal, 42*(6), 1081-1106.

Donnelly, K. (2015). Australia's great divide: who values education. *The Age*, February 9th 2015.

Grenfell, M., & Harris, V. (2013). Making a difference in language learning: the role of sociocultural factors and of learner strategy instruction. *The Curriculum Journal, 24*(1), 121-152.

Iannelli, c., Smyth, E., & Klein, M. (2016). Curricuoum differentiation and social inequality in higher education entry in Scotland and Ireland. *British Educational Research Journal, 42*(4), 561-581.

Iannelli, C. (2013). The role of the school curriculum in social mobility. *British Journal Sociology of Education, 34*.

New South Wales Education Standard Authority. (2017). *Senior Years (11012) Syllabuses Languages*. Sydney: Retrieved March 20th 2017 from http://www.boardofstudies.nsw.edu.au/syllabus_hsc/languages.html

Oakes, J. (2006). *Keeping track: How schools structure inequality (2nd edition)*. New Heaven: Yale University Press.

Okano, K. & Tsuchiya, M. (1999). *Education in Contemporary Japan: Inequality and Diversity*. Cambridge: Cambridge University Press.

Sadovnik, A. R., & Coughlan, R. W. (Eds.). (2015). Sociology of Education: A critical Reader, 3rd edition. New York: Routledge.

酒井 朗,中村 高康,多賀 太(2012)『よくわかる教育社会学』東京、ミネルヴァ書房

Shiner, M., & Noden, P. (2015). Why are you applying here? : race, class and the construction of higher education 'choice' in the United Kingdom. *British Journal Sociology of Education, 36*(8), 1170-1191.

Sriprakash, A., & Proctor, H. (2013). Social class and inequality. In R. Connell, A. et al., (Eds.), *Education, change and society, third edition* (pp. 79-98). Sydney: Oxford University Press.

The Sydney Morning Herald December 14th 2014. Asian students more likely to be in HSC honours list.

Teese, R. (2000). *Academic success and social power: Examinations and inequity*. Melbourne: Melbourne University Press.

Van de Werfhorst, H. G., Sullivan, A., & Cheung, S.Y. (2003). Social class, ability and choice of subject in secondary and tertiary education in Britain. *British Educational Research Journal, 29*(1), 41-62.

Vickers, M. (2013). Curriculum. In R. Connell, A. et al., (Eds.), *Education, change and society, Third edition* (pp. 234-260). Sydney: Oxford University Press.

Victorian Curriculum and Assessment Authority. (2017). *VCE Studies*. Melbourne: Retrieved March 20th 2017, from http://www.vcaa.vic.edu.au/Pages/vce/studies/index.aspx#H3N1042F

Victorian Tertiary Admission Centre (2015). *ABC of Scaling*. Melbourne: Retrieved

September 29th 2015, from http://www.vtac.edu.au/pdf/publications/abcofscaling.pdf

Victorian Tertiary Admission Centre (2014). *2014 Scaling Report*. Melbourne: Retrieved September 29th 2015, from http://www.vtac.edu.au/pdf/scaling_report_2014.pdf

第4章

教員のライフヒストリーから何を学べるのか
北米の継承語教育・国際バカロレア教育の実践者の周辺的参加と変容

津田 和男（国連国際学校）・村田 晶子（法政大学）

1. 教員のライフヒストリーを分析する意義

　本章は社会学的、人類学的な調査手法の1つであるライフヒストリーに焦点をあて、言語文化教育に携わる教員（津田和男）の人生と教育実践を分析する。
　ライフストーリー、ライフヒストリーとは、個人の人生、生き方についてのナラティブを時系列に（幼年期、教育、就業などの順で）編成したもので「生活誌」と訳されることが多い。ライフストーリーとライフヒストリーは同じ意味で用いられることも多いが、その出自は異なる。ライフストーリーが語り手へのインタビューを分析の主な対象とするのに対して、ライフヒストリーは、より幅広い資料にあたり、自伝、日記、手紙などの記録物をも資料として活用しつつ、語り手のライフストーリーを歴史的な文脈に位置づけるものとして区別される（Goodson & Sikes 2001）。本章で分析する教員（津田）の語りは、インタビューをベースとしつつも、津田の教育現場の観察記録、ワークショップの様子や資料、そして津田の元教え子のジャーナリストが津田の授業に関して書いた論文などを参照しているため、以下、ライフヒストリーと呼ぶ。
　言語教育において教員のライフストーリーやライフヒストリーを研究することの意義は何だろうか。それは、規範的な教え方や理想の教師像といった文脈から切り離した規範的な教授スタイルや教育のスキルを議論することを超えて、現場の教員の教育実践の豊かな文脈に光を当てることを目的としている。教員

が先人たちのライフストーリーやライフヒストリーを読むことは過去の教育実践の文脈を知り、そこから学ぶことが期待できるため、教師の自己研鑽のための貴重な教育的リソースとして活用できる（三代 2014）。また、教員の語りを当時の社会的な動きと連動させて分析することは、教員の生きた時代に支配的であった教育的なパラダイムや社会経済的な構造と教員の教育実践との相互作用を浮き彫りにする上でも役立つ（河路 2014）。

　さらに、ライフストーリーやライフヒストリーは、教員の職業アイデンティティの変容を分析する上でも参考になる。Lave & Wenger（1991）は伝統的な職能集団におけるニューカマーの参加を分析し、ニューカマーが周辺的な参加から次第に参加の度合いを深めていく過程で熟練者としてのアイデンティティを形成していくと指摘する。こうした参加の深化に伴うアイデンティティの交渉や熟練者アイデンティティの獲得は、コミュニティの再生産につながるだけでなく、コミュニティ全体の更新、変容にも結びつくものである。Lave & Wengerの提示した分析の枠組みは、しばしば言語学習者の社会参加の過程におけることばの学びやアイデンティティの交渉の分析に用いられる。教員のライフストーリーやライフヒストリーにおいても、教員がニューカマーとして参加する学校という共同体の特殊性、そして参加過程におけるアイデンティティの交渉、参加の深化や参加からの疎外、職場に埋め込まれたさまざまな境界線を理解する上でも重要であり、教師の学校という共同体における他者、社会との相互交渉、相互の変容を浮き彫りにする上でも役立つ。

　本章ではこのような視点を踏まえて、アメリカの国連国際学校（United Nations International School）で教鞭をとっている津田和男のライフヒストリーを分析し、津田が国連国際学校という現場においてどのように自分の居場所を見つけ、時代の流れの中で、そして他者や社会との相互作用の中でどのように変容し、自分の目指す教育理念をどのように実践しようとしたのかを明らかにする。

1-1. ライフヒストリー作成の動機

インタビューという行為は語り手の独話ではなく、聞き手（編者）の枠組みや校正作業が含まれる（桜井 2012）。よって語り手のナラティブ分析だけでなく、聞き手がどのような立場から聞き取りを行ったのかを明らかにすることが求められる。従って、ここでは聞き手（村田）のライフヒストリー作成の動機について記したい。

村田が最初に津田に会ったのは、2005年の春で、当時ニューヨークの大学院で教育人類学を学んでいた村田は、大学院の研究プロジェクトでニューヨーク市における継承語教育を調査し、津田の勤務している国連国際学校を訪問して、津田の授業を何回か見学させてもらった。津田の授業は大人を対象とした日本語のクラスとは異なり、5、6歳の小さい子供達が部屋中を走り回って、机の上でジャンプしたり、机の下に潜って遊んだりする中を、津田が日本語と英語、遊びと練習を融合させて、子供達の活動をコーディネートしていた。この見学を通じて年少者への継承語教育の楽しさ、そして大変さの一端を垣間見ることができたように思う。授業見学で印象的だったもう一つの点は、津田のオフィスであった。津田のオフィスは、研究や授業の準備のための場ではなく、学生が集まる喋り場、図書室、保健室など多様な機能を兼ねていた。生徒達が自由にオフィスに入ってきて、本を読んだり、宿題をしたりしている様子からは、そこが子供達にとって居心地のよい、自分らしくいられる「居場所」であることが見てとれた。それから10年以上がたち、津田に再会したのは東京のカリキュラム・デザイン・ワークショップ会場であった。津田は東京で国際バカロレア教育のワークショップを行っており、国際バカロレア教育の考え方やシラバスの作り方を日本の教員たちに指導していた。津田は10年間の間にさらに活躍の場を広げており、ニューヨークと東京を精力的に行き来して継承語教育、国際バカロレア教育の指導にあたっていた。村田は津田の日本語教育を超えた広範囲の言語コミュニケーション教育の実践、とりわけ45年間にわたる北米での言語教育に興味を持ち、津田の東京でのワークショップ期間中に時

間をもらい、津田の生い立ちと北米での教育実践について話を聞くことにした。

1-2. ライフヒストリーの構成

村田は津田とのインタビュー記録をベースにしつつ、本章のライフヒストリーとしてまとめるにあたり、津田の教育実践に関連した他の資料にもあたった（津田の授業見学の記録、国連国際学校の教員のインタビュー記録、学校のオフィスにおける生徒たちの観察、津田の国連国際学校の元教え子の論文等）。インタビューでは津田の人生を時系列に知るために、以下の順番で津田に話を聞いた。

1. 生い立ち
2. アメリカでの仕事のきっかけ
3. 仕事が安定するまでの経緯
4. 北米の継承語教育において指導者的な役割を果たすようになった経緯
5. 現在の国際バカロレア教育の実践について

聞き取りは2017年8月に行い、2時間ほどのインタビューを録音し、文字化したものを分析した。原稿を作成後、津田に目を通してもらい、内容を確認してもらった。また、インタビューの内容でより詳しく知りたいと思った点をメールにて追加質問し、津田にコメントをもらった（津田が原稿の章立てに関して加えたコメントは章立てに「」として示してある）。

2. 津田のライフヒストリー

2-1. 津田の生い立ち：「日本の教育に対する反面教師との対抗と対話」

　津田は終戦から3年後の1948年に東京で焼け出された両親が移住した埼玉で生まれた。幼少期からアメリカと縁があり、祖母が暮らした三重県の鈴鹿村では政府が支援する青年団としてアメリカに渡った男性達が多く、津田の祖母の姉妹4名はそんな男性達と結婚し、嫁としてアメリカに渡った。津田の埼玉の実家は常にアメリカから帰ってくる祖母の姉妹一族にとって日本の最初の停泊の場所であり、津田は三重弁と英語をちゃんぽんでしゃべってくる叔母達と接することを通じて、初めて異文化に触れた。

　津田は自分の教育実践は幼少期の教員への反感によって影響されていると述べる。頑固な子供だった津田は小学校時代から権威主義的な教師が好きではなく、当時習った教員の中には真似したくないと思わせる「反面教師」もいたという。津田は子供ながらにおかしいと思うことは教員に対してはっきりと意見を言い、教師とやりあって一か月以上も毎日立たされ、ついには転校してしまったこともある。また、都立上野高校3年生の時、「すべてのクラスで演劇と自主研究発表をする」という課題を掲げ、学校で一番成績の悪い生徒会長として当選し、親まで呼び出され忠告を受けるが、最後の文化祭で運動部員から胴上げされた。津田は当時のことを振り返り、教員と生徒と関係にもっと軽やかで自由な関係がなければいけないと述べる。そんな教員と生徒の「軽やかで自由な」関係に対する信念は、今も津田の教育実践のベースとなっているという。

2-2. 渡米のいきさつ：「自立した表現教育としての日本語教育の実践」

　津田はその後、東京の上智大学に進学し、社会学者の鶴見和子のゼミで社会学を、岡田純一のゼミで経済思想史を学んだ。学生運動が盛んだった当時、津田は大学を卒業しても仕事に就かず、アルバイトをしながら、友人の通ってい

た大学院のコースに参加し、本を読んだり詩のようなものを書いて自由に生きていた。当時のそのような生活は、後に津田の45年にわたる「表現教育としての日本語の実践」へと結びついていったという。

　津田が最初に渡米したのは1973年のことだった。大学のゼミの友人の誘いで、アメリカのサマーキャンプでアメリカで育った日本人に日本語を教えることになり、これが津田と継承語としての日本語の学習者たちとの出会いとなった。津田は作家の幼年時代の言語体験に興味があり、サマーキャンプで日本人の子供達に日本語を教えることは「異文化的な状況にあっての日本語」を学ぶこととして興味深く思った。現地での日本語教育、特に継承語教育は全く手が付けられていない状態で、教材も限られていた中で、津田は手探り状態で日本語教育の世界に入っていった。

　サマーキャンプ後、津田は一度日本に戻ってきたが、日本は石油危機で物が売れず、経済が停滞する中、失業状態に陥っていた。そんな折、アメリカでサマーキャンプを実施している関係者から誘いがあり、渡米をすすめられて再度アメリカに渡ることにした。当時の渡米の決意が人生の転機であったことを津田は次のように振り返る。

> 風が吹いたという感じです。大きな目的は『言葉』という表現活動をいかに考えるかですから、それが実現できるなら、どこでも良かったと言っていいと思います。ともかく、ディレクターとホテルニューオータニで面接して紀尾井坂を歩く時、偏西風のような風がふいてきているような感じがして、東に飛んでいける気がしました。

2-3. 北米での窮乏：「輝く移民的初期状況」

　1974年に再度渡米した津田だったが、ニューヨークでの生活は決して楽ではなかった。しかし津田はこの時期を「輝く移民的初期状況」と名付けている。当時、津田はサマーキャンプの教員としてグリーンカードを申請してもらった

が、サマーキャンプの仕事で給料が払われるのは夏季の2か月間だけで、あとは自分で生活費を稼がなければならなかった。生活費を節約するために最初の頃はサマーキャンプを実施している機関の事務所で寝泊まりする生活を送っていた。

そんなある日、津田のサマーキャンプの教え子の一人から「UNIS（国連国際学校）でアフタースクールの教員を探している」という話を聞き、それがきっかけでUNISで日本語を教えるようになった。しかし、津田の当時の月収は200ドル足らずでとてもUNISでの仕事だけでは生計が成り立たず、生活費を稼ぐために学校と掛け持ちで家庭教師をして、家庭教師先のレストランで食事を無料で出してもらうなどしながら何とかしのいでいた。当時の津田はそんな環境にもかかわらず、教える仕事にやりがいを感じ、生活のやりくりをしながら大学院（ニュースクール社会研究大学院、教養学修士課程とニューヨーク大学大学院、比較文学博士課程）で学び、さらに自己研鑽に励んだ。津田は当時の気持ちを以下のように振り返る。

> その当時は、ともかく、授業があることが大切でした。少なくとも、授業をすることが許されているので、これに応えるためには、自分の勉強が大切なので、まず、それに応えることでした。

津田がアメリカに渡った70年代には「日本語教育」という分野は確立されておらず、継承語話者の日本語教育に関しては全く手が付けられていなかった。当時の既存の教科書は限られており、それらは外国語として日本語を学ぶ人達のもので、日本語を継承語として学ぶ生徒達には使えなかったため、津田は自分で工夫をし、自己研鑽を積んで教えた。津田は当時、教えることに強い情熱を見出しており、津田の生活は経済的に苦しくはあっても「輝いていた」。しかし津田本人もそのような苦しい生活がそれから16年も続くとは思いもしなかったという。

2-4. 70年代末：「教育（国際バカロレア）の未来との出会い」

　70年代末は津田にとって「教育の未来との出会い」の時期となった。国連国際学校での津田は課外活動担当の非常勤講師であり、仕事は決して安定したものではなかったが、少しずつ自分の居場所を学校の中に築いていった。当時、津田は課外授業として日本語を教えていたが、学校の中で正課科目としての日本語教育の需要が高まり、津田に国際バカロレアの日本語科目を教えてくれないかという依頼が舞い込んできた。国際バカロレア（International Baccalaureate、IB）とは国際的に通用する大学入学資格として欧米の大学を中心に受験資格や入学資格として使用されているもので、国連国際学校は国際バカロレアのカリキュラムを実践する中心的メンバーであったことから、日本語科目でも国際バカロレア教育へのニーズが高まっていた。こうしたニーズがあったことから、津田は国際バカロレアの日本語科目を教えることを引き受けたが、実際には学校から津田に給料が支払われているわけではなく、津田は教育の場を与えられただけであった。そのため、津田は生徒達の父母から授業料を集め、塾のような形で国際バカロレア科目を教え始め、次第に生徒や父母との信頼関係を築いていった。当時の津田はUNISでほぼ週50時間（通常は25時間）教えるかたわら、大学院、学校外のアルバイト、夏のサマーキャンプの仕事、演劇活動の指導などをこなし、昼ご飯を食べる時間も惜しんで教える状態であったが、それでも教えることが生きがいであった。それは国際バカロレアの求める新しい形の学び（探索的な学び）が津田にとって魅力あるものに映ったこととも関係していた。津田は国際バカロレアの教育の面白さに「教育の未来との出会い」を感じ、以下のように語る。

> 　このIB（国際バカロレア）型の勉強の仕方は、受験勉強と全くかけ離れた探究型の教育ですから、生徒たちは毎回プレゼンテーションを独自の視点で構築しなくてはなりません。1200字から3000字程での評論文は年に何回も書きますし、口頭の発表をするのです。ですから、あまり

受験勉強などをせず、比較的容易に日本の大学かアメリカの大学にいけるのです（中略）。無論、学生の絶対的な努力が必要なのですが、彼らは面白がってそれなりに食いついているのです。それは、わたしにとっても面白いことでした。

やがて1978年になると、津田の労働環境は少しずつ好転していった。国連の特命全権公使だった緒方貞子の子供達を津田が教えることになり、津田の窮状を知った緒方氏が和文の図書（2万ドル分）をUNISに寄贈をしてくれたおかげで、本を管理するための部屋として津田に国連国際学校内の小さな部屋が用意された。この部屋が津田にとって、そして、日本語を学ぶ生徒達にとって国連国際学校での居場所となった。津田は部屋を得た時の気持ちを次のように語っている。

緒方さんと鶴見先生の協力がこの蔵書の陰にあったことは本当にありがたいことでした。まだ、私の給料そのものの改善には遠いものでしたが、本当にUNISに根拠地を得たような状態でした。給料は払われていませんでしたが、ここで座って机を持つことができました。また、眺めが最高な場所でした。イースト・リバーをクインズ・ボーロ橋からウイリアムス橋が一望できる眺望でした。

当時の津田は、国連国際学校からは正式には認められていないにもかかわらず、部屋があることで「認められていないような、認められているような状態」だったが、自分や子供達の居場所ができたことは大きな転機だった。図書が並び、生徒が集うことができるこの部屋は生徒が日本やアジアについて知る「カルチャーコーナー」であり、同時に生徒たちが津田のところに気軽に相談をしに行ける居場所となった。

1980年代になると生徒の日本語のバックグラウンドが多様化し、それまでは第一言語として日本語を話す生徒が多かった状況が、やがてJFL（外国語と

しての日本語）の学生達、日本から帰ってきた外国人児童が入ってくるようになり、教室の中で多様な目的、ニーズを持った学生が増加し、津田は多忙を極めた。それでも津田はその後も給料を支払われず、塾経営のような形で苦しい生活を続けなければならなかった。それを見かねた生徒の親達（国連職員）が外務省や国際交流基金などに援助の要請をしてくれるようになっていったが、経済的な支援はなかなか始まらなかった。当時、アメリカにおける日本経済の脅威論が現れた時期で、日本政府としても高等教育レベルでは日本語教師に対する助成を始めていたが、中等教育での教育助成にはまだまだ目が向けられていない時代であった。

2-5. 転機──80年代末のバブル期と日本語ブームによる変化：「米国における中等日本語教育の胎動」

　状況が大きく変わったのはバブルの絶頂期の1989年であった。日本の経済的な影響力の増大に伴い、日本語学習ブームが起き、海外での日本語教育を推進する国際交流基金が、それまでの大学中心の日本語教育支援を中等教育に広げ、現地教員の雇用の助成金を出すようになったのである。ゆえに、津田はこの時期を「中等教育の胎動」の時期と呼んでいる。津田はこの第一期の助成金をもらうことができ、それを機にやっと国連国際学校と正式に契約することになった。渡米して国連国際学校で働き出してから実に16年がたっていた。津田は国際交流基金の助成金がなければUNISとの契約はなかったかもしれないと述べており、津田のキャリアにおいて大きな転機となった。津田はその後の16年間の契約雇用を経て、完全雇用期間に至ったのであるがその間、実に32年間を要した。国連国際学校のような多様性や多文化理解を重要視する学校において、なぜこのような長期間日本語教育のフルタイムの教員を一人も雇用することがなかったのか、津田はその背景を次のように分析する。

　　　今から振り返れば、UNISのトップは言語政策について考えがそれぞれありますが、国連が第一次世界大戦の国際連盟からの欧米のヘゲモニー

のせめぎ合いの場であることを認識しなくてはならないでしょう。それは、この16年間の無給生活だけでなく、その後の16年間の半有給期間、そして現在までの完全雇用期間を通して、未だに敗戦国日本語（ドイツ語、イタリア語もふくめて）は国連公用語6ヶ国語から外されているのです。この深い亀裂を皆さん、理解されていないでしょう。45年間、まさに世界政治に対する日本の近代化と民主政治の暗渠に竿をさし、石で口を漱ぐでしょうか。

2-6. 90年代――標準化の波：「中等日本語教育の概念化のカリキュラム・デザインの底流」

　90年代になるとアメリカの教育界には、標準化の波が押し寄せ、中等教育における日本語教育は、その標準化の波に乗ることで言語教育としての市民権を得ることに成功した。アメリカの「ナショナルスタンダード」とは学校教育における各教科の全米共通の教育内容の基準であり、外国語教育においては言語学中心の枠組みから教育学的な枠組み（コンテンツベースの教育）へのパラダイムシフトを意味した。津田は中等日本語教育の概念化のカリキュラムの底流にある標準化の流れを次頁の図のように示している。

　1960年代から1980年代にかけて、言語教育の主要なパラダイムは構造主義的な言語観（言語の構造を教えることを重視する言語観）からより機能主義的な言語観（言語の機能、例えば、謝る、頼むなどの機能を中心に教える立場）へと変化し、コミュニカティブアプローチ、ナチュラルアプローチ、TPR、サイレントウェイなど多様な教授法が提唱され、第二言語習得理論の発展もあり、教員がそれぞれの言語観に基づいて様々な教育実践を行っていた、比較的自由な時代であった。

　しかしやがて、時代の流れは言語教育の標準化へと向かい、「ナショナルスタンダード」という形で収斂されていった。そうした標準化の波は日本語教育をも飲み込んでいき、結果的に日本語教育が北米の外国語教育科目の中で市民

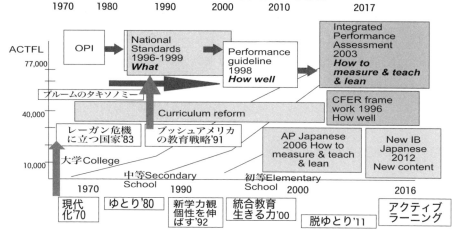

津田作成の図（2017の東京のワークショップにて使用）

権を得る上で大きな影響を与えた。アメリカにおけるナショナルスタンダードの歴史は津田が図に示しているとおりで、ジョージ・ブッシュの教育戦略から始まり、学力向上を目指した教育のスタンダード化が進められ、学校教育における知識・技能を規定し、到達目標を達成することが課されるようになった（教育における市場原理の導入とアカウンタビリティーの要求）。この教育改革の問題提起はクリントン大統領にも受け継がれ、ナショナルスタンダードとして、1990年代の半ばに17科目が設置された。こうした教育の標準化の波に乗って、中等教育における日本語科目は外国語のナショナルスタンダードとして位置づけられ、全米で認められた教育科目となり市民権を得るに至った。また、国際バカロレアにおいても、日本語が言語科目（言語A：言語と文化、言語と演劇、言語B：初級語学）として認められるようになったことで完全な市民権を得たと津田は振り返る。

教育のスタンダード化の広がりは、教科の教師団体による教育内容のスタンダード化の圧力となり、継承語教育の教員の組織化のために、2000年には

ニューヨークの継承語研究会が始まり、同年、全米継承語学会が初めて開催され、日本語継承語教育に関する研究集会が西海岸で開催されるようになり、津田は精力的に研究会、教師会に参加した。ニューヨークの継承語研究会では、学校教育の中の継承語教育の具体的なカリキュラムの設定が求められ、従来の国語教育を基盤にしたカリキュラムの見直しを迫られるようになった。このため、危機感を抱いた津田とメンバー達は継承語教育の見直し、教材と評価の検討を進めた。津田は言語教育の標準化の流れの中で、日本語教育が急速に拡大し、教員の組織化がなされたことについて次のように振り返る。

> 91年から92年にかけて、日米開戦の50周年記念にワシントンDCに呼ばれて、その時、日本のトラトラトラをあっちこっちでやっていた。我々はその中で呼ばれて、中国語の先生、ロシア語の先生、ナショナルランゲージインスティチュートのお偉方が来ていた。アメリカの大学の日本語教師会の会長が「おい、お前、教師会をまとめろ」と言うんで、ニューヨークの教師会ができた。12月7日。トラトラトラの日になったのは偶然だったけど、そんなときに、日本語教育をやる、そんな時代だった。昔はロンヤスの時代に日本では英語100万人、ところが日本語を学ぶアメリカ人はゼロに近かった。それが、90年になって1万人になった時だった。

日本語教育の拡大の時期に伴い、津田は国連国際学校の仕事を超えてより広範にわたる教育活動に携わるようになった。国際交流基金から全米の中等日本語教師の組織を作ってほしいという要請があり、津田は次第にアメリカでの日本語中等教育のリーダー的な存在として、カリキュラムの作成、SAT（Scholastic Assessment Test）（米国の大学進学希望者を対象とした共通試験）の日本語試験作成、教師研修会の組織化などを行い、中等教育だけでなく、大学の教員達とのネットワークを広げていった。

2-7. 標準化のパラドックス

　こうしたスタンダード化は、学校、教員、生徒を強く管理する側面を持っており、その広がりは、日本語教育が市民権を得る上での原動力となる一方で、パラドックスも生み出していった。アメリカのナショナルスタンダード化により、教育の標準化、統一テストの実施が進められる中、中等教育における日本語教育においても学習成果を測ることが求められ、2000年代になってAP試験（Advanced Placement Program Exam）（高校の科目で大学1年生レベルの実力を診断するテスト）が実施され、また、国際バカロレア（国際的な大学入学資格）の日本語科目と連動するようになり、中等教育における日本語教育を担っている補習校、私立学校、高校の日本語教員は、教育の質保証、評価の標準化をしていくことが求められるようになった。こうした動きは、多くの教員がはじめて、ナショナルスタンダードとカリキュラム作りを直結して考えるようになるきっかけとなったがその一方で、教育の標準化に伴うすべてのレベルでの管理強化と締め付け（教員の教え方だけでなく、教員の人事評価、学生の成績評価の管理化）というパラドックスを生み出し、AP試験にみられるような「合格」、「不合格」の差異が生みだされることへの葛藤を教員が抱えることとなった。

2-8. 学生の共同体（自助集団）の構築と探求型の教育：「国際教育の国際バカロレア教育の批判的・自立的な実践」

　以上に述べたナショナルスタンダード（教育の標準化、言語教育のコンテントベース化）、そして国際バカロレアによる探索的かつ分野横断的な学びの強化の流れの中で、津田は学生達とどのように向き合ったのだろうか。

　津田は継承語教育において、2つの点に力を入れていると述べる。一つは文学教育における批判的な読みであり、もう一つはUNISにおける学生を主体とした自助集団の構築である。国際バカロレアの日本語教育科目は「A言語（言語と文化、、文学と演劇）」と「言語B（初級語学）」の2つに分かれる。このうち「A言語」の文学教育は従来の国語教育における文学教育とは一線を画し、

言語批判教育を意味していると津田は主張する。A言語科目を履修する継承語話者の中でも、高度な日本語力を有する生徒達に対して、津田は文学テキストへの能動的な参加、批判的な読みの重要性を教える。津田は従来の日本で行われている国語教育の問題点として、「作者はこの時どのように思っていたでしょう。」という作家の意図の理解に重点が置かれ、「小学校でも中学校でも、大学入試までのこの視点が大手を振って歩いている」ことを挙げており、受験勉強が求められる日本はいまだにこうした枠組みから抜け出せていない場合が多いのではないかと述べている。こうした課題を乗り越えるために、津田は、アメリカの文学理論ニュークリティシズムをベースにした文学教育に着目し、生徒がテキストの意図を理解するだけでなく、読み手としての文学への参加を重視し、学際的理解の可能性への実験を伴う活動的なかかわりとしての自分の視点から再構成する活動につなげること、そして国語教育の枠組みを超えて、他の教科内容を融合させ、分野横断的に「考えること」を目標にして指導している。津田の生徒であった大山（2006）は、こうした津田の教育に共鳴し、UNISで津田や同僚の教員たちが目指した教育が多様な生徒達の集団の中で日本の「国語教育」とは異なる読みのモデルを模索したことを以下のように評価している。

> 外国語以上、母語未満の継承語学習者は、これまで日本語を「流暢に使いこなす」という点において、同年齢の母語話者との比較における「遅れ」が強調されてきた。しかし、「考えること」というベクトルにおいては、他教科との結びつきの中で、継承語学習者が（あるいは他教科においてフルに学習者として機能している継承語学習者だからこそ）力を発揮する（中略）国連国際学校の日本語継承語クラスの特徴は、通常に行われている継承語教育の実践とは異なり、現地校と補習校という構図に見られるような、「国語」だけが学習者の学習活動の中で孤立した独自の世界をつくるのではなく、学校という場の、一貫性のあるひとつの教育理念に基づいた大きな枠の中で、他教科との連携を持ちながら「日本語で」学べるということである。（大山 2006: 38-39）

津田はまた継承語話者が日本語を学ぶことはアメリカでマイナスイメージを含んでいることが多いと指摘している。だからこそ、教員が生徒達を取り巻く社会と継承語社会のヘゲモニーを自覚し、継承語学習のマイナスの位置付けを踏まえて、その中でできる生徒とできない生徒の差異を作り出すのではなく、継承語学習者間の「自助集団」を作るべきだと述べる。そして、継承語学習者の個々の多様性を認めた上で「みんなが高めあう集団」が形成されるように支援すること、その入り口や出口の多様性を保障することの大切さを強調する。

　津田は現在、こうしたUNISにおける教育に加えて、自分自身の国際バカロレアの教育実践を日本の中等教育の教員に伝えるために東京でワークショップを定期的に行っており、生徒の探索的な学び（知識を覚えるだけでなく、自分なりに吟味し、自分の意見を表現したり、他者と共有できる力、批判的な思考力）を高める教育の重要性を訴えている。日本から1970年代に北米に渡り、現地で45年間、生徒達と向き合い、探索的な学びと学習者の学びの共同体を作ることに情熱を傾けてきた津田の教育実践は、日本の教育実践にもインパクトを与えつつある。

3. 考察

　本章の津田のライフヒストリーは津田が1970年代からの社会、経済、教育を取り巻く環境の激しい変化の中でどのように生き、社会と関わっていったのか、また指導的な立場で社会、文化、教育コミュニティを更新していったのかを映し出しており、言語教育関係者は津田のライフヒストリーからさまざまなことを学ぶことができるのではないかと考える。以下、ライフヒストリーの中で浮き彫りになったいくつかのテーマの教育実践者にとってのレリバンス（関連性・意義）を考察したい。

　まず津田のライフヒストリーは、日本語教育（とりわけ中等教育の日本語）という分野が確立されていなかった時代に現地に赴き、道を切り開いていった

開拓者のストーリーとして、外国語教育関係者にとって非常に興味深いのではないかと思われる。とりわけ日本語教育関係者の中には海外で教えた経験があったり、今後海外赴任を希望している人も多いであろう。津田は渡米して45年の長きにわたり北米で日本語教育に携わり、教師会の指導的な立場に立つようになったプロセスは、決して平たんなものではなく、津田の現地での労働環境の不安定さ、現地のニーズに合った教材の不足、学校側の日本語教育に対する理解の低さ（日本語の相対的な地位の低さ）、現地の教育政策の影響など、海外で教える際に経験するさまざまな課題を知る上で示唆に富んでいる。

　第二に、津田のケースは、言語教員のキャリアと経済状況の関係を考える上でも参考になる。津田の労働環境は、日本の経済状況の変化の影響を大きく受けており、バブル期の経済の拡大は、日本語という言語の海外における影響力を高め、教員の雇用や暮らしに大きな影響を与えている。津田は国際交流基金の教員助成がなければUNISと正式に契約できなかったかもしれないと述べており、経済状況や国の外国語教育への助成のインパクトは大きいことがうかがえる。こうした経済と雇用の問題は、海外だけでなく、国内で教える教員たちにとっても切実な問題であり、教員は経済状況に翻弄される無力な存在として捉えられがちである。しかし、津田のライフストーリーは、津田という教員が経済状況に規定され、流され続ける受け身な存在であったわけではなく、困難な環境の中で、他者や環境と相互作用しながら（生徒や保護者との関係性を強め、緒方氏からの図書寄贈をきっかけにオフィスを持てるようになるなど）、自分の居場所を作っていったことを浮き彫りにしており、教員として厳しい環境の中で「いかに生き抜くのか」ということを考える上でも大変参考になる。

　第三に、津田が北米で居場所を見つけ、活躍の場を広げていったプロセスは、教員の職業集団における参加の深化、そしてそれがもたらす熟練者としてのアイデンティティの獲得を考える上でも参考になる。Lave & Wenger（1991）の状況的学習論は伝統的な職能集団におけるニューカマーの周辺的な参加を分析し、ニューカマーが周辺的な参加から次第に共同体への参加の度合いを深め、やがて中心的な参加者へと変容していくプロセスを分析している。津田の国連

国際学校での16年間の無給時代は、こうした視点から見ると非常に長い周辺的参加の時期であり、この時期、津田はUNISにおける教育への中心的参加から疎外されていたとも言える（例えば専任教員であればアクセスできる情報や意志決定の機会からの疎外）。津田が所属集団の中でより中心的に参加する（無期雇用の教員になる）ためには、集団の中のゲートキーパーの承認が必要となるが、ゲートキーパー（国連国際学校の執行部）が日本語教員である津田を32年に渡り周辺的な位置づけ（無給の講師、契約講師）にとどめおいた背景には、日本語の国連における地位と相対的な低さがあった。このような教員の正規雇用と現地における日本語のヒエラルキーの関係は言語教育関係者にとって興味深いのではないだろうか。

同時に、津田が活躍の場を広げていった背景には、ナショナルスタンダード、教育の標準化が関係している。教育を標準化をするという動きの中で教師会、教材の組織化が求められたことが、津田の活動の拡大、教師会という共同体の中で指導的な役割を果たすきっかけとなっている。津田の45年間の教育実践における参加の深化は、津田の熱意や教育理念のすばらしさとももちろん連動しているのだろうが、それと同時に、ゲートキーパーの承認、経済社会の要請と深く連動し、相互に作用しているとも言える。Lave & Wenger（1991）の状況的学習論を教育分析で用いる場合、共同体に参加することでいかに「学びが起きるか」に焦点が当てられがちであるが、参加が深化する場合もあれば、中心的な参加から疎外され続ける場合もあり、さまざまな社会的な境界線を越えていかなければならないことを津田のストーリーは浮き彫りにしている。そういった意味でこのライフストーリーは興味深い。

第四に、津田の目指す教育として、国際バカロレアの求める探索的かつ主体的な学び、学生の自助集団の形成が挙げられているが、これらは、現在の日本の教育現場において推進されているアクティブラーニング（学習者中心の主体的な学び）や学校における学びの共同体構想（佐藤 2006）を考える上でも示唆に富んでいる。津田が活動の場をニューヨークから東京に広げて、ワークショップを開き、教員を指導しており、参加者のほとんどが20代、30代の若い教

員たちであった。津田の教育実践、とりわけ、北米における継承語話者という社会的マイノリティーの教育において、「なぜ日本語を学ばなければならないのか」という生徒たちの問いに真摯に向き合い、多様性の承認と学びの共同体の構築に努力してきた津田の実践を知ることは、未来の言語コミュニケーション教育を作っていく教員たちにとって参考になるのではないかと思う。

　最後に、村田にとって津田とのインタビュー、対話の経験はどのような意味があったかを記したい。村田がインタビュー中、特に関心を持ったのは津田がなぜ雇用条件が悪い中をUNISで教え続けたのかという点である。正式な教員と認められないまま、16年間学校で教え続けることは容易なことではないであろうし、思春期を異文化の中で過ごす生徒達と真摯に向き合い、学びを支援していくためは、生活の中の多くの時間を教育に捧げることが必要であろう。インタビュー中、「なぜ続けられたのか」という問いがずっと村田の頭の中にあった。津田とのインタビューを通じて印象的だったことは、津田が教育について語るときの真摯な姿勢であり、津田にとって教えること、生徒と関わること、そして越境して生き抜くことが一体化した実践になっているように感じた。そしてそこに、経済状況に規定される受け身な個人の姿ではなく、困難な状況の中で人や社会と交渉を重ねて、生き抜いてきた教員の人生の軌跡を見ることができた。こうした対話の経験を通じて、教員としてなぜ働き続けるのか、また学生達の「なぜ日本語を学ばなければならないのか」という問いに対して真摯に向き合い、自分なりの答えを見つけていく必要があることを痛感した。

　本章は津田和男のライフヒストリーを通じて、教員と社会との相互作用の過程を明らかにした。教員のライフストーリーやライフヒストリーは、冒頭で述べた通り、教員の規範的なスキルを議論するのではなく、現場の教員の教育実践の豊かな文脈に光を当てることを目的とする。津田のライフストーリーは、津田という教員の生きてきた時代に支配的であった教育的なパラダイムや社会構造と教育実践との関係性を浮き彫りにすると同時に、津田が時代の影響を受けながらも、自分なりに模索し生き抜いてきたことを私たちに伝えてくれる。こうした語りを共有していくことは、未来の言語コミュニケーション教育を創

っていく教員たちが、「教えること」、「生きること」、そして「社会に参加する」ことの関係性を考える上で貴重なリソースとなるのではないかと考える。

参考文献

大山智子（2006）「国連国際学校における継承日本語教育の取り組み（1）解説文：学校教育の中で多言語を育てるとは？：国連国際学校継承日本語クラスの授業実践に見る4つの「転回」」『母語・継承語・バイリンガル教育（MHB）研究』32-44. http://hdl.handle.net/11094/25013

河路由佳（2014）「学習者・教師の「語り」を聞くということ――「日本語教育学」が「学」であるために」『リテラシーズ』14, 29-44. http://literacies.9640.jp/vol14.html#kawaji

桜井厚（2012）『ライフストーリー論』弘文堂

佐藤学（2006）『学校の挑戦――学びの共同体を創る』小学館

三代純平（2014）「日本語教育におけるライフストーリー研究の現在――その課題と可能性について」『リテラシーズ』14:1-10. http://literacies.9640.jp/vol14.html#miyo

Goodson, I., & Sikes, P. (2001) *Life History Research in educational settings: Learning from lives*. Philadelphia, PA: Open University Press.

Lave, J., & Wenger, E. (1991) *Situated Learning: Legitimate peripheral participation*. Cambridge: Cambridge University Press.

第5章

社会言語学からみたこれからの言語・コミュニケーション教育の課題

山下 仁(大阪大学)

1. はじめに

　本章の目的は、社会言語学からみたこれからの言語・コミュニケーション教育の課題について考えることである[1]。まず、最近の社会言語学の流れと、ヨーロッパの社会言語学の特徴を確認し、それらと言語・コミュニケーション教育との関係について考える。次にマクロ社会言語学、もしくは言語政策の観点からこれからの言語・コミュニケーション教育が目指すべき方向性を探る。さらにミクロ社会言語学のテーマの中から呼称表現、ポライトネス、リテラシー、ウェルフェア・リングイスティクス（徳川 1999）[2]、ヘイトスピーチなどの問題を取り上げ、それらから示唆されるいくつかの課題について考え、最後に全体をまとめる。

---

1 本章は、平成29年－32年度科学研究費補助金基盤研究C「多言語・多文化社会の言説におけるポライトネスの日独対照社会言語学的考察」（研究代表者：山下仁）の研究成果であり、山下（近刊）と一部重複する。
2 この概念は社会言語科学会の第16巻第1号の特集論文のテーマでもあった（村田／森本／野山 2013）。その際「ウエルフェア・リングイスティクス」と記されたため表記が併存する。

2. 社会言語学と言語・コミュニケーション教育

　まず、社会言語学がどんな学問分野であるかについて考えてみよう。社会言語学は社会と言語の相関関係を研究する学問分野と説明されることもあるが、ましこ・ひでのりは「社会言語学は言語学の一分野で、社会的影響による言語の多様性や流動性などを探求するもの、といった従来の学問区分は無意味化しつつある。社会現象の一種としての言語現象を、学際的な理論・データを動員して記述・解析し現実的課題に応用しようという、総合的科学・臨床学的な運動というべきであろう」と述べている（ましこ 2014: 17; ましこ 2016も参照）。社会現象の一種として言語現象が顕在化するのは、そこに何らかの問題が意識されるからであろう。とすれば、社会言語学は、言語の問題を社会の問題としてとらえ、言語学や社会学ばかりではなく、いろいろな学問分野と協力してその問題解決に貢献しようとする学問分野、ということができるだろう。その観点からこれからの言語・コミュニケーション教育の課題を考えるということは、これまでの、あるいは現時点の言語・コミュニケーション教育の問題点を指摘し、その解決策について考えることを意味することにもなる。

　また、パトリック・ハインリヒと石部尚登は、これまでの社会言語学の流れを「波」というメタファを用いて以下のように説明する。「社会言語学における古典的なパラダイム」は「共同体の社会言語学」と特徴づけられ、第一の波は「年齢やジェンダー、社会階層といった社会的または人口統計学的なカテゴリーが、ことばの変異とどのように関連しているのかの解明」を目指していたという。これに対して、第二の波では第一の波での「社会」と「ことば」の関係が逆転し、「ジェンダーや年齢、社会階層といったカテゴリーを構築するために」ことばがどのように用いられるかに関心が向けられる。どちらの波も、社会的カテゴリーを「所与のもの、話者や言語共同体に当てはまるものとしてアプリオリに捉えていた」点では同じ前提にたっている（ハインリヒ／石部 2016: 4-9）。もちろん、この分類は大雑把なものであり、すべての社会言語学の研究

をこの「波」に含めることはできないが、たとえばフィッシュマンが提示した「誰が、いつ、誰に、どんなことばを話しているのか？」(Fishman 1965) という問いに対して、私などは「誰が」という部分に、「日本人」、「女性」、「若者」、「外国籍住民」などの社会的カテゴリーを当てはめていた。だが、ある固定化されたカテゴリーを想定し、それに対応する言語変種を見出すような方法では、そのカテゴリーと言語変種との関連しか明らかにすることはできない。それに対して、「第三の波」は「特定の相互行為者間の社会的相互行為を通して社会的意味がどのように言葉の変異に帰せられるのかを解明しようとする点で、先の二つのアプローチと異なる」(ハインリヒ／石部 2016: 9)。焦点がおかれるのは、もはや固定化された所与のカテゴリーではなく、従来とは異なる言語表現を用いた相互行為を通して構築される、あらたな社会的意味である。

　このような視点から言語・コミュニケーション教育が行われる現場について考えると、その現場においても、新たな相互行為によって、新たな社会的意味がつくられ、それによってこれまでとは異なる社会が作り上げられると想定することができる。その際大切なのは、「教師」や「学習者」というカテゴリーに当てはまる人々がどのような表現を用いているのかを問うのではなく（第一の波）、「教師」が「教師らしい」表現を用いて「教師」というカテゴリーを形成するのを明らかにしようとするのでもなく（第二の波）、「教師」と「学習者」がそれまでとは異なる理念と、典型的とはいえない言語資源を用いた新たなスタイルの相互行為によって、「教育」あるいは「学習」という行為に新たな社会的意味を創り出すことを研究することになる（第三の波）[3]。

　その際、何が問題になるのかを明らかにするため、本章ではヨーロッパの

3　教師と学習者の社会的背景、用いる言語コード、文化資本などの違いが相互行為や学習成果に影響を及ぼすことがある。また、中国人の高校生に対する取り出し授業を参与観察した調査では、日本人の教師が中国語を用いて説明するときには、一時的に中国語のできる高校生が上位者になり、教師が下位者になることなどが観察され（王 2018）、同様に「多文化・多言語の背景をもつ生徒たち」に対するライフヒストリーの研究からは、彼らのアイデンティティが極めて多様であることなどが観察されている（潘 2018）。

社会言語学のテーマからヒントを得ようと思う。そのヨーロッパの社会言語学の特徴について、社会言語学のハンドブック（第一版はAmmon/Dittmar/Mattheier 1987/1988の二巻本、第二版はAmmon/Dittmar/Mattheier/Trudgil 2004, 2005, 2006の三巻本）の編者の一人でもあるウルリヒ・アモンは自らの体験を振り返りつつ、次のように述べている。

「学問活動を通して、社会問題のいくつかの解決に最終的に何らかの貢献をしたいと考えていた。(略) 社会言語学が北米では主として、そればかりではないが、学問に内在する問題提起から発展してきたのに対して、総じてヨーロッパでは社会問題を発端としていたことが特徴だろう」（アモン1992: 8）。

ヨーロッパの社会言語学は、当初から社会問題の解決に何らかの貢献をしようとしていた。具体的には、1960年代の後半、旧西ドイツにおける社会言語学の勃興期には、言語による不平等が社会的な不平等をもたらすというバーンステインの言語障壁理論に触発され、それが学生運動とも相まって、多くの社会言語学の研究を推進した。1972年に出版された『社会言語学の諸相』の中でディーター・ヴンダーリヒも、旧西ドイツの社会言語学の目標設定もしくは研究テーマとして、支配から解放されたコミュニケーション形態の先取り、社会変化と言語変化の問題、労働者の言語の再評価などを挙げている（Wunderlich 1972: 314）。

では、社会的問題の解決と、言語・コミュニケーション教育とはどのような関係があるのだろうか。

言語・コミュニケーション教育は、直接的には、その言語やコミュニケーションを学ぼうとする人の言語能力やコミュニケーション能力を高めることを目的にする。言語・コミュニケーション教育の対象となる人は多様であろうが、その大多数は、中学校や高校で「英語」や「国語」を学んでいる生徒であり、大学で「英語」や第二外国語を学んでいる大学生であろう。それに加え、母語とは異なる地域で生活しなければならない「外国籍住民」や趣味のレベルで学ぶ人もいるに違いない。そしてその大多数の学習者、つまり中学校や高校の生徒が国語や英語などの語学を勉強するのは、その教科に試験があり、高校受験

や大学受験に合格するためには、その試験で少しでも良い点を取る必要があるからであろう。そして、その後よりよい職場に就職することで、安定した幸せな生活を送るためであるに違いない。日本に住む外国籍住民が一所懸命日本語を学ぶのも、やはりより良い生活を送るためであろう。ところが、もしも何らかの社会的問題が生じた場合には、それらを解決する必要がある。具体的なコミュニケーションの場面で、上司に無理難題をおしつけられたり嫌がらせをされた場合、その状況を打開できないとストレスが溜まって自殺することすらある。さらに構造的な問題も考えられる。保育園を増やす代わりに、たとえばミサイルや戦闘機を購入するために税金を使おうとしているとき、政治家に保育園を増やしてほしいと伝えられなければならない。さもないと、安定した幸せな生活を送ることはできない。直接的な問題解決ばかりではない。教育の現場がこう着し、新たな社会的意味がまったく作り出せないとしたら、それもまた一種の社会問題であろう。とするならば、社会的問題の解決は、言語・コミュニケーション教育の課題の一つでもあり得る。そのように考えてみると、社会言語学と言語・コミュニケーション教育は、ただ単に言語を研究や教育の対象にしているばかりではなく、社会的問題の解決を目指すという点で重なる部分がある。

　以上、ヨーロッパの社会言語学の出発点が社会的問題の解決を目指していたことと、それが言語・コミュニケーション教育と関係することを確認した。以下では、具体的に、社会言語学から見た、言語・コミュニケーション教育の課題について考えていきたい。社会言語学では、言語政策や言語計画のような、コミュニケーション場面に依存しない問題を扱うマクロ社会言語学と、コミュニケーション場面で用いる言語表現と参与者の社会的属性の問題を扱うミクロ社会言語学を区別することがあるので、以下でもその観点を分けて考えてみたい。まず、マクロ社会言語学の問題のうち、言語・コミュニケーション教育と関連する言語政策の問題を取り上げてみよう。

3. マクロ社会言語学と複言語主義

　本章執筆時からちょうど10年前になるが、2007年3月22日から26日にかけて、第12回ドイツ語教授法ゼミナールが開催された。このゼミではザールブリュッケン大学のアルベルト・ラーシュ教授が招待講師として招かれ「言語政策から考えるカリキュラム――ドイツ語教育の社会的存在理由は現場でどう活かせるか？」というテーマについてさまざまな議論がなされた。そこで取り上げられていたのは欧州評議会が作った「外国語の学習、教授、評価のためのヨーロッパ共通参照枠（以下CEFRと記す）」であり、ラーシュ教授はその成立の背景と意義を説明した。この参照枠はそれまでヨーロッパで国別に行われていた外国語教育を、EU域内共通の枠組みによって行うべく、各国の専門家たちが30年以上もかけて議論を重ねて作り上げられたものである。

　このゼミに参加したとき、最初に話してくださったのは、言語政策にあたるドイツ語のSprachenpolitikを用いてワードで書くときに「言語」の部分を複数形（Sprachen）にして書いても、ワードが勝手に単数形に変換し、Sprachpolitikにしてしまう、という笑い話のような逸話であった。ドイツにおいても、一般的に言語政策というと単数の言語、つまり一つの言語の政策と考えられていることを指摘していた。しかしCEFRにとっての言語政策は一つの言語の政策にとどまるものではなく、複数の言語が問題にされなければならない。この時には、ただ漠然と「民主主義」や「批判精神」、あるいは「自由」、「解放」、「政治参加」といった概念の説明を聞いていたが、これらの日常生活に深く関与する概念もまた、CEFRの理念にとっては非常に重要なものである。

　本節では、まずこのCEFRが日本においてどのように受容されているかを取り上げてみよう。いろいろな学会などでも議論されているが、日本でもっとも権威があるのは、文科省の答申であろう。そこで、ここでは中央教育審議会が2016年12月21日に示した「幼稚園、小学校、中学校、高等学校及び特別支援学校の学習指導要領等の改善及び必要な方策等について」を見てみたい。こ

れによると、今後は小学校3年生から英語が学ばれるとのことであるが、そこには外国語教育に関して、以下のようなことが記されている。やや長くなるが、引用する。

> グローバル化が急速に進展する中で、外国語によるコミュニケーション能力は、これまでのように一部の業種や職種だけでなく、生涯にわたる様々な場面で必要とされることが想定され、その能力の向上が課題となっている。
> 　現行の学習指導要領は、外国語を通じて、言語や文化に対する理解を深め、積極的にコミュニケーションを図ろうとする態度や、情報や考えなどを理解したり伝えたりする力の育成を目標として掲げ、「聞くこと」「読むこと」「話すこと」「書くこと」などを総合的に育成することをねらいとして改訂され、様々な取組を通じて充実が図られてきた。
> 　一方で、指導改善による成果が認められるものの、学年が上がるにつれて児童生徒の学習意欲に課題が生じるといった状況や、学校種間の接続が十分とは言えず、進級や進学をした後に、それまでの学習内容や指導方法等を発展的に生かすことができないといった状況も見られている。
> 　中・高等学校においては、文法・語彙等の知識がどれだけ身に付いたかという点に重点が置かれた授業が行われ、外国語によるコミュニケーション能力の育成を意識した取組、特に「話すこと」及び「書くこと」などの言語活動が十分に行われていないことや、生徒の英語力では、習得した知識や経験を生かし、コミュニケーションを行う目的・場面・状況等に応じて適切に表現することなどに課題がある。(中央教育審議会 2016: 193)

要するに、現在グローバル化が進んでいるので、外国語によるコミュニケーション能力を向上させることがこれからの言語・コミュニケーション教育の課題、というのだ。

これまでの外国語教育が文法・語彙に偏っていて、学年が向上するにつれて学習意欲が損なわれ、実際に使える外国語によるコミュニケーションの習得に至っていない最大の理由は、言うまでもなく、大学受験であろう。受験から英語をなくせば、きっと文法・語彙の偏重というような弊害はなくなるに違いない。しかし、受験産業がなくなったら、天下り先もなくなってしまうからだろうか、中教審はそういう問題には触れていない。
　そのような問題について考えることも言語・コミュニケーション教育の重要な課題であるかもしれないが、ここではさらに学習指導要領を見てみよう。

　　これらの課題を踏まえ、特に、他者とのコミュニケーション（対話や議論等）の基盤を形成する観点を、外国語教育を通じて育成を目指す資質・能力全体を貫く軸として重視しつつ、他の側面（創造的思考、感性・情緒等）からも育成を目指す資質・能力が明確となるよう整理することを通じて、外国語教育における「知識・技能」、「思考力・判断力・表現力等」、「学びに向かう力・人間性等」の三つの資質・能力を更に育成することを目標として改善を図る。(同上: 193)

　注目すべきは、上の引用の後に「外国語学習の特性を踏まえて「知識・技能」と「思考力・判断力・表現力等」を一体的に育成し、小・中・高等学校で一貫した目標を実現するため、そこに至る段階を示すものとして国際的な基準であるCEFRなどを参考に、段階的に実現する領域別の目標を設定する」と記している点である。答申では注の中でCEFRについてかなり詳しく説明されているが、本書の読者には不要と思われるので、それは省略する。いずれにせよ、答申が着目するのは、「小・中・高等学校で一貫した目標を実現する」という部分なのである。
　ドイツで日本語教育に携わっている野呂香代子と三輪聖もCEFRの意義を取り上げており、特に民主的シティズンシップ、寛容性の育成を促進する言語教育の在り方を議論している。「近年、行動中心主義に基づいた欧州言語共通参

照枠（以下CEFR）の枠組みが日本語教育にも取り入れられているようになってきている。行動中心主義においては、学習者は社会的存在としての言語使用者であり、経験によって形成されたあらゆる能力を駆使して、社会における課題を遂行・解決していく社会的成員として捉えられている〔吉島／大橋 2004: 9〕。従って、行動中心主義に基づいた枠組みを取り入れたコースや授業もこのような発想に基づいたものになるだろう。ところが、実際の教育現場では、CEFRが主に語学レベルを示すためのツールとして使用されることが多いのではないだろうか」と述べている（野呂／三輪 2017: 26f.）。まさに、中教審の答申においても、CEFRは語学レベルを示すために用いられているに過ぎない。

　野呂と三輪が示唆した「行動中心主義」については、答申でも「CEFRで目指している姿は『自律的社会的成員（autonomous social agent）』であり、自ら学習を管理できる「生きる力」を体現する社会的成員としての個人であり、この点からも学習指導要領の目標とCEFRは非常に近い目標が掲げられていると考えられている」のように触れられている（中央教育審議会 2016: 194）。他方、CEFRの理念としてヨーロッパの言語教育で議論されているものに「複言語主義」があるが、これについて答申ではほとんど触れられていない。

　複言語主義というのは、多言語主義を発展させた考え方である。日本においては、いまだに日本が単一言語国家だと思っている人もいるようだが、琉球諸語やアイヌ語、さらには一定数の人たちによって朝鮮語などが用いられているため、二つ以上の言語が存在しているという意味において多言語国家である。ところが、そこに住んでいるマジョリティの人たちの多くは、琉球諸語やアイヌ語を学ぼうとはしない。また、いまだに方言を話すことに対してある種の劣等感を抱く人もいるようだ。学校では、文科省の方針で外国語として英語が学ばれているが、土着の言語であるアイヌ語やそれぞれの地域の方言はあまり学ばれていない。複言語主義というのは、日常生活に結びつけながら、いくつかの言語を学んでいこうとする考え方である。複数の言語変種を学ぶことではあるが、生活に必要な言語からできるだけ自然に学んでいくことが重要である。CEFRには、以下のように説明されている。

複言語主義は多言語主義（multilingualism）と異なる。後者は複数の言語の知識であり、あるいは特定の社会の中で異種の言語が共存していることである。多言語主義は単に特定の学校や教育制度の中で学習可能な言語を多様化すること、または生徒たちに一つ以上の外国語を学ぶように奨励したり、あるいは国際社会における英語のコミュニケーション上の支配的位置を引き下げることで達成され得る。一方、複言語主義がそれ以上に強調しているのは、次のような事実である。つまり個々人の言語体験は、その文化的背景の中で広がる。家庭内の言語から社会全般での言語、それから（学校や大学で学ぶ場合でも、直接的習得にしろ）他の民族の言語へと広がって行くのである。しかしその際、その言語や文化を完全に切り離し、心の中の別々の部屋にしまっておくわけではない。むしろそこでは新しいコミュニケーション能力が作り上げられるのであるが、その成立には全ての言語知識と経験が寄与するし、そこでは言語同士が相互の関係を築き、また相互に作用し合っているのである。(略)この観点を採るならば、言語教育の目的は根本的に変更されることになる。もはや従前のように、単に一つか二つの言語（三つでももちろんかまわないが）を学習し、それらを相互に無関係のままにして、究極目標としては「理想的母語話者」を考えるようなことはなくなる。新しい目的は、全ての言語能力がその中で何らかの役割を果たすことができるような言語空間を作り出すということである。もちろん、このことが意味するのは、教育機関での言語学習は多様性を持ち、生徒は複言語的能力を身につける機会を与えられねばならないということである。(吉島／大橋 2004: 4f.)

　複言語主義の考え方に基づくならば、教科としての「国語」と「外国語」を分けること自体が問題になるに違いない。本章では「国語」と「日本語」の問題には立ち入らないが、日本人にとっての「国語」が「日本語」であるとするなら、「日本語」も「英語」も、「ポルトガル語」も「中国語」もおなじ「言語」

として捉えられるはずであろう。しかも、よくよく考えてみれば、中教審答申にあった「知識・技能」、「思考力・判断力・表現力等」、「学びに向かう力・人間性等」は、外国語によってのみ育成されるものではない。「知識や技能」は日本語によっても得られ、「思考力・判断力・表現力」などに関しても日本語の能力が問われてしかるべきである。「学びに向かう力・人間性」の育成は、外国語に限定されるものではない。それとも「思考力・判断力・表現力」などは、日本語によって育成されるべきものではないのだろうか。東京大学で教鞭をとっていた上野千鶴子も「偏差値パフォーマンスの高い学生を東京大学で教えてきて、彼らの言語能力の低さに愕然とすることが多かった（略）。そのたびに国語教育がまちがっているのではないか、との思いを禁じえなかった」と述べている（上野 2015: 186）。

さらに、答申でいう「コミュニケーション能力」は、ある特定の言語による能力であるようにも読み取れるが、複言語主義の説明でいう「コミュニケーション能力」は、ある個人が有する言語能力すべてを動員して開拓される能力である。これからの、言語・コミュニケーション教育では、この複言語主義の理念に基づき、「全ての言語能力がその中で何らかの役割を果たすことができるような言語空間を作り出す」ことが、その大きな方向性であり、その課題であるように思う。では、そのような言語空間を作り出す上で、どのような課題があるかを考えてみたい。以下では、ミクロ社会言語学のテーマでもある呼称表現、ポライトネス、リテラシー、ウェルフェア・リングイスティクス、そしてヘイトスピーチの問題を取り上げ、そこからヒントを得る。

4. ミクロ社会言語学的観点

佐野直子は、『社会言語学のまなざし』の中で、「社会言語学」とは何か、と尋ねられると、上でも触れた「誰が、いつ、誰に、どんなことばを話しているのか？」というフィッシュマンの問いを援用するという（佐野 2016: 2）。そし

て、言語が多様であり、変化するものであり、言語よりも人に注目し、社会に注目するのが社会言語学の特徴であると説明している。この問いの「ことば」に焦点を定めて考えていくと言語政策などのマクロの問題につながるが、「誰が、いつ、誰に」について考えると、具体的なコミュニケーションの場面が想起され、ミクロの問題になる。

4-1. 呼称表現

　ミクロ社会言語学的テーマのうち、私が興味をもったのは呼称表現の問題であった。というのも、英語とは異なり、現代ドイツ語にはduとSieという2つの呼称があり、その使用法が複雑だったからである。これについてはすでに何度も触れているが、言語教育の問題にも関係するため簡単に触れておくことにしよう（山下2001/2009; 山下2007; 山下2014などを参照）。
　呼称研究の始まりは、1960年に発表されたブラウンとギルマンの「権力と連帯」に関する論文と言っても差し支えない（Brown/Gilman 1960/1990）。ブラウンとギルマンは、ヨーロッパにおける呼称の通時的研究により、封建時代において領主や貴族などの上位者は家来や平民などの下位者に対してT（これはラテン語の呼称から取られたもので、ドイツ語のduにあたる）を用いたのに対して、下位者は上位者に対してV（こちらはドイツ語のSieにあたる）を用いたことを明らかにした。かつては非対称的な使用法が採られていたのに対して、現代社会では、会社などでも上司は部下に対して、あるいは部下は上司に対して同じ呼称を用いている。非対称的な使用から対称的な使用に呼称表現が変化したことに着目し、封建時代の使用法が「権力」を表していたのに対して、現代社会の使用法は「連帯」を表しているという見解を述べた。
　アモンは、この考え方に異を唱えた。現代社会にも明らかな上位者と下位者が存在するため、対称的な呼称表現の使用は、イデオロギーのレベルでは「連帯」の関係にあるとしても、現実の社会には上下関係があり、それにもかかわらず対称的な呼称表現を使用するということは、その上下関係がないかのよう

に見せかけることになる。すなわち、対称的な呼称表現の使用には、社会的な上下関係を隠蔽する社会的機能があるというのである。さらにアモンは、研究者であるブラウンとギルマンが、「平等」や「連帯」を標榜する現代社会のイデオロギーに取り込まれていることを指摘した（Ammon 1972）。

　私自身は、このアモンの指摘に大きな感銘を受けた。だが、日本語に照らし合わせてみると、呼称のレベルではたしかに対称的な使用といえたとしても、挨拶や依頼、感謝や陳謝などの表現にしてみると相手によって丁寧さの異なる表現が用いられると思われた。そこで、その仮説に基づき実態調査を実施した。

　当時は、具体的な言語表現の解明が、ドイツ語教育にとっても有用であると考えていたが、現時点でこの呼称表現の成果を言語・コミュニケーション教育と結びつけると、ブラウンとギルマンが指摘した「権力」の存在が、学習者と教師の間の関係に存在するのではないかと思う。たしかに、教師は教える側であるため、教える内容をしっかり理解しているという点で、ある種の権威はあってもよい。だが、授業という場面を一つのコミュニケーションの場としてとらえるならば、その参与者はコミュニケーションを行う上では基本的には同じ発言の権利をもっているはずだ。かつてドイツでは、若い大学の教員の中には大学生とduで呼び合う人もいたが、それなどは参与者間の「連帯」意識を共有しようとする態度の現れだった。日本語には複雑な敬語があるため、どのような言語表現を用いるべきかはそれぞれのケースによって異なると思うが、教師と学習者の間にあからさまな権力関係が存在するような問題があったとしたら、それは改善されるべきであろう。

4-2．ポライトネス研究

　ポライトネス理論は、語用論と社会言語学にまたがる極めて広範にわたる研究分野であり、それぞれの文化によってポライトネスを示す言語表現もその考え方も異なる。あまりに広範であるため、ここではその簡単な概説すら記すことはできない。私が関心をもっていたのはこの研究分野の一部であり、ドイツ

語のポライトネス表現や、敬語研究に付随するイデオロギー性に関する問題である（山下 2001; 山下 2016 など）。

　上でも記したように、最初は現代ドイツ語の呼称表現の使用法を明らかにするためアンケート調査やインタビュー調査などを実施した。その後、日本語の敬語に対象を広げ、ドイツ語の敬語表現と日本語の敬語表現を比較・対照してみようと思うようになった。まず英語やドイツ語で書かれた文献を読み、次に日本語の文献を読んでみたが、間もなく壁に衝突した。最初から日本語の文献を読んでいれば、敬語とポライトネスは違うものであるという日本語で書かれた研究の住み分けや作法のようなものに気づいたのであろうが、そのようなことは知らなかったため、いきなり敬語に関する研究書を紐解いてみた。そこで気づいたのは、英語やドイツ語の研究では、ポライトネスはおなじ命題内容をもついくつかの表現のうちの「丁寧な」表現であり、それらは、たとえば相手のメンツを傷つけない、もしくは相手のメンツをたてたりする機能をもつ、という客観的・記述的な説明であったのに対して、日本語の敬語の説明は、敬語は日本語の典型的な特徴であり、正しい敬語を使うことは美しいことであるといった、主観的、もしくは規範的な記述になっていた点である。記述的な研究と規範的な研究を比較することはできず、なぜ、日本語による研究は客観的ではなく主観的なのか、という問題について考えてみた。

　これについては「敬語研究におけるイデオロギー批判」という論文に記したので、もう繰り返すことはしないが（山下 2001）、そこで感じたのは、研究もまた、何らかのイデオロギーのようなものに依存している部分がある、ということであった。

　この論文は、『「正しさ」への問い』という論文集に掲載されたが、言語・コミュニケーション教育にも、「正しさ」というイデオロギーに支配されている部分があると思う。言語・コミュニケーション教育には、常に「正しさ」がつきまとうからである。私もドイツ語文法の授業では、「正しい文法」を教えている。しかし、実際のコミュニケーションでは、多少間違っていても通じることも知っている。また、文法的な正しさを意識してしまい、あるいは正しいこ

とを言わなければならないというプレッシャーのため、発言することができなくなる。もしくは、文法的に間違った表現を用いたら失礼になるという配慮が働いて発言することができなくなることもあるだろう。しかし、文法的には多少間違っても、自分の意見を述べることの方が大切である、ということもあるに違いない。とすれば、言語・コミュニケーション教育においても、その空間を支配しているイデオロギーや、「正しさ」への信仰のようなものを反省することがあっても良いだろう。

4-3. リテラシー

　リテラシー（「読み書き能力」や「識字」）という用語は、最近では「コンピューターリテラシー」や「メディアリテラシー」などの表現が日常的に用いられており、よく知られるようになった（山下 2009; Yamashita 2010なども参照）。また、『社会言語学』や『ことばと社会』といった雑誌でも頻繁に取り上げられているテーマであり、『識字の社会言語学』（かどや／あべ 2010）といった書物も出版されてはいる。ところが、英語圏での研究の蓄積に比べると、日本ではそれほど多くの研究はなされていない。
　その理由は何故か。
　「日本には識字の問題はない」、とされてきたからであり、今でもなお、日本人は誰もが読み書きすることができると考えられているからである。金田一春彦は、ベストセラーとなった『日本語』の下巻において、次のように記している。

　　　日本語の表記法についてまず注意すべきことは、日本人の読み書き能力の高さである。(略) 終戦直後、占領軍が日本を支配した時に、アメリカの文部省・日本支部ともいうべきCIE（民間情報教育局）では、日本語の表記法の難しさに驚き、日本人の幸せのため、日本人に漢字や仮名を捨てさせ、ローマ字を使わせようとした。(略) すべての日本人に読み

書き能力の客観的な調査を行い、その結果、おまえたちはこのように読み書き能力が低い、だからローマ字を使うようにせよという段取りをとろうとしたのである。(略) その結果はどうであったか。日本全国の試験の成績を見ると、全体の成績は驚くべきほどよく、なるほど満点をとった人こそ少なかったが、文盲はゼロに近かった。(略) CIEはこの結果に驚き、日本の教育のすばらしさを感嘆し、結局ローマ字のロの字も口にせずアメリカへ引き上げて行った。筆者は思いがけない結果に嬉しさにたえず、文部省に行って、教育の成果を喜びあった。(金田一 1988: 1-4.)

私も、この文章を最初に読んだ時には、日本人の読み書き能力が高いことを知り、日本人の優秀さに満足し、それを嬉しく感じたものであった。しかし、識字の問題はないという言説にはさまざまな問題が含まれている。

第一に挙げられるのは、たとえ99％の人が識字者であったとしても、残りの1％は非識字者ということになり、その人たちの問題は見過ごされてしまう、という問題である。1億人の1％は100万人であり、実数としては決して少なくない。

また識字の問題はないという言説は、その問題自体を完全に見えなくさせる。リテラシーには機能的リテラシーと批判的リテラシーというものがある。機能的リテラシーというのは、社会的に進出するために必要な、文字の読み書き能力のことを指すのに対して、批判的リテラシーというのは、自分が置かれた問題のある状況を批判的にとらえ、それを解決しようとする能力のことである。どちらも個人が獲得されるべきリテラシーであるが、支配する側にとっては、問題が黙殺され、気づかれないのは都合がよい。機能的リテラシーとしての能力があることに満足していれば、批判的リテラシーの必要性はない。リテラシーがあることにすることで問題の所在が隠蔽されてしまうのである。このようなことは他の問題についても当てはまる。格差の問題、人種・性別・障害者差別、あるいは原子力発電によって生じた核のゴミ処理の問題など、その問題をないことにすれば、問題そのものが見えなくなる。

識字の問題に戻るならば、1948年に行われた識字の調査の問題を角は以下のように指摘する。

> ①調査の時間や場所をしるした「読み書き調査案内状」がサンプルとしてえらばれた家庭におくられたのであるが、かなりむずかしい漢字をふくむ漢字かなまじりでかかれたこの文書を、非識字者がよめなかった可能性がある。あるいはだれかによんでもらったとしても、よみかきのテストにしりごみしてでかけなかった可能性もある。そうした意味で、「集合調査」という調査方法がもっていた限界をかんがえなければならない。
> ②報告書の集計では解答をしたが正解答ゼロであったものだけが非識字者とされまったく解答がなかったものは「無反応者」として別あつかいされている。「無反応者」は1.6％いたのだが、別あつかいしていいのかどうか、判断がわかれるところである。
> ③あらかじめ精神障害者、身体障害者などは調査対象から除外されている。「外国人、めくら、つんぼ、おし、および精神的あるいは肉体的に無能な人はのぞくべきであろうと考えた」（読み書き能力調査委員会:1951 p.25）として、サンプリングからはぶかれている。（略）（文中の「めくら」「つんぼ」「おし」「文盲」「白痴」といった語はいうまでもなく差別語である）。いずれにせよ、この調査は障害者等を排除した差別的な調査であったといえる。(角 2005: 109f)

つまり、識字率99％という、マジョリティにとって都合のよい調査結果を出すため（もちろん、悪意があってそんなことをしたわけではないだろうが）、ある種の操作がなされたのである。調査という一見科学的な手続きをとることによって、問題そのものが隠蔽されてしまった。そのため、日本においては識字の問題はとりあげられることがなくなり、長い間、黙殺されていた。

このような社会言語学の知見もまた、言語・コミュニケーション教育にとっ

ては大切であろう。なにかプラスの現象やより良い点数を持つ人のために、マイナスの現象や点数の少ない人の問題を切り捨ててしまうような問題である。また、薄々気づいていながら、見過ごしたり、知らぬ間に見て見ぬふりをしていたりするような問題がないか、考えてもよいと思う。

リテラシーの研究の延長線上には、たとえば、あべ・やすしの『ことばのバリアフリー――情報保障とコミュニケーションの障害学』のような研究があり、それはかつて徳川宗賢が提唱していた「ウェルフェア・リングイスティクス」と結びつく。

4-4. ウェルフェア・リングイスティクス

「ウェルフェア・リングイスティクスから見た言語教育」については平高史也がすでにまとめて記している（平高 2013）。ただし、平高は、ウェルフェア・リングイスティクスの一部としての言語教育を、さらに国語教育、日本語教育、外国語教育、母語教育に分類して記述しているが、ここではそのような区別はせず、言語・コミュニケーション教育全般に関与性のある課題を考えてみたい。平高自身、「国語教育、日本語教育、外国語教育、母語教育などの領域を各々別個のものとしてとらえると、ウェルフェア・リングイスティクスの視点の有用性が見えなくなってしまう。言語の問題は個々の領域を超えて言語教育という一つの包括的な視点からとらえる必要がある」（平高 2013: 18）と述べている。

ウェルフェア・リングイスティクスが「福祉」や「厚生」という観点から言語の問題をとらえることは、「情報伝達の問題だけでなく、人間の問題」（徳川 1999: 91）を考えることにつながる。具体的には、「言語障害」、「手話」「小言語問題」、「方言」、「アイデンティティ」、「老人語」などの問題である。たとえば、人間の問題としての言語の問題に属すると思われる言語障害に関して徳川は、「ホモ・ロクエンスという言い方があります。ことばを使うものが人間だ、ということではないでしょうか。そういう観点からすると非常に近づきにくい人がいる。健常者側でそういう人がいることを忘れて暮らしているという状況を、福

祉・厚生という考え方から、まず指摘しておきたい」（同上：90）と述べている。ただし、徳川らは「言語障害」や「手話」の問題性について示唆はしていたが、具体的な議論はしていなかった。その後、すでに触れたように、『識字の社会言語学』（かどや／あべ 2010）や『ことばのバリアフリー』（あべ 2015）よってリテラシーやユニバーサルデザインの問題が検討され、さらには、多様なからだのありかたを認め、それらに対応しようとする障害学の成果を踏まえた議論がなされてきたことは注目に値する。

　知らず知らずのうちに、私たちは多数派や健常者として「普通」に考えることに慣れてしまっているが、徳川はそのような姿勢に注意をうながす。「手話」についても、対談相手であるネウストプニーとともに、「国語」の問題として考えられないことを指摘する。「N（ネウストプニー）　日本では、手話は「国語」というカテゴリーに入るものとして取り扱われるでしょうか？　例えば国語審議会で話題になりうるのでしょうか？　T（徳川）WL（註：Welfare Linguistics の略）という言葉が広がっていけば、それは国語問題、と言うか日本人の言語問題だろうと思うのですが」（同上：91f.）。方言については、「以前は方言は罪悪、下劣なものとされていましたが、現在は違う。1つには福祉みたいな考え方が出てきたことが関係するのでしょう。方言は個人的な特色を示すものである、そして親しみやすいものだという考え方が出てきた」（同上：93）と述べている。さらに、政治のあり方についても、上品に批判する。「T（徳川）トルコ政府は「え？　クルド族なんか、国の中にいませんよ」と言っているそうではありませんか。N（ネウストプニー）　いろいろな国で、異民族はいないんです。ギリシャにもいない、日本にもいない。いろんなところでね（笑）。T（徳川）政治は、その方がやりやすいし、そっちの方に向いて欲しいと思っている政治家がいることは認めざるをえないと思いますね」（同上：94）。しかし、事実は違う。日本にも、多くの異民族が住んでいる。それゆえ同化政策に対しても批判的で、「伝統の保持だけでなく、新しい伝統の創造のことも考えてみたいですね」と述べ「郷に入っては郷に従えとかいって、ペルーやブラジルから来る日系人を、日本人と同じようにしようという考えの人もいるだろうし、それは我々にとっ

ても都合がいいことかもしれませんが、そうはいかない面もある。そう決まっていると頭から決めつけるのは困ります」と多数派にとって都合のよい、一方的な考え方を戒めている（同上: 94）。

　上に挙げたのは、ウェルフェア・リングイスティクスのテーマのほんの一部であるが、そのエッセンスを示すことができたのではないかと思う。言語の問題を社会の問題としてとらえようとする新しい社会言語学と通底するところがあるが、他方1999年の段階からこの分野での現状がほとんど変わっていないとも思える。徳川は言語教育に関して以下のように述べている。

> せっかくたくさんの時間を使って小学校から高校まで国語教育が行われているんですから，（略）まず何が求められるかを，出発点にもどって考えたほうがいいと思うのです．子どもたちが何を求めているのか，あるいは学業を終えた人たちが，本当は何を求めていたのかを，改めて考えてみたいですね．（同上: 97）

　ここから、少なくとも二つのことを指摘することができるだろう。一つは、言語・コミュニケーション教育の主体が学習者の側にあるという点である。重要なのは、何をどう教えるかではなく、学習者が求めているのは何かという問いであり、それを明らかにして、それに応えることが教師の側の課題であるという点である。もう一つは、「出発点にもどって考える」ということだ。村田／森本／野山は、ウェルフェア・リングイスティクスが目指すべきは「人々の幸せにつながる」言語・コミュニケーション研究と述べ（村田／森本／野山 2013: 1）、それを受けて平高も「語学教育が「人々の幸せにつながる」重要な役割を果たしている」と主張する（平高 2013: 7）。おそらく教育や研究の最終目標は、そのようなものなのであろう。「出発点にもどって考える」というのは、語学教育が目指すはるかな目標を意識することなのだ。言語・コミュニケーション教育に携わろうとしている読者の「出発点」や「最終目標」は自由であり、徳川もそれについては語っていないが、学習者が何を求めて教育を受けているのかを、

出発点にもどって考える、ということは私たちに問われていることであるに違いない。

4-5. ヘイトスピーチと構造的な暴力

2017年現在、アメリカでは難民を排斥・排除しようとするトランプが大統領になり、ヨーロッパでも各地で右派が活気づいている。かつては「寛容」であることが「善」であるとしていた人達が、そんな建て前を捨て去り、自分たちさえよければよい、という本音を語るようになった。アパルトヘイトの時代に逆戻りしたかのように、人種差別的発言が許されるようになってしまった。

人はことばによって情報を伝達し、よりよい人間関係を構築してきた。しかし、時として人は他人を誹謗し、中傷し、罵倒するためにことばを使う。ヘイトスピーチのようなあからさまな「ことばの暴力」を用いて人は人を侮り、脅かし、傷つけている。「ことばの暴力」には、隠れて人の悪口を言ったり、面と向かって罵詈雑言を浴びせかけたりするばかりではなく、挨拶に答えないで無視したり、皮肉のような間接的な言語表現で傷つけるものもある。また、Herrmann/Kuchは、「言葉による暴力」として、侮辱・ののしり、いじめ、レトリックによる暴力なども挙げている（Herrmann/Kuch 2007: 17f.）。

ましこ・ひでのり（2001）や田中克彦（1980）などの例外はあるものの、これまでの日本語圏における社会言語学ではヘイトスピーチのような暴力的な言語行為はあまり研究されてこなかった。というのも、従来の研究は、「よりよい人間関係のために円滑なコミュニケーション」がなされることが考察の前提となっていたからである。

グライスのいう協調の原理も、コミュニケーションを効果的に行うための条件であり、ブラウンとレビンソンのポライトネス理論も、円滑なコミュニケーションのためのストラテジーを提示したものだった。そこでは、他人を誹謗し、中傷し、罵倒する言語現象、あるいは人を侮り、脅かし、傷つける言語行為は考察の対象になっていない。しかし、考えてみると、よりよいコミュニケーシ

ョンについて研究しても、現実の社会に存在するさまざまなコミュニケーション上の問題は解決しないのかもしれない。そうした問題があるところでは、ある意味でコミュニケーションが成立していないからである。とするならば、安易に「コミュニケーションは成立する」ということを前提とせず、コミュニケーションが成立しないケースについて考察してみることが必要なのであろう。

　ここで、あからさまなヘイトスピーチがいかなるものか、誹謗・中傷の典型的な言語表現がどんなものかについて記す用意はない。だが、もと自衛官で『安倍首相から「日本」を取り戻せ!!』を書き、ヘイトスピーチに対するカウンター行動を行っている泥憲和は、「われわれのほんとうの敵というのは、在特会の周りで、軽い支持をしているシンパたちですよね。日常会話の中で何かあると『韓国って嫌ね』とか『北朝鮮は気に食わん』とかいうことを日常の場でやっていく、それに共感を得ていく、そっちのほうがほんとうは怖いわけです」と述べている（中沢 2015: 254）。これは構造的暴力の一種であろう。歴史学者であるバベロフスキーは次のように説明する。

> 豊かな人が彼らを助けないために人々が苦しんでいるところでは、いたるところで暴力が存在する。現代では、人間の生活を改善し、世界から飢餓をなくす可能性が多く存在する。それにもかかわらず、ある人々は苦しみ続け、死んでいる。なにも実行しないことが、暴力とみなされ得るのである。(Baberowski 2015: 112)

　日常生活で「あたりまえ」と思われているところにも、目に見えない形で、あるいは気づかない形で差別や暴力が潜んでいる。社会のシステムの中に組み込まれた「構造的な暴力」、すなわち日常生活に沈殿化し、目にみえなくなった、もしくは犯人を特定することができない暴力を、私たちはどうしたら可視化することができるのであろうか。競争社会と呼ばれるこの世の中に「勝ち組」と「負け組」が存在し、「負け組」がいつまでたっても「勝ち組」になれないような構造があったとしたら、その構造には何らかの暴力が存在しているに違いな

い。その暴力は、たしかに目で見ることができず、犯人もない暴力なのであろう。考えようによっては、日常生活におけるルーチン化した、あるいは習慣となっている、「あたりまえ」の言語行動が、そのような暴力を見えなくしているのかもしれない。そのようなことばの暴力に敏感であることが、社会言語学の役目であるといえる。

とすれば、言語・コミュニケーション教育においても、そのような「あたりまえ」なものとして処理してしまっていることがらに敏感であることが必要である。あからさまなことばの暴力に対してどんな対応をするかも大切であろうが、日常生活に埋没して、見えなくなってしまった構造的な暴力を見抜く力も養いたい。

5. おわりに

では、最後に本章で述べてきた言語・コミュニケーション教育の課題をまとめよう。

本章では、まず社会言語学も言語・コミュニケーション教育も社会問題の解決に貢献することができることを確認した。マクロ社会言語学の観点からは複言語主義の目指す柔軟なコミュニケーション能力の養成や、そのコミュニケーション能力が一定の役割を果たすような言語空間をつくることが大きな方向性であり、その課題であると述べた。ミクロ社会言語学の観点からは、そのような言語空間で注意するべきことを考察した。それらが言語・コミュニケーション教育の課題とみなされる。呼称表現の研究からは、コミュニケーションの参与者の中の上位者（教師）と下位者（生徒）の力関係についてあらためて反省することが見えてきた。ポライトネス研究からは、教育や学習における「正しさ」がいかなるものであるかを考えること、リテラシーの研究からは、プラスと思われている現象や価値観がマイナスと思われている現象や価値観を隠蔽してしまう危険性があることを確認した。ウェルフェア・リングイスティクス

からは、教育者のための教育ではなく、学習者にとっての教育や学習が考えられるような空間であることが求められ、何のための教育なのか、その出発点に立ち返ってその活動について考えてみることの重要性を確認することができた。さらに、ヘイトスピーチの研究からは、言語・コミュニケーション教育が構造的暴力に加担することなく、むしろ「あたりまえ」の日常生活に潜む構造的暴力を見抜く力をもたらすべきであることを確認した。

　その複言語主義的空間は、教室であるかもしれない。あるいはコミュニティであるかもしれないし国家であるかもしれない。どんな空間であれ、そこに何らかの暴力的なことが人を苦しめているとしたら、それに対して冷静に、しかし勇気をもって向き合い、改善しようとすることが研究者にも教育者にも求められているのであろう。

参考文献

あべ・やすし（2015）『ことばのバリアフリー――情報保障とコミュニケーションの障害学』生活書院

アモン、ウルリヒ（1992）檜枝・山下（訳）『言語とその地位――ドイツ語の内と外』三元社

ヴァン・デイク、テウン（2006/2011）山下・野呂（訳）「談話に見られる人種差別の否認」『「共生」の内実――批判的社会言語学からの問いかけ』植田晃次・山下仁（編著）187-232、三元社

上野千鶴子（2015）「日本語教育の「き」――東大教授としての経験から」『日本語教育学のデザイン――その地と図を描く』神吉宇一（編著）186-187、凡人社

王一瓊（2018）『外国にルーツを持つ子どもと教師のコミュニケーション――教科内容に関するコミュニケーションの諸相について』（大阪大学言語文化研究科言語文化専攻・修士論文・未発表）

かどやひでのり／あべやすし（編著）（2010）『識字の社会言語学』生活書院

金田一春彦（1988）『日本語　下巻』岩波書店

佐野直子（2016）『社会言語学のまなざし』三元社

角知行（2005）「『日本人の読み書き能力調査』（1948）の再検証」『天理大学学報』56(2), 105-124.

田中克彦（1980）『言葉の差別』財団法人 農山漁村文化協会

中央教育審議会（2016）「幼稚園、小学校、中学校、高等学校及び特別支援学校の学

習指導要領等の改善及び必要な方策等について」

徳川宗賢（1999）「対談　ウェルフェア・リングイスティクスの出発」『社会言語科学』第2巻第1号、89-100.

中沢けい（2015）『アンチヘイト・ダイアローグ』人文書院

野呂香代子／三輪聖（2017）「学習者の日常を取り入れた活動とは？──経験値重視の対話に基づく授業設計」*Japanisch als Fremdsprache*, Vol. 4, 26-43.

ハインリヒ、パトリック／石部尚登「アイデンティティ研究の新展開」『ことばと社会』18号、4-10.

潘寧（2018）『多文化・多言語の背景をもつ生徒たち（CLD生）の人間形成：複数のマイノリティ性の交差から教育支援を考える』（大阪大学言語文化研究科言語文化専攻・博士論文・未発表）

平高史也（2013）「ウエルフェア・リングイスティクスから見た言語教育」『社会言語科学』第16巻第1号、6-21.

ましこ・ひでのり（2001）「言語差別現象論──「言語学の倫理と社会言語学の精神」確立のために」『社会言語学』第1号、3-26.

ましこ・ひでのり（2014）「日本の社会言語学はなにをしてきたのか。どこへいこうとしているのか──「戦後日本の社会言語学」小史」『社会言語学』第14号、1-23.

ましこ・ひでのり（2016）「不思議な社会言語学受容の伝統──「戦後日本の社会言語学」小史・補遺　書評　田中春美・田中幸子編著『よくわかる社会言語学』」『社会言語学』第16号、175-187.

村田和代／森本郁代／野山広（2013）「特集「ウエルフェア・リングイスティクスにつながる実践的言語・コミュニケーション研究」」『社会言語科学』第16巻第1号、1-5.

山下仁（2001/2009）「敬語研究におけるイデオロギー批判」『「正しさ」への問い─批判的社会言語学の試み』野呂香代子・山下仁（編著）51-83、三元社

山下仁（2007）「グローバリゼーションと敬語研究」『ことばと社会』第10号、136-158.

山下仁（2009）「日本の読み書き能力の神話」『社会言語学』第9号、195-211.

山下仁（2014）「社会言語学から見た未来共生学の課題」『未来共生学』第1号、81-107.

山下仁（2016）「日本語圏のポライトネス研究の問題と課題」『インターカルチュラル・コミュニケーション』三牧／村岡／義永／西口／大谷（編著）83-96、くろしお出版

山下仁（近刊）「ヘイトスピーチに関する社会言語学的考察」『断絶のコミュニケーション』高田／山下（編著）、ひつじ書房

吉島茂／大橋理枝（他訳・編）（2004）『外国語教育Ⅱ──外国語の学習、教授、評価

のためのヨーロッパ共通参照枠』朝日出版社

Ammon, Ulrich (1972) „Zur sozialen Funktion der pronominalen Anrede", *Zeitschrift für Literaturwissenschaft und Linguistik* 7: 73-88.
Ammon, Ulrich/Dittmar, Norbert/Mattheier, Klaus J. (eds.)(1987,1988) *Sociolinguistics. An International Handbook of the Science of Language and Society*, 2Bd. Berlin/New York: de Gruyter
Ammon, Ulrich/Dittmar, Norbert/Mattheier, Klaus J./Trudgil, Peter (eds.) (2004, 2005, 2006) *Sociolinguistics. An International Handbook of the Science of Language and Society, 3 Bd. 2. Vollst. Neu bearb. Aufl.* Berlin/New York: de Gruyter
Baberowski, Jörg (2015) *Räume der Gewalt*, Frankfurt am Main: Fischer
Brown, Roger W./Gilman, Albert (1960/1990) "The Pronouns of Power and Solidarity", Giglioli (ed.) *Language and Social Context*, Penguin Books, 252-282.
Fishman, Joshua (1965) "Who speaks what Language to whom and when?" *La Linguistique* 2, 67-88.
Gumperz, John/Levinson, Stephen C.(1996) *Rethinking Linguistic Relativity*, Cambridge: Cambridge University Press
Glück, Helmut (1993) *Metzler Lexikon Sprache*. Stuttgart/Weimar: Metzler
Herrmann, Steffen Kitty/Kuch, Hannes (2007) „Verletzende Worte. Eine Einleitung", Herrmann, Steffen Kitty/Krämer, Sybille/Kuch, Hannes (eds.) (2007) V*erletzende Worte: Die Grammatik sprachlicher Missachtung*. Bielefeld: transcript Verlag
Yamashita, Hitoshi (2010) "Japan's literacy myth and its social functions" Heinrich/Galan (eds.) *Language Life in Japan: Transformations and Prospects (Routledge Contemporary Japan)*, 94-108.
Wunderlich, Dieter (1972) „Zum Status der Soziolinguistik", Wunderlich/Klein (eds.) *Aspekte der Soziolinguistik*, 309-334.

第6章

コミュニケーションスキルを問う
生きづらさを抱える人のためのコミュニケーションワークショップのエスノグラフィー

照山 絢子（筑波大学）・堀口 佐知子（テンプル大学日本校）

1. はじめに

　近年、発達障害という言葉がメディアに取り上げられ、広く社会に知られるようになった。その発達障害の代表格ともされるのが自閉症スペクトラム障害で、コミュニケーションの障害であるとも言われており、空気を読むことが難しい、本音と建前の区別がつけづらい、相手の気持ちを汲むことが苦手、といった特性があることが知られている。発達障害者のコミュニケーションスキルを向上するための場として代表的なものとしては、特に未成年者を対象とした病院や療育施設等でのソーシャルスキルトレーニング（SST）が挙げられる。が、成人を対象とした場は比較的限られていること、また、社会に出てより複雑なコミュニケーションのニーズに応えるようなものが限られていることから、より草の根的なワークショップや自助グループにおいてこうした需要に応えるものが全国でさまざまな形態で実施されている。著者らは、こうした場の一つである、発達障害者を中心とした生きづらさを抱える人々のコミュニケーション能力を向上する目的で行われているワークショップで、2015年に約1年間にわたって「チーム・エスノグラフィー」[1]（第1章参照）のかたちでフィールドワ

1 　本研究は照山が中心となって企画したものであるが、参与観察やインタビューは著者らがそろって実施する時と個々で行う場合とがあった。いずれの場合も、フィールドノートやインタビューデータを共有し、二人で振り返りを

ークを実施した。本章はこのフィールドワークに基づく、コミュニケーションスキルをめぐるエスノグラフィーである。

　コミュニケーションスキルは社会人に必須の能力だといわれるようになって久しい。経団連が毎年行っている「新卒採用に関するアンケート調査」によると、企業が従業員採用にあたって「選考時に重視する能力」として挙げているもののうち、コミュニケーション能力は2004年以降、不動の一位となっている（経団連 2017）。そして、全国16歳以上の男女を対象とした、文化庁による2016年度「国語に関する世論調査」においても、全世代の9割以上が「コミュニケーション能力が重要」と答えている（文化庁 2017）。また、日常生活でも「コミュ力がある」人が周囲の尊敬を集めたり、「自分はコミュ障（コミュニケーション障害）だから」と謙遜をしたりするということが一般的になっている。コミュニケーションスキルの有無は、白か黒か、ゼロか一か、といったはっきりしたものというよりはグラデーションのような段階的な尺度があるものと考えられているが、「コミュ障」という揶揄が示唆するのは、その尺度の悪いほうの最端が病理化され、いわば「健常」という社会的規範からの外れ値とみなされていることである。本章の目的は、このコミュニケーションの障害、あるいは障害としてのコミュニケーションスキルの欠如ということを焦点化し、体得が目指されているコミュニケーションスキルとはいったいどういうものなのか、「コミュニケーションスキルがある」とはどのような状態なのかを照射することである。

　以下、第2節ではまずこのワークショップがどのようなものなのか、その特徴や活動の内容を概観する。第3節では参加者へのインタビューをもとに、参加の経緯やその経験などについて論じていく。第4節ではこのワークショップの代表者と、実際の活動の進行係を担うファシリテーターへのインタビューを重ねながら調査を進めた。

もとに、会の思想や活動の考え方を見ていく。最後に、第2～第4節を通して、このワークショップにおけるコミュニケーションスキルの多義性とそれぞれの関係について、文化人類学の立場から考察する。

なお、本章に登場する人物名はすべて仮名であり、ご本人のプライバシーを保護する目的で、職業や地名なども内容に支障のない範囲で変更している。

2. R会のワークショップ

調査の対象である団体の名前を、便宜上、R会と名付ける。R会は一人の代表者のもとに複数のファシリテーターと呼ばれるワークショップ実施者を擁する形態の組織となっており、成人を対象にコミュニケーションスキルの向上を目指すワークショップ（1回2時間程度のものが多いが、1時間から1日がかりのものまでさまざま）を月に数回実施している。発達障害をはじめとして、「ひきこもり」や対人恐怖などさまざまな理由からコミュニケーションに困難を持つ人に開かれたものだが、実際の参加者は発達障害者が多い。また、支援者や家族なども参加できるが、オブザーバーという形は許されておらず、一参加者として同じように活動に加わらなければならない。ワークショップの中で診断名や立場などを問われることはないため、実際に参加してみると誰が当事者で誰が支援者かはわからない仕組みとなっている。著者らもあらかじめ代表者に許可を得たうえで参加者として参与観察を行い、各ワークショップの後に他の参加者に対して調査をしていることを説明し、許可を得るかたちをとった。

では、典型的なある日のワークショップを描写してみよう。ワークショップは公民館などの公共の施設の部屋を借りて実施される。当日、会場にたどり着くと、ファシリテーターと呼ばれるスタッフの方が先に到着していて、受付をしてくれる。通常500円程度の参加費を支払うと、まずはその場のみで使うニ

ックネームを決めて自分で名札を書くように指示される。「つっちー」とか「たにやん」など本名に基づいていることが察せられるようなニックネームをつけている人もいれば、「チェリー」「ぱるる」など何の関係もなさそうなニックネームをつけている人もいる。それを身に着けると、ルールを説明した紙を配られ、それに署名をする。携帯電話は切っておくこと、途中で体調が悪くなったらいつでも退出できること、ワークショップの中で知りえたほかの人の情報を外部で漏らさないこと等の項目が盛り込まれている。特筆すべきは、個人が特定できるような情報を開示しないこと、参加者同士で連絡先の交換をしないこと、といった項目があることだ。ニックネームを決める点とも関連するが、R会ではワークショップで出会った者同士がその場を超えた関係性を結ぶことを奨励しない。当日集った参加者たちがその場限りの関係性の中でコミュニケーションの練習を行い、それぞれが得たものを持ち帰って現実の社会生活の中で活かしていくことを期待する。このルール設定の意義については後述する。

　部屋の中は、机などが端のほうに寄せられ、中央がオープンスペースになっている。そこには人数分の椅子とホワイトボードが出されている。参加者たちは端のほうの机の上などに荷物や上着を置いて、オープンスペースの椅子に腰かけ、開始を待つ。

　全員がそろったところで、ファシリテーターが「それでははじめましょう」と声をかける。参加人数は少ないときで3名程度、多いときで7-8名程度の小規模なワークショップだ。年齢層も大学生から70代くらいまでとさまざまで、みな、グループを見回して今日コミュニケーションをとることになるメンバーを興味深そうに眺める。ファシリテーターの「アイスブレイクをします」という声かけとともに、比較的簡単なコミュニケーションゲームをいくつか行う。これはR会の中にレパートリーがあり、その日担当しているファシリテーターの裁量でいくつか選択して行う。まずは場をあたためるため、初歩的なものからはじまる。参加者で立ち上がって円をつくり、順に一人ずつ「いま疲れてい

る人」「ドキドキしている人」「ラーメンが食べたい人」などランダムに「〇〇な人」と呼びかけ、あてはまる人は円の中心に向かって一歩前へ出、あてはまらない人は外に向かって一歩下がるように指示される。自分の番がまわってきたら何を言おうかと緊張するが、正解があるようなものでもない。何かユニークなものにしよう、他の人と重ならないようにしようと、考えをめぐらせる楽しさがある。

　何巡かしたところでこのゲームは終わりとなり、次はもう少し難易度の高いものにチャレンジすることになる。「あかさたなで自己紹介」というもので、ファシリテーターが五十音の各行の最初の文字が書かれたカードを用意しており、参加者がそれを順に引いて、そこに書かれた文字の行ではじまる言葉を冒頭に用いて自己紹介を行う。たとえば、「か」を引いたら、「か行」ではじまる言葉を冒頭に、「ケーキが大好きな〇〇です」「金曜日に映画を見に行った〇〇です」といった具合である。思いつかないときは「助け舟をください」というと、他の参加者たちが口々にその行ではじまる言葉を挙げていく。「車！」「毛虫」「ココナッツとか…」こうした助け舟にヒントを得て、みな何とか自己紹介を済ませていく。

　さらに難易度が高いものになると、「まじめにでたらめクイズ」といって、ファシリテーターが投げかける質問に対してできるだけ突拍子もない答えを口々に叫んでいく、というものもある。「赤信号はとまれ、青信号はすすめ、では黄信号は？」とか、「日本で一番高い山は？」といった問いに対して、あえて正解ではなく意外性のある答えを言っていく、というものである。また、一問一答形式のものばかりでなく、ファシリテーターが用意したくじを引き、そこに書かれた人物になりきって自己紹介をしてその人物が誰かを参加者が当てる、といったものもある。

　いずれのゲームにおいても、テンポが重視される。順に答えていくものでも

一人ひとりの回答の合間に参加者全員で2回手拍子をしたり、難しいものの場合はファシリテーターがストップウォッチを片手に「15秒考えてください」などと声をかけたりする。あがってしまってタイミング良く話せない人や言葉が出てこない人がいるときにはファシリテーターが「大丈夫ですよ」などと声をかけて待つが、努力目標として課された時間の中で発言しなければならず、少なからず緊張を強いられる。しかし、実社会におけるコミュニケーションはえてしてタイミングが重要で、皆を笑わせる発言は内容もさることながらその発話のテンポが絶妙であったり、集団での会話においてはそのリズムの中で発言できるかどうかが問われたりする、という意味では、実践を意識したトレーニングであるともいえるかもしれない。

　こうしたアイスブレイクを終えると休憩をはさむ。興味深いことに、休憩中に言葉をかわす参加者は決して多くない。トイレに行ったり、飲み物を飲んだり、携帯電話をみたりと一人で静かに過ごす者が多い。運動系の部活では休憩時間中に体を動かしたりはしないように、あたかも「コミュニケーションという運動」から休憩をとっているようで、あえて話をすることは避けているようにさえ見える。また、この時間中はみなオープンスペースからは遠ざかり、荷物をおいている部屋の端のほうへと移動している。オープンスペースはコミュニケーションの舞台ないし戦場のようで、そこから「降りて」一息ついている、といった具合である。

　休憩時間が終わるとファシリテーターの声かけで、メインである「会話のワークショップ」がはじまる。これは二人一組になって決められたテーマについて5分間のフリートークを皆の前でおこなう、というものである。このとき、会話のポイントをいくつかまとめた模造紙が提示される。「相手に質問をふる」「適切なあいづちを打つ」「3回は話題を変える」といったポイントが書かれた模造紙を見ながら、話者は一人ずつ、自身がどの点に特に注意をしてフリートークに取り組むのかを宣言する。そして二人で前に出ると、ファシリテーター

からテーマを与えられ、話をはじめる。テーマは「夏」「かわいい」「東京」などさまざまだ。たとえば「東京」というテーマであれば、東京に対するイメージの話でも、東京の電車の乗り換えが難しい話でも、東京の中で好きな街の話でもかまわない。話し終えると、ファシリテーターが他の参加者たちに、いまの会話について良かった点を述べるよう促し、順に発言していく。「○○さんが相手の話に何度もうなずいていたのが、しっかり聞いているという様子で良かった」「△△さんのエピソードがどれもおもしろく、話題が豊富だと思った」などといったコメントが出る。特に、あらかじめ当人が宣言した注意点をクリアした会話においては、聞いていた側がその点を褒めるということが多く見受けられる。そして皆で、今のテーマに関してほかにどんな話題の切り口があったか、という可能性についてブレインストーミングをおこなう。「東京はおいしいものがたくさんあるからそういう話題はどうでしょう」「東京のお土産といえば何があるかな？　って考えました」などといった意見が出て、参加者一同でなるほどとうなずく。この「会話のワークショップ」は参加者全員が順に話者になるまで何度かおこなうが、テーマは都度変更される。「さわやか」などといった抽象的なテーマを振られると、話者たちはちょっと困った様子を見せたり、「うーん、難しいなあ」とつぶやいたりするが、多くの場合はどちらかのリードによって5分間の会話をこなしていく。

「会話のワークショップ」を終えると、ファシリテーターが全員に今日のワークショップ全体を振り返っての感想を求めて会を締めくくり、解散となる。荷物をまとめながら、「疲れましたねえ」「ありがとうございました」などと参加者同士で軽く声をかけあうことはあるが、それぞればらばらに帰路につく。互いに名前も住んでいるところも知らない者同士、また会うことはないかもしれない。この場でひとときを共にした仲間ではあるが、それ以上の関係性は結ばない、というR会のルールに忠実に、それぞれの生活へと戻っていくのだ。

アイスブレイクから「会話のワークショップ」までを通してR会のワークシ

ョップに特徴的なのは、振り返りに必ず一定の時間を割くという点にある。一つ一つの活動の終わりに話し手も聞き手も「どう思ったか」と振り返って感想を述べることを促される。その際、ネガティブなフィードバックは控える、ということがルールになっている。例えば「もっとゆっくりしゃべれば良かった」「相手にうまく質問できなかった」といった、否定的な点を挙げるようなコメントは避けなければならない。なぜこのようなルールがあるのかということについてはワークショップの中で明確な説明はなされていないが、一つの理由として批判することは容易ではあるが多くの場合に本人はそれに自覚的であり、あまり生産的な対話を生まない、ということが考えられる。また、もう一つの理由として、R会のワークショップに集っている人々はコミュニケーションに関する失敗体験を嫌というほど重ねてきており、実社会でのそうした経験をなぞらえるよりも、ふだんは指摘されづらい良かった点を挙げることで、自身では気づかなかったようなところに自信を持ったり自己肯定感を高めたりする意義があるのだと考えられる。ここでの話し手による振り返りは、自己反省的なコメントが忌避されるという意味で、第11章（井本・徳永）で取り上げられている感覚や感情への気づきをとおした学びや自己内省のプロセスとしての「ふりかえり」や、第8章（村田）で扱われているエスノグラフィー実践をとおして自己を他者との関係性の中に位置づける振り返りとは異なる位相のものである。一方で、聞き手によるポジティブな振り返りを耳にすることで、自己肯定感の向上につながる新たな気づきを話し手が得るという展開については、他者との対話をとおした意識の変容が促されている点において、第11章（井本・徳永）や第8章（村田）の指摘と通底していると言えよう。

　また、実社会での実生活とは一線を画した場を提供する、というところもR会の特徴の一つだといえる。実生活の中でコミュニケーションに困難を感じ、仕事や家庭生活などで行き詰まりを感じている人々が、ここではそうしたしがらみから自由になって話をすることができる。実名や個人情報を明かさない、という匿名性のルールもこうした場づくりに寄与するものと考えられる。つま

り、ここではたとえ普段の自分では言えないような話をしたり、変なことを言ってしまったりしても、責める者はいないし、陰口を叩く者もいない。既存の社会的紐帯から切り離された、いわば実験室的な場だからこそ、長期的な人間関係という文脈に埋め込まれない、リスクフリーなコミュニケーションを試してみることができるのだと考えられる。このような脱文脈的な人間関係、コミュニケーションというのは自然発生的には成立しない。匿名性のルールと、その遵守を監督するファシリテーターの存在があってはじめて人為的に生成される実験場だといえるだろう。

3. R会の参加者たち

　前節ではR会のワークショップの様子を概観したが、このワークショップに参加している人々はどのような思いで参加をしているのだろうか。著者らは参加者たちにインタビュー調査の協力を呼びかけた。それに応えて別日に喫茶店などで1-2時間程度のインタビューをさせてくださった方たちのお話の中から、いくつかを紹介したい。

3-1. 川田さん

　発達障害の診断が下りてから1年という川田さんは落ち着いた柔らかい雰囲気の男性で、福祉関係の仕事をしている。仕事で、会議の議事録などの書類を作成する機会があるが、そうした作業を締め切りまでにこなすことができず、上司から「チクチク」と催促されると、「できます」などと言ってしまい、結果的に仕事量とそれをこなせないことのストレスで出勤できなくなってしまった。それを直接的な理由として病院にかかり、当初は鬱症状などの診断を得て休職していたが、そうしたことを繰り返すうちに発達障害の診断を得るに至ったという。また、職場環境の苦しさは仕事量とそれをこなすプレッシャーのみ

ではなく、派閥やグループなどの人間関係にもあったのだという。

> 「理由はわからないんですけど、けっこう気の強い女性職員とかに嫌われるタイプなんですね。だけど（自分は）正義感だけは強くて、いじめられてる人が一人いて、守ろうとしたことが一回あって、それが引き金になって少しこっちのほうにも来た時期があったりして。独り言をいう利用者（就労している施設の利用者）を利用して『川田キモイ』って言わせたりとか。そういうグループがあって、いじめに近いようなことをやってた人が中心人物で、4人ぐらいいるんですけど、そこからちょっときつい目にあいました。でもそれで休むってことはなかったですけどね。自分は慣れてるんで。学生時代ずーっとそういう目にあってたんで、そういう意味で抵抗力がついているというか。」

苦しい人間関係に「慣れている」と語る川田さんは、小中学校時代からいじめのない時期はなかったというぐらい、いじめられ続けたという。そのようにいじめを受けるという経験を積み重ねてきたことから人間関係に苦手さを持つようになった、と当初は考えており、人間関係がうまくいかないと、いじめを受けるような環境におかれていた過去や家族のことを恨むところがあったのだという。しかし、発達障害の診断を受けた最近になって少し考え方が変わってきた。人間関係にもともと苦手さがあり、「何か人をイラっとさせるようなものがあったのかな」と考え、それがいじめにつながっていたのではないかと思うようになったのだという。

R会については、診断が下りた後にインターネットで行ける場所を調べて見つけた。

> 「人前で話す練習の場というのがないんです。前に話し方教室っていうのに行ったことがあるんですよ、いろいろ思い悩んで。でもちょっとな

んか違うなって。スピーチ系で皆の前で話すというような。ちょっと自分には合わないような気がして。雑談とか、こういう場（インタビューの場）もそうですけど、憶することなく話せるようになりたい自分がいて。それで対人スキルみたいなものをアップさせたいというのがあったんですけど。他の本人の会（当事者会）だとなかなか…本当に一部の話題、偏った話題。発達障害の方って偏った話題をされる方が…自分もそうなんですけれども（笑）」

　R会の実践の中では実際、プレゼンテーションや講演のように檀上にあがって一方的に話すような活動はほとんどない。あくまでも他者との会話のキャッチボールを重視しているという点で特徴的だといえるだろう。また、発達障害の当事者会は多くの場合、職場や家庭での苦労や医療施設に関する事柄など、暮らしの中で実際に困っていることについてアドバイスを出し合ったり、有益な情報を交換したりするという目的を掲げることが多く、そうした意味でも、与えられたランダムなテーマについての持続的なやりとりを行うR会のような活動はあまり見られない。川田さんに限らず、インタビューに応えてくださった方たちの全員がこのようにいくつかのグループやワークショップを経てR会へとたどり着いており、相対的な視点からR会の実践を捉えていることが印象的であった。

　川田さんはR会で具体的にどのようなものを得ているのだろうか。コミュニケーションスキルという目に見えないものの体得を実感できているのだろうか。尋ねてみると、このような答えが返ってきた。

「R会だと、終わったあと解放感みたいな、出し切った感があって。ちょっと自分が成長したような感じもしなくもないんですよね、まだそんなに回数いっているわけじゃないんですけれども。でもなんとなくあれを続けていくと、対人スキルもあがっていくんじゃないかなという気が

して、そこを期待してるんです。(中略) ああいう場だから失敗できるっていうのも逆にあるので。こういう場面だとこうなるんだなっていう自分の発見もあるし、次はこうしようとか。また人の話を聞いていても参考になるところもあるので。こうしたらいいな、こういうのいいなとか。だから毎回毎回、何かはありますね。」

　ワークショップの中でおこなうさまざまなゲームやフリートークは実際、何かを想像したり連想したり、相手の話を注意深く聞いたり、自身の話題の引き出しを次々とあけていったりと、かなり頭を使う。特にコミュニケーションに苦手さを持っていない著者らでも、参与観察の後はまるで運動したあとのようにぐったりしているほどであった。ファシリテーターがストップウォッチを片手に場を仕切っていることや、緊張感を伴う活動と休憩が交互にあるというメリハリ感が、あたかも運動部の部活動のようでもある。川田さんの言う「続けていくと対人スキルもあがっていくんじゃないかなという気がして」というのは、まさにこうした空気が、厳しい練習を重ねていくことで自然と上達していく運動部との近似性を思わせるからではないだろうか。

3-2. 楠さん

　楠さんは5年ほど前にADHDとアスペルガー症候群（いずれも発達障害の一種）の診断を受けた女性だ。物腰が柔らかく、人あたりのよい雰囲気で、言葉を選びながら丁寧に話す方だという印象を受けた。彼女は診断を受けたあと、インターネットで「発達障害」と検索しているうちにR会のことを見つけたのだという。そのときに少し参加して、「相手のことを思いやりながら積極的にコミュニケーションを展開していく、ということを教わった」が、その後しばらく足が遠のいていた期間があり、昨年仕事を休職したことで時間ができたのをきっかけに再び参加するようになったのだという。

楠さんのコミュニケーションの悩みは、いつも自分が周りに受け入れられているのか、嫌われていないか、常に気にする習慣からきているのだという。そうしたことを考え、逐一相手の反応を伺ったりするうちに、話し出すタイミングを失ったり気まずくなってしまったりして、「こんな自分を人は親しく思ってくれないんじゃないかなと思ってしまって、自分の中でネガティブなことをどんどん考えてしまって、落ち込んでいってしまう」のだという。物腰柔らかく、人あたりの良い話しぶりに見えたものの背景で、楠さんはたくさんのことを考え、注意深く相手の反応を見て、察しながら話していたのだ。著者らとの対話はインタビューの場だったので、楠さんを置きざりにして会話を進めたりすることはもちろんなかったし、どんな失敗があっても彼女の日常の人間関係に支障をきたすようなコミュニケーションではなかったが、普段の同僚や友人とのやりとりの中では特に神経を使っていることが想像された。

　一方で楠さんは、「理想とする人は、明るくて積極的で会話をひっぱっていくような。そういう理想像をいつも追い求めるようになって。そんな自分とかけ離れた人になれるわけでもなく、努力してもそこにいけない自分にまた落ち込んでしまって…」とも話している。彼女が目指しているのは、これまで出会ってきたさまざまな人達の良いところを集めたような人物像だそうで、そういう人にならなければ周囲から認めてもらえないのではないかと感じているのだという。こういった部分を自身でも「完璧なんてありえないんでしょうけど、ついつい完璧を求めてしまうっていうところが（ある）」と話しており、実現不可能なほどの高いハードルを、そうとわかりながら自身に課してしまうことの苦しさを吐露している。楠さんの完璧主義は、インタビューの中でも垣間見ることができた。これまでにかかった病院について話が及んだとき、「いろいろ（病院を）変えていて、わからなくなっちゃうので…」と手帳に丁寧な字で整理されて書かれた一覧を見せてくれた。そのきちんとした記録のつけ方に、筆者らは思わず「おお！」と叫んでしまったほどであった。

R会のワークショップに参加して、こうしたコミュニケーションの苦手さは改善されたのだろうか。R会で得たことについて、楠さんは以下のように話している。

> 「自分ばっかりしゃべらないとか、聞き役になったら自分から質問してみるとか、切り口を少し変えながら話すけれどもテーマに沿った話をするとか、そういうことをすることで、ADHDの特徴なのか、話があっちこっちに行って何を話してるのかわからなくなっちゃうところが、このルールを使うことによって一貫して話をすることができる。自分でもいま何を話してるのかわからなくなるとき、あぁ今は映画について話してるんだなとか。映画の話から主人公の役者のスキャンダルに話がいっちゃって何を話してるのかわからなくなる、というようなことがなくなって。(中略) コミュニケーションをとるのに役に立ってるなっていう。」

　話が横道に逸れていって本筋を見失ってしまうといった特徴は実際にADHDの当事者によくみられるものだ。R会のワークショップのメインイベントである「会話のワークショップ」の際に提示されるいくつかのポイントを意識しながら話すことで、こうした点について改善できているという実感があるようだ。

　ところで、発達障害の診断を受けるきっかけについては、楠さんも川田さん同様、職場でのトラブルが原因であった。公務員として、直接接客を行う窓口業務に従事していたが、特定の客とのやりとりが原因でその客がクレーマーになり、来所するたびに楠さんをつかまえて文句を言うようになったことから、ストレスで病院にかかるようになったという。発達障害との診断を受けてそれを職場に伝えたことがきっかけで、窓口業務からははずしてもらったそうだが、それ以上の配慮というのは特に受けていない。電話に出る、ということは仕事の一環であるとのことだが、あるときの朝礼で上司が「お客様をお待たせ

せずに電話をとるように」と職場全体に対して注意をおこなった。その注意を楠さんは誰よりも重く受け止め、電話の呼び出し音が一度鳴ったらとらなければならないと強く思うようになった。自分の仕事が溜まっているのに電話が鳴ればそれを受け、一度の電話で事務処理を含めて30-40分かかってしまい、またそれが終わってもまたすぐ次の電話に出て、一日中自分の仕事が進まないということがよくあったという。そのことをクリニックのカウンセリングで話すと、「あなたばっかり電話をとることないんじゃないの？他の人もとらないといけないんでしょ。2回に1回にしてみたら？」とカウンセラーにアドバイスをされて納得し、鳴りっぱなしでも我慢をするようにした。すると周囲が「あれ、楠さん、とらないのか…」というような反応を見せて電話をとってくれるようになり、少し気が楽になったという。そうはいっても、やはり日常業務の中でストレスがたまることが多く、最終的には休職に至ったという。

　休職してから、以前に参加していたR会のワークショップに再度足を運ぶようになった楠さんだが、復帰への道は平坦ではなかった。何度か参加しているうちに苦しくなってきたことがあったという。自分はすでに何度も参加しているのに、なぜ未だに緊張してしまうのか、うまく話せないのか、相変わらず話が飛んでしまうのか…と、「思うように進歩していない自分に悲しくなって」しまって、足が遠のいたのだという。そのとき、ファシリテーターに相談したところ、「比べるのは人とではなくて、昨日までの自分とだけよ」「反省はしない」と注意されて、少しポジティブに考えられるようになったという。また、第2節でみてきたように、R会のワークショップではネガティブなフィードバックは行わず、相手のコミュニケーションの長所を褒めるということに力点を置いていることから、「良いところだけを見るっていうことは、人も私の悪いところは見てないんだな、良いところだけを見てくれてるんだなと思ったら安心感も出てきて、気楽にいられるようになったので、それからは毎月通おうと思って」と話している。R会のワークショップを「日常とはちがう緊張の場」と表現し、参加したあとは、丸一日寝ているほど疲れると話す楠さんだが、ワーク

ショップに向かう自身の心の持ちようを変化させ、コミュニケーションスキルの「進歩」というものをめぐる考え方を変えていくこと自体が、彼女にとって一つの挑戦となっている。「自分の中で人とコミュニケーションをとりたいっていう気持ちはあるんですね。で、それができなくてストレスを抱える」とも語っていたのが印象的で、コミュニケーションをうまくとることと同じかそれ以上に、それがうまくとれないこととの折り合いをつけていくための方法を手探りする場が、楠さんにとってのR会であるようだった。

3-3．大澤さん

　大澤さんはR会のワークショップに50回ほど参加しているというベテランの年配男性だ。統合失調症があり、その他に「発達障害の気がある」、という診断を3年ほど前に受けている。シャイで内気な人、という印象で、自身のことを「緊張しやすいところがある、あと空気が読めないところがある」という。「空気が読めない」というのは発達障害の代名詞のように使われることも多いが、具体的にどういうことなのか尋ねてみると、職場でとんちんかんなことを言ってしまったり、相手の反応をよく見ずに愚痴を言い続けて嫌われてしまったりといったことがこれまでにたびたびあったのだそうだ。

　大澤さんは小学校からずっといじめを受けており、これが「後遺症みたいに」なっており、トラウマに苦しんでいる。また、親との関係に難しさがあり、「父親の顔を見ていると、なんで顔をみるんだ、顔を見るなって言われて、下を向いて話してたんですが、R会で顔を見て話しなさいっていわれて、それを何遍もやらされることで顔を見て話しができるようになりました」と話す。こうしたことや、少しずつ会話がつながるようになってきたことを、R会に通いはじめたことによる成果だと、いきいきとした様子で話している。また、丸一日を要するような長時間のワークショップにも参加しているのだが、少し離れた地域で開催されるものに参加することで、旅行気分にもなるのだと話し、R

会が生活の中で張り合いと楽しみを与えるものになっていることがうかがえる。R会に参加するようになった結果について尋ねてみると、大澤さんは「職場とかデイケアとかで味方になる人が増えてきた」「(いじめるような人を) 寄せ付けなくなってきた」と話す。コミュニケーションスキルの向上による直接的な効果なのかはわからないが、大澤さんが自信をつけて前向きになったことと関連しているのかもしれない。長らくいじめのターゲットにされてきたことから解放され、ずいぶん楽になったという。ワークショップの内容については「厳しいです」と言いながらも、やりきれないとかストレスに感じるといった様子は全くなく、「自分の成長が少しずつ感じられます」と話すように、毎週のように積み重ねていくことで効果を実感しているようであった。

　大澤さんは障害者雇用枠で週に4日働いており、週に一度病院のデイケアに参加している。休日など空いた時間の主たる活動としてR会のワークショップへの参加をしている。R会に行かないときは何をしているのかというと、「買い物行ったり、ネット見たり…そんな感じです」という。他にも当事者による講演会や別の自助グループの活動にも参加してみたことがあるが、継続できているのはR会のみだという。R会の催しでは、基本的にネガティブなことを話してはならないというルールがあるが、中には例外的にそういったことを開示できるようなワークショップも（不定期にではあるが）開催されている。そういった場にも積極的に参加している大澤さんは、「個人の悩みをけっこう聞いてくれて、僕の場合だと母親がけっこうきつい人で、そんな悩みを聞いてもらったりして」と、家族との確執について開示をしている。そういったことを他者と共有したとき、R会では「ただ『大変だね』じゃなくて、こうすればいいよって言ってくれるので、プラスの方向に考えられる」と、R会の特徴を指摘する。個人的な悩みを相談すると、通院している病院のデイケアの先生の場合は「慰めてくれることが中心」だが、R会の場合はそれに対する解決法などを提示することでプラスに転換している、学ぶところがある、という点に、両者の違いがあるのだという。つまり、大澤さんはR会に対して、いじめや親との関

係など苦い過去について、心を寄せて欲しいというよりは、その意味を自身の中で組み替えるようなカウンセリング的な効果を期待しているともいえるだろう。

　ところで、大澤さんの語りの中で特に印象的だったのは、「5W1H」というキーワードであった。5W1Hとは、「いつ（when）」「誰が（who）」「どこで（where）」「誰と（with whom）」「なぜ（why）」「どのように（how）」という、コミュニケーションの押さえるべきポイントを示す言葉だが、大澤さんはR会のファシリテーターの一人にこれを教わったのだという。インタビューの中で、R会で学んだ大切なこととして大澤さんはこの5W1Hを呪文のようにたびたび挙げた。先述したようにR会の活動の中ではこうしたコミュニケーションにまつわる概念を参加者に「教える」ということはしないため、おそらくファシリテーターはざっくばらんなフィードバックの中で、コツとしてこれに触れたのだろうと思う。しかし、大澤さんがたびたびこれを出したことには、「かつて知らなかったことを（R会で）知った」という、成長の確かな手ごたえが込められた言葉だからではないだろうか。

4. R会の思想

　前節ではワークショップ参加者の語りを見ていったが、わずか3名でありながら、彼らの経験や背景事情、思いがどれほど多様かということがおわかりいただけたかと思う。これまで人間関係に苦労をしてきた、ということが共通項として挙げられるが、R会に何を求め、どのようにその苦労を意味づけ、R会の活動を通してそれを解消しつつあるか・しようとしているか、というのはまさに十人十色と言って良いだろう。

　一方、R会の組織としての考え方の中には、この実践が何を目指すものなの

か、より明示的な思想がある。以下はあるファシリテーターが、インタビューの中で、「獲得が目指されるコミュニケーションスキルとは何か」と尋ねたときに語ってくれた言葉だ。

> 「一つには社会生活をっていうのはあると思うんですけれども、それだけではないのかなって私は思いますよね。あくまでも就労とか自立支援とかっていう絡みはもちろん売りにはなると思うんですけど、ただそれ以前の、多くの人がないがしろにしている部分っていうんですか。そんなこと言わなくてもわかってるよねっていう部分を掘り起こしていく作業っていうんですかね。だからかなり知的水準は高いと思ってます。そこをやって初めて気づくところってあるし、未だにやって疲れますよね。すごい疲れます（笑）。」

障害者の就労や自立支援といった、目に見える結果につながるコミュニケーションスキルというものは確かにある。企業面接での受け答えについて指導したり、仕事上の「ほうれんそう」（報告・連絡・相談）といったことを実践するためのハウツーを端的に指導したりする団体はある。しかし、R会が参加者に対して期待するのはそうした意味でのコミュニケーションスキルではなく、「それ以前」にある、一般的には「ないがしろにしている部分」なのだという。R会の代表者の山根さんはこれを少し別の表現で説明していた。

> 「スキルの前ですよね。スキルの前が弱い。(中略) いますごくスキル偏重になっていますよね。スキルの前の想像力と創造力がすごく置き去りになっているという。(中略) ビジネスマナーとかは再現可能じゃないですか。45度に（お辞儀して）とか。でもそれやってればコミュニケーションなのか、というとそうではないわけで。あれはかなり、特化しちゃってる。再現可能なところまで構造を積み重ねた末のスキルなので。とはいえ日本はそういう社会的な儀礼が非常に重要な国なので、そこから

入りましょうって言われることは多いし、教える側もそこから入ってもらったほうが、礼儀作法から入ってもらったほうがやりやすくなる。あとはいろんな人たちに使えるっていう意味で。誰でもできるところから入ったほうがみんなも自信になりそうっていう。これなら練習すればできるなーって。そういうのを総称してSST（ソーシャルスキルトレーニング）。それはコミュニケーションじゃない。コミュニケーションとソーシャルスキルは分けたほうがいいような気がします。ソーシャルスキルとしてのコミュニケーションは別枠である気がしますね。社交辞令としてのコミュニケーションという。」

　山根さんは、お辞儀の角度など、マニュアル化できるものを「ソーシャルスキル」と称し、それらについては教える側にとっても容易に伝達可能で教えられる側にとっても体得しやすいものだとしている。ソーシャルスキルトレーニング（SST）とは、実際に発達障害者支援の現場で広く実践されているもので、コミュニケーションに困難のある当事者が社会を渡り歩くために必要な手立てと捉えられている（山本ら 2013）。一方で、そうしたマニュアル化以前にある、形のないもの、そしてそれがゆえに体得しづらいが、他者とつながるということの本質にあるものを「コミュニケーション」と呼び、前者とは区別している。また、R会のワークショップが目指しているのはこの後者の「コミュニケーション」の体得であり、これは創造力・想像力が求められると同時に「ワクワク」する気持ちを呼び起こすものであるとも語っている。しかし、マニュアル化できない「コミュニケーション」する力を鍛えるためには、本人が試行錯誤を繰り返しながら他者との距離感を測り、他者の目に映る自分像と自身とを重ね合わせながら、つながりの糸口を模索しなければならない。これまでの人間関係の中で傷ついた経験を重ねてきたことの多い発達障害者にとって、失敗のリスクに身をゆだねながら試行錯誤をするというのは簡単なことではない。お辞儀の角度のように、失敗しえないマニュアルで世渡りするための身構えを確実に作り上げていくほうがよほど簡単だろうが、それでは他者とつながりな

がら自身を確立するというコミュニケーションの本質にはたどり着けないと山根さんは考える。だからこそ、R会のワークショップのように匿名性が確保された実験的な空間で、コミュニケーションの試行錯誤をおこなっていくことが必要なのだという。

　就労などに直接的に結びつきやすいという意味で、顕在的な結果をもたらしやすいSSTが発達障害者支援の現場で広く実践されている現状を鑑みると、R会の目指すものは、現在のそうした支援業界のありかたに対するアンチテーゼであるという見方もできるだろう。ただ、ワークショップの参加者らにこうしたR会の思想がどれほど意識されているのかはわからない。実際にインタビューの中で山根さんの語りのようなことを明言した参加者はおらず、どちらかといえば過去の挫折や苦労を基点とする各人の文脈の中でR会の活動の意義は見出され、意味づけられていた。彼らの語りの中では、コミュニケーションスキルというものは過去の自分から未来の自分へと変化していくための手がかりであり、その変化を主体的に引き起こすための技術であるとも捉えることができるだろう。

　ところで、筆者らは日本をフィールドとしてきた文化人類学者として、山根さんが「日本はそういう社会的な儀礼が非常に重要な国なので…」と話していたことが興味深く、印象に残った。山根さんはこの場面以外でも、一般的とされているコミュニケーションのとりかたを批判するような文脈でたびたび、「日本では…とされているけれども」というような発言をしている（インタビューだけでなく、ワークショップや講演会などにおいても）。これはどこか特定の他の国と比べて相対的に日本がこうである、という特徴をステレオタイプ的に述べようとしているというよりも（このようなステレオタイプ化の危険性については本書第9章（川村）参照）、「日本において一般的とされるコミュニケーションスタイルは、決して普遍的なものではない」というメッセージのように感じられる。つまり、社会において周縁的存在となりがちな発達障害者の立場から、社会の主流を成す人々のコミュニケーションを脱構築し、自身を縛り付け

る規範に批判的なまなざしを向けることによって、その規範に適応しなければならない自身の尊厳を保とうとするための表現と受け止めることもできるだろう。山根さんの実践は、失敗や試行錯誤を奨励しているという点で言語コミュニケーション教育にしばしばみられる「正しさ」イデオロギーを揺るがすものであり、「人々の幸せにつながる」「社会の役にたつ」「社会の福利に資する」言語・コミュニケーションを目指す「ウェルフェア・リングイスティックス」と通じる志向性を持っている（本書第1章〔佐藤・村田〕、第5章〔山下〕参照）と言えよう。

5. おわりに

文化人類学においては、言葉はそれをかわす人々の社会的立場やそれがかわされる社会的文脈と深いかかわりがあるということが指摘されてきた。古くはMalinowski (1946) が、言葉の意味を規定するものとしてsituation（社会的文脈）とcategorical characterization（社会的立場に基づく特徴付け）を挙げている。つまり、言葉の意味とは、辞書や発話の中に閉じ込められた存在ではなく、こうした文脈に埋め込まれた生きた対話の中で柔軟に解釈され理解される存在だとしている。また、Goffman (1983) は、人と人とのミクロな対面的接触は、よりマクロな社会秩序に基づいてなされるとともにそれを再生産するものであるとしている。すなわち、対面的コミュニケーション（Goffmanにおいてはより広義の接触も含むが）は、その対話者らをとりまく社会の構造とそれらが形成する秩序に対して、相互に形成的作用が働くような「緩やかな結合 (loose coupling)」関係を持っているということである。こうした文化人類学の知見に基づくと、私たちが日常的にとっているコミュニケーションは、どういった状況でどのような相手と向き合っているのかということと無関係ではありえない。

一方、R会のワークショップの大きな特徴として、コミュニケーションの外部にある社会関係を意図的かつ人為的に排除するということがある。第2節でみてきたように、参加者の匿名性を担保しており、そうすることの主たる理由として、第3節でみたように、コミュニケーションに対して臆病になってしまった参加者たちに対し安全な実験場を提供することが可能となることが挙げられている。ただし、むろん、性別や年齢など外見上判別できることの多いcategorical characterizationはそれでも残っており、実際のワークショップ内のやりとりの中ではこうした限られた手がかりに言及する場面も多い（「○○さんはまだ若いから…」「△△さんは関西出身ですよね、関西弁だから…」など）。とはいえ、職業や階層など、相手の社会的立場に関する手がかりが極端に限られていることは確かで、それは同時に、コミュニケーションにおいて慮らなければならない事項が少ないということでもある。高コンテクスト社会（Hall 1976）とされる日本においては、文脈や立場性の中に織り込まれている情報が多く、それが言語コミュニケーションをより抽象的なものにしているとされるが、そうしたものを排したR会のワークショップでは、コミュニケーションは低コンテクストなものにならざるを得ず、より明示的で、誰にでも伝わる言葉や内容を選ぶことにつながっていく。コミュニケーションに大切な態度は相手によって異なり一概に決められないものであり、またコミュニケーション能力も、言語を含めたいろいろな力が組み合わさったもので一概に言えないものだと一般的に理解されているが（文化庁 2017参照）、発達障害を持つ人にとって、文脈や立場性にこまやかな配慮をするというのは時に多大な負担とストレスとなるものであり、その意味ではR会の低コンテクスト性は良い練習の場だといえるだろう。

　しかし、社会的文脈を極力排したところに立ち現れるコミュニケーションとはどういうものか、という問題が残る。状況や立場性に依存的でなく、それがゆえに目的合理的ではなく、そして誰にでも伝わるコミュニケーションとは、ある意味ではそれこそ山根さんが批判していたコミュニケーションの儀礼的側

面を強調するものになるのではないかという気もする。(たとえば、エレベーターに乗り合わせた見知らぬ者同士が話す、あたりさわりのない天気の会話のように。もっとも、これさえもR会のワークショップよりもはるかに多くの文脈が存在しているが。) あるいは、こうした儀礼的なものを先鋭化させていった先に、より普遍的なコミュニケーションスキルというものを見出すこともできるのだろうか。

　R会のファシリテーターたちへのインタビューの中でたびたび出てきたのは、「持ち帰ってもらう」という言葉だった。ワークショップの中で得たものを参加者たちがそれぞれの仕事や暮らしの中に持ち帰って、それぞれに必要な形で生かしていくことが必要なのだということが強調された。そして実際に、第3節でみていったように、参加者たちはさまざまな形でワークショップでの経験を自身の生活に持ち帰り、文脈づけることで、そこから確かに何かを得ているという実感を持っていた。持ち帰られたものは必ずしも狭い意味でのコミュニケーションスキルそのものに限らず、「進歩する」ということに対する気持ちの持ち方、日々の暮らしの中での張り合いや達成感など、さまざまである[2]。R会のワークショップの魅力は、「コミュニケーション」にいくつもの制約と制限を設けてストイックにそれを追求しようとする側面と、それを意味づけ文脈づける参加者側の持つ多義性、創造性・想像性に開かれているという側面との、両方を併せ持つところにこそあるのかもしれない。

　最後になるが、言語コミュニケーション教育研究に対する本研究からの示唆や提案について述べたい。本書の全章を貫く共通テーマである「ことばの教

2　本書第10章（青山）が論じる拡張現実（AR）を活用した教育実践は、教室外の日常に埋め込まれた学びを教室内での英語学習に持ち込もうとする試みであり、R会の実践と逆の方向で教室内と教室外との接続を志向したものであるが、両ケースとも学習者それぞれが学びを様々に意味づけ文脈づけていることが明らかとなっている。

育」に照らして、本章は異色な章だろう。日本国内で、発達障害をはじめとして生きづらさを抱える人々の、コミュニケーションや対人関係スキルに関する研究はこれまでにもなされてきたが、それらは外国語学習者の研究を中核とすることばの教育の学問的系譜とはほとんど交わらず、学校における「国語」教育の現場においてさえ、本書第2章（ましこ）も指摘するように全く別の問題として扱われてきた。しかし、日本語を第一言語としながらも日本語のコミュニケーションに不自由を感じ、日本で生まれ育ちながらも日本社会への適応に困難を抱える人々が、どういった経験をし、どのように排除され、自身の生きづらさとどのように向き合っているのかを明らかにすることは、この社会におけるコミュニケーションというもののありかたの一側面を明らかにすることにつながり、そのプロセスは、マイノリティの視点から主流的「国語教育」イデオロギーの自明性を問うこと（本書第2章〔ましこ〕参照）と通底すると考える。またそれは、外国語として日本語を学習する人々が体得しようとするものを考えていく上でも、重要な示唆を与えるのではないかと思う。

　本章は、R会というある種「守られた・つくられた空間」の中での、現実社会で生かされうるコミュニケーションを志向したワークショップ実践（とその困難）を扱ったが、R会には、「守られた・つくられた」言語コミュニケーション教育空間という点で言語教育における教室という場と共通する側面がある。教室内における言語コミュニケーション教育の有効性を評価する際においても、教室外の実践との接続を検討する必要があろう。関連して、本章では発達障害者が現実生活の中におけるコミュニケーションのつまずきに注目したが、言語学習者が教室外で生活者としてコミュニケーションする際のつまずきに注目することで、言語コミュニケーション教育研究も発展しうるのではないかと考える。そうしたつまずきを解消するにあたって、プレゼンテーションスキルなどといった明示化された言語コミュニケーションスキル以前の、形のない想像・創造やつながり、そして自身の確立としてのコミュニケーション（R会で重視しているもの）に焦点を当てた言語コミュニケーション教育も肝要であろう。

本書第8章（榎本）でも指摘されているように、言語教育の場でディスカッション、ディベート、プレゼンテーションなど、しばしば「教えられるべき」とされるコミュニケーションの内容は、イデオロギー化されたコミュニケーション観を反映したものである。言語を含めた「コミュニケーション・コミュニケーション能力とは何か」という「当たり前を問う」人類学的・社会学的視座を持つことが、言語コミュニケーション教育研究の批判的実践、また言語コミュニケーションを通した社会変革の推進の原動力となるであろう。

参考文献

Erving Goffman (1983). "The Interaction Order: American Sociological Association, 1982 Presidential Address." *American Sociological Review* Vol. 48, No. 1, pp. 1-17

Edward T. Hall (1976). *Beyond Culture*, Michigan: Anchor Books.

経団連（2017）『2017年度　新卒採用に関するアンケート調査結果』https://www.keidanren.or.jp/policy/2017/096.pdf（2018年6月11日アクセス）

文化庁（2017）『平成28年度「国語に関する世論調査」の結果の概要』http://www.bunka.go.jp/tokei_hakusho_shuppan/tokeichosa/kokugo_yoronchosa/pdf/h28_chosa_kekka.pdf（2018年6月11日アクセス）

Bronislaw Malinowski (1946[1923]). "The Problem of Meaning in Primitive Languages," in C.K. Ogden & I. A. Richards (eds), *The Meaning of Meaning: A Study of the Influence of Language upon Thought and of the Science of Symbolism*. Eighth edition, New York: Harcourt, Brace & World, Inc.

山本真也・香美裕子・小椋瑞恵・井澤信三（2013）「高機能広汎性発達障害者に対する就労に関するソーシャルスキルの形成におけるSSTとシミュレーション訓練の効果の検討」特殊教育学研究 51(3), 291-299.

第7章

教室における「授業」と「英語」の非自明性から考える
「英語教育」の再帰的批判と「ことばの教育」の再興

榎本 剛士（大阪大学）

1. はじめに

　日々の生活の中で、我々は「ことば」をどのように使っているだろうか。もし、時と場合に応じてことばを使い分けたり、言われている内容には納得がいっても言い方が気に入らなかったり、子どもが「ことば遣い」を注意されたりする状況を容易に想像することができるならば、それは紛れもなく、社会言語学や言語人類学といった、「社会・文化の中に存在する言語」を研究する学問の知見に依拠せずとも、「ことば」が権力関係やアイデンティティと密接に関わっており、決して世界をありのままに映し出す透明な媒体ではないことを（暗に）知っている、ということである。

　では、もし「ことば」が「権力関係」や「アイデンティティ」と密接に関わっているとするならば、「（学校で）英語を学ぶ」という行為、あるいは「グローバル化が不可逆的に進展する世界において、これからの日本人は英語が使えなければならない」「言語はコミュニケーションのためのツールである」といった考えは、果たして「自明」と言えるだろうか。答えは当然、否である。

　「英語教育」、および「英会話」に潜む「（白色人種の）アメリカ（人）への媚びへつらい」や「植民地主義」、また、国際コミュニケーションにおける「英語支配」は、すでに厳しく批判されている（cf. ラミス 1976; 中村 2004; 大石 1990;

津田 1990)。そして、これらの批判が出た頃から数十年下った「グローバル化」の時代、特に「英語（科）教育」のコンテクストにおいては未だ自明視されがちな「英語」は、国家レヴェルでは経済的な国際競争力向上のための、個人レヴェルでは「新自由主義」が跋扈する社会において自己実現を達成するための「道具（instrument）」「商品（commodity）」の様相を呈しているようである（榎本 2009; 久保田 2015; 仲 2008; Seargeant 2009）[1]。

さて、このような時代、「英語教育を通じた教養教育」という言葉すら虚しく響いてしまいそうなこの時代、学校で英語を教えることに何らかの可能性を見出すことはできるのだろうか。本章の目的（同時に、希望）は、仲（2008）と同じく、この問いに「できる」と答えることである。そのために、本章では、やや遠回りかもしれないが、「教えるべき何か」を直接提示するのではなく、「英語の授業時間中に起きていることは『英語の授業』であり、生徒はそこで『英語』を学んでいる」という大前提に揺さぶりをかける、という途を辿る。より具体的には、「英語の学習」を所与のものとせず、「生徒によって為されていること」に視点を転換し、「英語教育」という枠組みそのものを現場（内部）か

1　これらの「クリティカル」な研究の知見に加え、以下の三つの歴史・社会（学）的視点を本章の基底に据えたい。まず、(1) 言語や言語使用に関わる理論、および言語教授法は、文化的宇宙観（リアリティの所在）、社会構造と相関している、という視点（Koyama 2004, 2005; 綾部 2009）、次に、(2)「日本の『英語教育（エイゴキョウイク）』とは『近代日本』という文化地政学的に特殊な時空間の中で創出された一つの『国民教育』実践のための一種の思想」であり、19世紀初頭に長崎の通詞たちが英語を学び始めた当初から存在した概念ではない、という視点（小林・音在 2009）、そして、(3) 戦後、中学校において「英語」が「事実上の必修科目」となり、それが「自明性」「自律性」を獲得するに至ったことは、様々な社会的・人口的・制度的・政治的要因が複合的に合わさることでもたらされた「偶然の産物」であり、その一方で、英語教育研究者・英語教育関係者は、「現状として必修であること」がいかに正当なことであるかを訴えることに情熱を傾けてきた、という視点である（寺沢 2014）。加えて、「英語（教育）」の「自明性」「自律性」に対する批判自体もまた、批判の対象と同じく、特定の社会・文化的コンテクストに深く根ざした営為であり、本章もその例外ではないことを強調しておきたい。

ら超えていくための契機を提示することによって、「可能性」を指し示すことを試みたい。

2. 実際に使われることばの流動性とコミュニケーションの多層性を見据える

　上に示した通り、本章では「英語の学習」から「生徒によって為されていること」へ視点を転換する形で「大前提」をリセットし、「英語教育」という枠組み（思考様式）そのものを現場（内部）から超えていくための契機を示すことを目指す。そのために、「ジャンル」「脱／再コンテクスト化」「スケール」という三つの「コミュニケーション」にまつわる概念を援用する[2]。

2-1.「ジャンル」概念を通じた「授業」と「授業時間中に起きていること」の区別

　ロシアの言語哲学者・文芸批評家であるミハイル・バフチンによると、そもそも「言語」とは、抽象的に存在しているのではなく、具体的な発話によって実現されるものである。そして、具体的な発話は常に、社会のさまざまな活動分野において生起するのみならず、他の具体的な発話との「連鎖」の中にある（Bakhtin 1986: 60, 63, 94）。それゆえ、具体的な発話は、(1) 発話の内容、(2) 語彙や表現、文法的資源の選択（スタイル）、(3) 発話の配置の構造を通じて、各活動分野における特殊な状況や活動の目的を映し出す。さらに、そのような発話は確かに一回的で個別のものであるのだが、それぞれのコミュニケーションの領域では、特有の「比較的安定した発話の型」が発達していく。このような「型」が、バフチンによって「ジャンル」と呼ばれるものである（Bakhtin 1986:

2　本章の基盤となっている言語人類学のコミュニケーション論、およびその鍵概念については、小山（2008, 2012）、Ahearn（2016）、Hanks（1996）、Wortham & Reyes（2015）などを参照されたい。

60)。

　バフチンは、演説、宣伝（プロパガンダ）、新聞・報道、大衆 (low) 文学、芸術性の高い (high) 文学をジャンルの具体例として挙げているが、それらと絡み合う職業として、弁護士、医師、実業家、政治家、教師を挙げている (Bakhtin 1981: 288-289)。ジャンルは、イデオロギーを前提とした様々な社会的領域と結びつき、言語（使用）は「ジャンル」と、職業は「ジャンル化された言語使用」と結びつくことを通じて、社会的な階層や序列をコミュニケーションの場にもたらすことになる。

　ここから、二つの点に着目しつつ、「授業」に迫っていきたい。まず、「授業」をジャンルとして捉えた場合、「授業」は「演説」「裁判」「診療」「ビジネス交渉」などの他のジャンルと併置されるような、社会における特定の活動領域と結びついた一つの「型」である、と理解することができる。この「型」は典型的に、科目内容に関する発話、です・ます調の（やや形式的な）話し方、IRE（I＝教師の主導（的質問）、R＝生徒の応答、E＝教師の評価）(McHoul 1978; Mehan 1979) と協働的な発話の配置、その他の文化的なパターンによって特徴づけられるものであろう (cf. Cazden 2001)。

　ここで見落としてはならないことは、ジャンルとしての「授業」（＝型）と「授業時間中に起きていること」（＝出来事）は、同じ次元に属する事象ではない、ということである。このことは、チャイムが鳴ると誰に指示されるでもなく生徒が静かになっていく場面や、実際の授業が多様な発話に満ちあふれていることを想起すれば、容易に理解できる。前者の場合、「休み時間」と「授業時間」とを区別する合図（＝チャイム）を通じて、「授業」というジャンルが強く喚起され、そのことが「今・ここで起きていることは『授業』である」という解釈を生み出し、さらに、そのような解釈が「話をやめる」「声の音量を落とす」などの具体的な行為・実践を帰結としてもたらした、と理解できる (cf. Hanks 1987)。また、後者について、授業中の教師が生徒のどのような発話により多く・丁寧に対応するか、教師が授業を反省する際に教師・生徒のどのような発話がより焦点化され（思い出され）やすいか、また、授業中のどのような

発話が教師による「無視」「受け流し」「注意」の対象となりやすいか、を考えてみれば、授業内容に関する教師の質問やそれに対する生徒の反応はより「関連がある」発話として、逆に、「早く授業終わらないかな」「今日のお弁当、何持って来た？」といった生徒の発話はより「関連がない」発話として、分類される可能性が高いことが推測できる。このことは、「ジャンル」が多くの具体的な発話や行為の中から特定の発話（および、行為）を「関連があるもの」「適切なもの」として、また、別の発話や行為を「関連がないもの」「不適切なもの」として振り分けるフィルターのように働く、「コミュニケーションについてのモデル（表象）」であることを示している。すなわち、我々が社会・文化的な現実を認識・概念化する際の基盤的なユニットとなっている「ジャンル」は、それにより良く合致する発話や行為と、そうでない発話や行為とを区別する機能を果たすがゆえに、その場で実際に起きていることとは異なる次元（メタ・レヴェル）に属し、両者は必ずしも一対一対応しない。

　さらに、上記と関連した、実際のコミュニケーション（の連鎖）における「ジャンル」のもう一つの特徴は、それが共起・後続するコミュニケーションを通じて多層的に塗り重ねられたり、打ち消されたりすることである。「どっきり」を例に考えると、「どっきり」では普通、騙され役と仕掛け役がおり、通常、騙され役と仕掛け役は、「喧嘩」など、「どっきり」とは別のジャンルの行為に（も）従事する。そして、騙され役よりも仕掛け役（および、それを安全な場所で楽しむ第三者）の方が「今・ここ」で起きていることを解釈するための枠組みを（少なくとも）一層、多く持っており、このような「層」の差異とその最終的な解消が「どっきり」の楽しみ・効果を生み出している。

　しかし、例えば、「どっきり」として枠づけられた（後に「どっきり」として上塗りされるはずの）「喧嘩」中、何らかの弾みで仕掛け役が騙され役に大怪我を負わせてしまい、それが「ニュース」に、さらには「裁判沙汰」にまで発展してしまったとする。「どっきり」が成功すればその場で無罪放免となり、恐らく参加者全員の（さらなる）連帯感をもたらすはずでもあった特定の行為・出来事が、そこでは「（傷害）事件」となり、参加者間の関係・アイデン

ティティも、「騙され役と仕掛け役（の友人たち）」から「常識を欠いた、度が過ぎた行為に従事した者（たち）」、「被害者と加害者」、「原告と被告」、「証人」といった形で変化することが考えられる。

　このように、「ジャンル」は、その場で起きていることと必ずしも一対一対応しないだけでなく、実際のコミュニケーションの連鎖においては、「変容」や「上塗り」を被る可能性を含むものでもある。当然、「再ジャンル化」が起これば、コミュニケーションへの参加の枠組み、同じ出来事に対する解釈のしかたも変わる (Bauman & Briggs 1990; Briggs & Bauman 1995 [1992])。ここまでに示してきた「ジャンル」の理解に基づけば、「英語の授業時間中に起きていることは『英語の授業』である」という理解は、教室で起きていることに関する整合的な解釈の一つに過ぎず、また、「授業」というジャンルの枠組みの中で起きた特定の出来事も、「再ジャンル化」を通じて全く異なる解釈を被る可能性がある、と結論づけられる。

2-2.「脱／再コンテクスト化」と「スケール」

　前項では、「ジャンル」という概念を導入することによって、「授業」と「授業時間中に起きていること」とを区別し、両者間の一対一対応が自明ではないことを示した。また、実際のコミュニケーションの連鎖においては「変容」や「上塗り」を被る可能性を含んでいる、という「ジャンル」の特徴も確認した。これらを踏まえて、続く本項では、そのような「変容」や「上塗り」に大きく関わる要素としての「脱／再コンテクスト化」と「スケール」を導入する。

　まず、「脱／再コンテクスト化」とは、あるコミュニケーションの一定の局面が特定のコンテクストから取り出され（脱コンテクスト化）、別のコンテクストに埋め込まれる（再コンテクスト化）、相互に結びついた（つまり、一方が起これば他方も起こる）プロセスのことである (Bauman 1996)。「脱／再コンテクスト化」は、あるコミュニケーションの特定の局面が別のコミュニケーションにも現れる過程を照らし出すと同時に、「喧嘩」⇄「どっきり」⇄「ニュ

ース」⇄「裁判」のような「再ジャンル化」のプロセスと強く結びついた概念でもあるため、コミュニケーションの連鎖・循環・変容のあり様を捉えるのに極めて適した概念である。

　そして、「脱／再コンテクスト化」とともに援用したい概念が、「スケール」である。Blommaert（2010）によれば、「グローバル化」の時代における「移動」「流動」の社会言語学は、「一定の場所に留まる言語（language-in-place）」のみならず、「交叉する様々な時間的・空間的フレームを伴う、動きの中の言語（language-in-motion）」に焦点を当てる。ここで言われている「時間的・空間的フレーム」が「スケール」と呼ばれるもので、それは（階）層を成す（layered）異なるレヴェルによって編成されているとともに、コミュニケーションの特定の局面に関する実際の理解・解釈が及ぶ範囲を定める（Blommaert 2015）。以下、Blommaert（2010: 35）から、「スケール」、および「スケールの飛び移り（scale-jumping）」の例を示す（カッコ内は筆者意訳）。

> S: I'll start my dissertation with a chapter reporting on my fieldwork.
> 　（フィールドワークに関する章から博士論文を始めようと思います。）
> T: We start our dissertation with a literature review chapter here.
> 　（ここでは先行研究のレヴューの章から博士論文を始めます。／博士論文というのは、先行研究のレヴューの章から始めるものです。）

　Sは博士課程の大学院生、Tはその指導教員である。この例において、TはSの発話を通じて喚起された「ローカル」な個人的スケールから、「超ローカル（translocal）」なアカデミック・コミュニティのスケールに飛び移り、「今・ここ」を超越した、より広範で規範的な正統性を持つ実践のスケールを喚起している。また、"X start one's dissertation with Y" という形式が、Sの発話から「脱コンテクスト化」され、スケール・レヴェルの異なるTの発話に「再コンテクスト化」されていることにも注意したい。このことを通じて、「フィールドワークに関する章から博士論文を始める」というSの「個人的」な計画は、

表1　「スケール」の軸　　　　　　　　　　　　（Blommaert, 2010: 35, 拙訳）

「下」のスケール (Lower scale)	「上」のスケール (Higher scale)
瞬間的 (Momentary)	非（超）時間的 (Timeless)
ローカル、状況的 (Local, situated)	超ローカル、広範 (Translocal, widespread)
個人的、個別的 (Personal, individual)	非個人的、集団的 (Impersonal, collective)
高いコンテクスト依存性 (Contextualized)	低いコンテクスト依存性 (Decontextualized)
主観的 (Subjective)	客観的 (Objective)
特定的 (Specific)	一般的、範疇的 (General, categorical)
トークン (Token)	タイプ (Type)
（一）個人 (Individual)	役割 (Role)
多様性、変異・変種 (Diversity, variation)	均一性、同質性 (Uniformity, homogeneity)

　S・T両者が属する「アカデミック・コミュニティ」の一般的な規範（作法）によってその適切さを測られ、結果、「先行研究のレヴューの章から博士論文を始める」という形に変容する。Tによるこのような「スケールの飛び移り」は、階層化されたシステムの中で為された、「優位性」「権力性」という効果を伴う「上方向」への動きとして解釈することができる。このような「飛び移り」には、「個人」から「制度的な役割」へ、「個別のケース」から「一般的規範」へ、といった複数の軸における変容が伴うとされる（**表1**）。

　以上、本節では、まず「ジャンル」という概念を導入することによって、「授業」と「授業時間中に起きていること」との間の一対一対応が自明ではない、という理解を得ると同時に、実際のコミュニケーションの連鎖における「再ジャンル化」を通じた「変容」や「上塗り」の可能性を視野に収めた。さらに、「脱／再コンテクスト化」と「スケール」を援用することで、あるコミュニケーションの特定の局面が別のコミュニケーションに（も）現れるプロセス、および、それが起こる際に生じる階層化（の変容）を照射する枠組みを整備した。

　これらの概念を組み合わせ、次節では、英語の授業時間中、どのようなコミュニケーションを通じて、どのような異なる形を纏いつつ、そして、どのような階層化を伴いながら、「英語」が教室を巡るか、その動態を見据える。さ

らにそこから、「英語の授業時間中に起きていることは『英語の授業』であり、生徒はそこで『英語』を学んでいる」という「英語教育」の大前提に強い揺さぶりをかけることで、「英語教育」の再帰的批判を基盤とする「ことばの教育」の再興に向けた契機を提示したい。

3. 教室を巡る「英語」：その動態と可能性

　前節で導入した枠組みを基に、本節では、埼玉県のある公立高等学校で「英会話」の選択科目を履修していた3名の3年生男子生徒、Kenta、Taro、Naohito（仮名、以下同様）を主要参加者とするコミュニケーションを分析し、議論を展開する。この3名は、（少しふざけたりしながら）授業を盛り上げる役を年度（2009年度）当初から演じており、そのような彼らの役回りは、この授業を履修する14名の3年生女子生徒、また担当教諭（高頭先生）によっても承認されているようであった。以下に示すのは、2学期2回目の授業で行われた、2学期から新たに着任した外国語指導助手、Mr. Loper（白人男性、米国・カリフォルニア州出身、年齢30歳前後、長身、筋骨隆々、整髪料で固めた短髪、低く響き渡る声）にグループで質問をするアクティヴィティでの出来事である。なお、「-」がついている部分は、Kenta、Taro、Naohito の間でのみ共有されていると思われるやりとりである[3]。

3-1. せめぎ合う「スケール」、変容する「指導」

　Mr. Loper にグループで質問をするアクティヴィティは、2学期1回目と2回目の授業にわたって行われた。1回目の授業では、グループで質問を考える時間が設けられ、いくつかのグループが口頭での質問を終えた。2回目の授業で

3　本章では、榎本（2017）で提示した分析に新たなデータを加えて議論を展開する。

は、(時間の都合上) 1回目の授業で質問ができなかったグループが質問をすることになったが、以下に提示するのは、男子3名グループの一人、Naohitoが質問した際のやりとりである。

25	Naohito:	[起立する] Yeah, I'm Naohito, yeah, yeah.
26	ML:	Not "yeah, yeah." I'm Noahito.
27	Naohito:	Yeah. Where do you live in Japan? [Mr. Loperを右手で指さす]
28	ML:	I live… [Naohitoゆっくりと指を上 (天井の方) に向ける]
29	T:	No, not pointing. Not pointing. That's not polite. Okay? [高頭先生が歩み寄り、両手でNaohitoの手を降ろさせる] [クラスざわつく]
30	ML:	Yeah. In the United States, you can lose your life for pointing at somebody.
31	T:	Okay.
32	ML:	You have to…Naohito, you have to learn in my country, pointing is very [rude. And
33	Naohito:	[Yes. I'm sorry.
34	ML:	No, no, that's fine. No, it's, that is quite all right. But in my country, many people have a gun.
35	T:	Yeah.
36	ML:	So when you do rude things, sometimes people just break, and [銃を撃つ仕草] life is over. So you have to be…No, I'm very serious. It's, it's dangerous sometimes so you have to really watch what you do to people. Like when you drive the car, you have to be very safe and stuff. There's many instances where there's big big problems. All righty, what was your question again, please?

37　Naohito:　　[1回目よりも小さな声で] Yeah. Where do you live in Japan?

　　　　　-9　Naohito & Taro:　「まじぶっ殺される」「『家でチャカ持ってんぞ』って」

　起立して自分の名前を言う際、"yeah" を繰り返した Naohito は、Mr. Loper から注意を受けた。しかし、彼はそこで怯まず、Mr. Loper を右手で指さして "Where do you live in Japan?" と質問するや、すかさず、Mr. Loper に向けた指先をゆっくりと天井に向けていく。これを見ていた高頭先生は、"That's not polite" と言いながら Naohito に歩み寄り、天井を指したままの彼の手をとって、降ろさせる。

　ここでは、年度開始当初から「授業の盛り上げ役」を演じていた Naohito と新任（新参者）の Mr. Loper との間で、「スケールの綱引き」とでも呼べる事象が観察できる。"Yeah, yeah" とふざけた Naohito への注意を通じて、Mr. Loper は「授業」という「上」のスケールへ飛び移ったように見える。これに対し、Naohito は、「上方向」に動いたスケールに完全には乗らず、「Mr. Loper を指さす」という行為を通じて、再び「下」のスケールへ飛び移る動きを見せる。ところが、そのような振舞いの危険性を察知したと思われる Naohito はすぐさま、「指さし」の方向を Mr. Loper から天井の方に変えていく。この「方向転換」を通じて、Naohito は Mr. Loper によって引き上げられたスケールへの同調を示しているようである。しかし、それが完全な同調でないことは、彼が高頭先生の注意をすぐに聞かず、天井を指したその手をなかなか降ろそうとしないことによって指し示されている。高頭先生が両手で Naohito の手をとり、ようやく彼の手を降ろさせたところで、その後に続くのが、「外国（アメリカ）」の社会に関する Mr. Loper からの「指導」である。

　Mr. Loper は、「アメリカでは、人を指さすことはとても無礼で、もし相手が銃を持っていたら、急にキレて撃たれてしまうことがあるかもしれない。とても危険な場合があるから、他人に対する行動には気をつけなければならない」

とNaohitoに英語で指導する。指導を受けて、Naohitoは"I'm sorry"と言って引き下がり、質問を聞き直す時には、一度目よりもかなり声が小さくなってしまった。

　質問と答えのやりとりが終わり、着席したNaohitoは、隣に座っているTaroと何かを話すのだが、録音を聴取できた範囲では、「まじぶっ殺される」「『家でチャカ持ってんぞ』って」などと、Mr. Loperのアメリカに関する「指導」が脱コンテクスト化され、自らの行動に対する「警告」に変容している（再コンテクスト化）。換言すれば、Mr. Loperによるアメリカ社会に関する「指導」の内容は、そのまま受容されるのではなく、再び「下」のスケールで、「盛り上げ役」という彼らのアイデンティティを通じて、再解釈されていると考えられる。

3-2．同じ言及指示的テクスト、異なる現実？

　続いて、3名による質問の後に「ボーナス質問」としてKentaが提示した"Do you have a girlfriend?"にまつわるやりとりを見てみよう。

38	ML:	All righty, Kenta, how about another one for you?
39	T:	Bonus questions. Do you have bonus questions?
	-10　Kenta:	[TaroとNaohitoに] ボーナス・クエスチョンさっき言ったよね。
	[Mr. Loperと高頭先生、Kentaに歩み寄る]	
	-11　Naohito:	いけ、いけ。
	-12　Taro:	いけ。
	-13　Naohito:	お前がいけ。お前がいくんだ。お前がいくんだ。
	[Mr. Loperが質問を書いた紙をとり上げ、高頭先生も覗く]	
40	ML:	They've only asked three. One, two, three, four, five, they got

five, six. They have six questions and they only asked three. [Mr. Loper のみ立ち去る]

-14　Naohito:　いけ。お前がいくんだ。[笑う]お前がいくんだ。

-15　Taro:　[笑う]

41　T:　[Kenta へ、リストをみながら小声で] Don't ask this question (= "Do you have a girlfriend?"). So…

-16　Naohito:　お前がいくんだ。

42　T:　[笑いながら] Don't ask this question.

-17　Naohito:　Where、where、where のやつだよ、where のやつ。

43　ML:　[再び Kenta に歩み寄りながら] That's fine. They can ask whatever they want.

-18　Naohito:　Where のやつだよ。

44　T:　[笑いながら] Really?

45　ML:　No problem.

-19　Naohito:　Where のやつだ。お前がいくんだ。

46　T:　Really.

47　ML:　No problem. Anything you want. This is…

48　T:　Okay. [Mr. Loper & 高頭Tグループから離れて再び教室前方へ] Okay. Go ahead.

49　Kenta:　Do you have a girlfriend?

-20　Naohito:　ちがうやろー。

50　ML:　Yes, I do.

-21　Naohito:　ちがうやろー。

51　Kenta:　Oh. Who? [Kenta 振り返って Taro と Naohito に何かを確認する]

52　ML:　What's… Her name is Kenta.

[クラス一部笑う]

-22	Naohito:	ちがうだろ。Where、where の [聞取不能]
-23	Taro:	これやゆうてんねーん。
-24	Naohito:	[聞取不能] もう、むかつく。
-25	Taro:	わかってない。

　まず、上記の一連のやりとりについて、男子3名のみによって共有されているやりとり（「-」部分）を抜きにしても、「授業」という「ジャンル化」を被ったコミュニケーションとして整合性を有する解釈を導出することができる。そこでは、Mr. Loperの「どんな質問でもよい」という言葉と高頭先生による承認を受け、Kentaが"Do you have a girlfriend?"という「ボーナス質問」を尋ねる。しかし、この授業の直前に開催された文化祭でKentaが女装していたことを前提としてMr. Loperがこの質問に答えた結果、質問したKenta自身に"girlfriend"のアイデンティティが降りかかっていることが見て取れる。

　ところが、前項同様、別のスケール・レヴェルでは、極めて異なる「解釈」が起きている。質問をする際に注意を受けたNaohito（前項参照）は、意気消沈したためか、「お前が行くんだ」を繰り返しながら、質問者の役割をKentaに振ろうとしている。彼はまた、"Do you have a girlfriend?"ではなく、「Whereのやつ（"Where does your name come from?"）」を聞くよう、執拗に促すが、Kentaは"Do you have a girlfriend?"と（うっかり）聞いてしまった。もちろん、「注意を受けた盛り上げ役」としての彼らの視点から見れば、これは重大な間違い（ミス）であると推測できる。

　その証拠に、NaohitoとTaroは、「ちがうやろー」「これやゆうてんねーん」「むかつく」「わかってない」などと、かなりあからさまな表現で、Kentaの行為に対する批判的なコメントを行っている。1学期に彼らの外国語指導助手であった英国ウェールズ出身のCathy先生は、小柄で物腰が柔らかく、おっとりした性格の女性であった。2学期、Cathy先生とは対照的なMr. Loperが着任したことで、この3名の男子はクラス内での振舞いや役割を調整せざるを得ない状況

第7章　教室における「授業」と「英語」の非自明性から考える　159

にあったと思われる。そのような中、"Do you have a girlfriend?"と質問するKentaの行為は、NaohitoとTaroによって「調整を妨げるもの」として理解され、結果、（集団の利益に反する行為を行う）「わかっていない者」というアイデンティティがKentaに付与された（cf. Wortham 2006）。

"Do you have a girlfriend?"の言及指示的意味（「彼女いますか？」）、また、「質問」が為されていることそのものについては、確かに一定性を認めることができる。しかし、特定の質問をすることに対する実際の解釈（すなわち、授業のアクティヴィティにおける「ボーナス質問」か、クラスにおける自らのキャラ・位置づけの「調整」か）やその効果が及ぶ範囲は、Kentaが質問した「授業」のスケールと、Kentaをそこに送り出す（「お前が行くんだ」という指示がNaohitoによって為された）「盛り上げ役」のスケールとで、明らかに、大きく、異なっている。

3-3. スケールを跨いだ「コンテクスト批判」の萌芽

Kentaによる（間違った）「ボーナス質問」の後、彼らはもう一つのボーナス質問をすることを認められる。ここで、彼らはあらためて「whereのやつ（名前の由来）」を聞くことになるが、Mr. Loperに促されてもなお、Naohitoは、先と同じく「いってこい」と言いながらKentaに「質問役」を振る。

53	ML:	Why don't you have Naohito ask?
	-26	Naohito: ［小声で］やだやだやだやだやだ。
54	ML:	Please, Naohito, please don't make Kenta do all the work.
	-27	Naohito: いってこい。
	-28	Taro: ［笑う］
	-29	Naohito: いってこい。
55	Kenta:	Where does your name come from?
56	ML:	My name comes from the Book of Mormon. It's a religious

		book that we have in our country, and my parents saw it in this book, so my name comes from the Book of Mormon. It's a religious name.
57	Kenta:	おお。
58	T:	Is it Bible?
59	ML:	The, it's like the Bible, but this religion, which is called the Mormon religion,
60	T:	Oh, I see.
61	ML:	they have their own book, and they call it the Book of Mormon, and my name is in this thing.

「名前の由来は何か」という彼らの質問に対するMr. Loperの答えは、「モルモン書」であった。高頭先生が「それは聖書か」と尋ねると、Mr. Loperは「そのようなものだが、モルモン教には『モルモン書』と呼ばれる独自の聖典がある」と説明を付け加えた。

　ボーナスを含む男子生徒3名の質問が終わると、質問に対するMr. Loperの答えを理解できたかどうか、クラス全体に対して確認の質問が出された。以下は、Mr. Loperの名前の由来に関する確認質問をめぐるやりとりである。

62	T:	Where does Mr. Loper's name come from? Might be difficult?		
		-30	Naohito:	バイブル [聞取不能]
		-31	Taro:	バイブル？
63	T:	Taro?
64	ML:	Taro.
65	Taro:	Yes. I'm Taro. His name comes from バ、Bible.
66	ML:	That is incorrect.
67	T:	Okay. [笑う] A kind of Bible.
68	ML:	But I said, I told you where it came from exactly. You gotta

understand, with religion, if you confuse two religions, one religion gets very upset versus the other religion. Like, if you confuse, if you confuse Muslim people with Jewish people, even though they live in the same area, and they speak the same language, they get very angry. That's why we have war [聞取不能] the country. So, no, my name does not come from the Bible.

-32 　[Mr. Loperの説明の間、Naohito笑う]

69　T:　　Okay. Would you write the name of the book?
70　ML:　It's the Book of Mormon.

　質問をしたグループのメンバーでもあるTaroの「バイブル」という答えに対し、Mr. Loperは、それが「間違い（incorrect）」であることをきっぱりと告げる。高頭先生は、Taroの答えが完全に間違ってはいないかもしれないことを仄めかすが、Mr. Loperは宗教を混同することについて注意を喚起し、Taroの答えは「誤答」として扱われることとなった。

　Mr. Loperの説明中、Naohitoが終始笑っていたことは、注目に値する。その明確な理由は定かではないが、「授業のアクティヴィティ」においてTaroの（恐らく、彼らにとっては「正解」として扱われてもよい）答えが厳格に「誤り」として扱われたことの滑稽さに対する笑いであったのかもしれない。この「誤答」により、黒板に書かれていた彼らのグループの「ポイント」が（さらに）減点となったことをうけ、Naohitoは、「あんなだめなチーム、ある？」と呟く。また、これよりも前の確認質問中、TaroとNaohitoは、彼らの行動を振り返りながら、「（自分の方がMr. Loperに）覚えられてる」「俺が一番嫌われてる」「俺だよ」「指さしたんだよ、俺。チャカ持ってたらぶっ殺すぞっ、つって（Naohito）」「お前は好かれてる。俺だよ。ニヤニヤ笑ってるから（Taro）」などと、どちらがMr. Loperにより悪い印象を与えたかを比較するコミュニケーションにも従事していた。このようなやりとりの連鎖の中、上記の確認質問の後、

"What is Mormon?" という疑問がNaohitoの口から発せられたが、Taroが「言ったじゃん、さっき」「聞かない方がいい」と促し、結局、この質問は彼らのスケール内で自ら却下されてしまった。

3-4.「今・ここ」で展開するメタ・コミュニケーション、「英語教育」の再帰的批判、そして「ことばの教育」の再興

　以上、本節では、新たに着任したMr. Loperにグループで質問をするアクティヴィティにおいて展開した、3名の男子生徒（Kenta、Taro、Naohito）を主要な参加者とするコミュニケーションに着目した。

　彼ら3名のみに共有されているやりとりも含めて見た場合、「英語の授業時間中に起きていることは『英語の授業』であり、生徒はそこで『英語』を学んでいる」という見方は、彼らが「英語を使って行っていること」を極めて部分的にしか照射できないことは明白である。彼らは、英語学習者である前に、特定の科目に対して特定の重みづけを行い、それに基づいて授業への参加のしかた・教室での振舞い・教師に対する言動を「英語を（も）使って」調整する（極めて高いコミュニケーション能力を持った）社会言語実践者である。このことを認識し、「英語をどのように学んでいるか」から「英語を使って何が為されているか」に問いの機軸をずらすことで得られるのは、コミュニケーションの展開を通じて変容するアイデンティティ・権力関係に生徒がいかに巻き込まれ、それをいかに「やり繰り」しようとしているか、そして、そのような実践に「英語」も含む「ことば」がどのように関わっているか、に対する視座である（cf. Rampton 2006; Wortham 2006）。

　前項で示した通り、教室において、「英語」は、「授業」という「ジャンル化」された言語使用、および複数のコミュニケーションの「スケール」に媒介されて、生徒の間を巡っていると考えられる。その際、英語による特定の言及指示行為の意味、つまり、「英語で何かを言うこと」の意味は、Kentaが「わかってない」者になってしまったように、また、Mr. Loperの「指導」が「警告」に、「（真剣な）注意」が「（やや滑稽な）固執（？）」に変容したように、様々に解

釈される。このような理解に基づけば、「生徒が教室で学んでいる対象」としての「英語」なるものを、コミュニケーションの影響を全く受けない実体として措定すること自体が、そもそも困難となろう。

　上述の通り、「英語」は教えられる（あるいは、押し付けられる）対象（実体）として、コミュニケーションに先立って存在しているのでもなければ、その「言及指示内容（言われていること）」のみがそのまま生徒の頭の中 (mind) に内面化される訳でもない。「英語」は、様々に解釈される行為・実践に包まれた形で、そして、教室に存在する複数のスケール・レヴェルに跨るコミュニケーションを通じて、教室内・生徒の間を巡る。よって、「英語の授業時間中に起きていることは『英語の授業』であり、生徒はそこで『英語』を学んでいる」という理解は、授業時間中に起きていることを観察した際に最も前提可能性が高い要素を組み合わせることで生まれる（そこに実際に「ある」と誤認される）「イデオロギー」であり、そのような理解（そこに実際に「ある」と誤認されたもの）を前提として為される批判もまた、イデオロギーに過ぎない (cf. Eagleton 1991)、と考える方がより妥当であろう。

　さらに、「コミュニケーション」を標榜する英語教育において、本節で示したような、教室で生徒が従事する極めて技巧に富んだコミュニケーションはどれほど考慮されているのか、という問題を提起することができる。近年の「英語教育」においては、プレゼンテーション、ディスカッション、ディベートなどが（教えられるべき、到達すべき）「コミュニケーション」と見做されている節があるが、これらは基本的に、コミュニケーションを「言及指示行為を通じた、意見の論理的な交換」として見立てている。このような「見立て」は部分的であるだけでなく、上記の「英語」と同様、「プレゼンテーション」「ディスカッション」「ディベート」などの「教えられるべきコミュニケーションのジャンル」がそのまま教室に舞い降りて来て、何の変容・階層化も経ることなく、生徒によって経験・学習される、という理解を生み出す点において、教室で実際に起きるコミュニケーションとのズレを回避することができないだろう。

　では、「英語の授業時間中に起きていることは『英語の授業』であり、生徒

はそこで『英語』を学んでいる」という前提から始まらないような、ことば、あるいはコミュニケーションの教育はどのようなものであり得るのか。飛躍を恐れず、本章で述べてきたことを踏まえて、ここで敢えて具体的に提示するならば、それは、コミュニケーションを「英語」で制御するための教育ではなく、自己認識、自己批判、自己変容に開いた、「今・ここ」のメタ・コミュニケーションを重要な原動力とする教育ではないだろうか。

　本節で示した生徒は、「授業」で行われた「指導」に対して、異なるスケール・レヴェルで、異なる解釈を施していた。このことに強く関連する「脱/再コンテクスト化」のプロセスや「（再）ジャンル（化）」「スケール」といった要素は、ニュースや新聞、インターネット等のメディアを通じて発信される情報を理解すること、より一般的にいえば、ことばや情報がどのように、どのようなアイデンティティや権力関係の強化・変容を伴いながら社会（世界）を巡るかを考えることにそのまま適用できる。例えば、[特定の人物の言動]、[特定のメディアによる[特定の人物の言動]の報道]、[[特定のメディアによる[特定の人物の言動]の報道]の別の国における翻訳]、[[[特定のメディアによる[特定の人物の言動]の報道]の別の国における翻訳]の現地での受容]、という連鎖を意識しながら、社会における「ジャンル化」された言語のあり様を考える機会を確保することは十分、可能であると思われる。教室で実際に起きているコミュニケーションの過程をまず見据え、同様のことが、様々なスケールで、世界の様々な場所で、時に重大な社会問題と絡み合いながら起きていることに目を向けられれば、それは、より現実に根を下ろした「コミュニケーション」教育につながるのではないか。

　その時、必ずしも内容を定式（標準）化する必要はなく、また、言語が「英語」から逸れていくこともごく自然なこととなろう（そもそも、上記3名の男子生徒にとって、「調整」行為を「英語」で行う必然性など、どこにもない）。たとえば、上記、"What is Mormon?"をその場で拾うことができれば、Mr. Loperによる「宗教の混同」に関する注意に加えて、（特に白色人種の）アメリカ人、またアメリカにおける宗教が一枚岩ではないことについて考えることが

できる。さらに、「私たちが住む地域には英語を話さない外国人が多く住んでいるのに、一体なぜ、私たちは英語をやっているのか？」という疑問が生徒から生じた時には、その問題をとりあげ、時間をとって議論するとともに、もし「英語」以外の言語を学びたい（学ぶべきだ）という結論に至ったならば、教師と生徒が一緒に学ぶ機会を（課外で）設けても良いのではないだろうか。

　「授業」と「授業時間中に起きていること」との間の対応も、生徒が教室で学んでいるとされる「英語」も、自明ではない。また、「英語の授業時間中に起きていることは『英語の授業』であり、生徒はそこで『英語』を学んでいる」というイデオロギー的理解を大きく超えた社会言語実践が、教室には溢れている。すなわち、「授業」という「ジャンル化」の向こうで見えなくなっている、「教室で実際に起きているコミュニケーション」には、「英語教育」を超える契機が確かに、ある。

　英語教育において「コミュニケーション」を追求するのであれば、まず、教室で実際に起きているコミュニケーションに現実的に向き合うことが肝要である。そして、生徒がそれぞれのコンテクストにおいて生み出す、コミュニケーションについての認識をその場で拾い、受け止め、直視し、議論し、少しでもよいから、何らかの実践に繋げる。このようなサイクルを積み重ねることができれば、たとえ学校で行われる「英語の授業」の中であっても、それは、再帰的で自己言及的な言語と言語教育の理論と実践とを通じて、近現代日本に纏わりついて離れない「英語教育」の枠組み（限界）を批判的に突き崩し、そこから「ことばの教育」を再び興していくきっかけとなり得るのではないか（cf. 小山 2008）。

4. おわりに

　ここまで、ジャンルとしての「授業」と、「授業時間中に起きていること」との間の一対一対応、および、授業中に学ばれている（はずの）対象として

の「英語」が自明でないことを、データに則して経験的に示してきた。そして、「教室で為されていること」と、偶発的なメタ・コミュニケーションへの視座を通じて、「英語教育」の再帰的批判への道が拓ける可能性を論じた。

　「学校」という場所で、「英語教育」を現場（内部）から超えていく、という実践は確かに逆説的かもしれない。しかし、本章で扱った生徒たちの行為が、現にその可能性の証左となっていると思われる。すなわち、生徒によって教室で「為されていること」、および生徒のメタ・コミュニケーション的な実践や気づきを、「今・ここ」、そして世界で実際に起きている様々なコミュニケーションのあり様につなげていく視座が、「英語教育」についての我々の批判的理解の限界を押し拡げるものであり、また、「英語教育」という歴史的に構築されてきた思考様式そのものを現場から再帰的に超えていくための契機となる、と筆者は考える。

　ディスカッション、ディベート、プレゼンテーションなどの「コミュニケーション」教育で決定的に見逃されているのは、(1) 教える内容として設定されたコミュニケーションがすでに、コミュニケーションについての特定のステレオタイプ化を経ている（イデオロギー化されている）こと、そして、(2) 教える内容・アクティヴィティとして設定されたコミュニケーションが教室におけるコミュニケーションによって前提的に指し示されるとき、それは不可避的に他のコンテクストとの相互作用の中に置かれ、まさにそのことを通じて、様々なコンテクストがその場で新たに創出され（得）ることである。

　学習指導要領、教科書、教師による教材や活動といった、「教育」の視点から生徒に向かって投げかけられるものと、生徒が実際に生きるコンテクストとが教室で、コミュニケーションを通じて邂逅し、その時に起こる偶発的なメタ・コミュニケーションにコミットした生徒と教師が、それぞれのコンテクストに根ざした知識、およびコミュニティをコンテクストの再帰的意識化とともに生み出していくことができれば、学校で行われる英語の教育は「英語教育」であることを止め、世界に存在する様々なコミュニケーションの形を志向した「実際に使われることばの教育」に向けて、少しだけ踏み出せるのではなかろうか。

参考文献

Ahearn, L. M. (2016). *Living language: An introduction to linguistic anthropology* (2nd ed.). Malden, MA: Wiley-Blackwell.

綾部保志（2009）「戦後日本のマクロ社会的英語教育文化：学習指導要領と社会構造を中心に」『言語人類学から見た英語教育』綾部保志（編）綾部保志・小山亘・榎本剛士（著）87-193頁　ひつじ書房

Bakhtin, M. M. (1981). Discourse in the novel. In M. Holquist (Ed.), *The dialogic imagination*, 259-422. Austin, TX: University of Texas Press.

Bakhtin, M. M. (1986). The problem of speech genres. In M. Holquist & C. Emerson (Eds.), *Speech genres & other late essays*, 60-102. Austin, TX: University of Texas Press.

Bauman, R. (1996). Transformation of the word in the production of Mexican festival drama. In M. Silverstein & G. Urban (Eds.), *Natural histories of discourse*, 301-327. Chicago, IL: The University of Chicago Press.

Bauman, R., & Briggs, C. L. (1990). Poetics and performance as critical perspectives on language and social life. *Annual Review of Anthropology*, 19, 59-88.

Blommaert, J. (2010). *Sociolinguistics of globalization*. Cambridge, UK: Cambridge University Press.

Blommaert, J. (2015). Chronotopes, scales, and complexity in the study of language in society. *Annual Review of Anthropology*, 44, 105-116.

Briggs, C. L., & Bauman, R. (1995 [1992]). Genre, intertextuality, and social power. In B. G. Blount (Eds.), *Language, culture, and society: A book of readings* (2nd ed.), 567-608. Long Grove, IL: Waveland Press.

Cazden, C. B. (2001). *Classroom discourse: The language of teaching and learning* (2nd ed.). Portsmouth, NH: Heinemann.

Eagleton, T. (1991). *Ideology: An introduction*. London, UK: Verso.

榎本剛士（2009）「英語教科書登場人物とは誰か：『教育』と『コミュニケーション』のイデオロギー的交点」『言語人類学から見た英語教育』綾部保志（編）綾部保志・小山亘・榎本剛士（著）195-241頁　ひつじ書房

榎本剛士（2017）『教室の談話と再帰的言語：メタ・コミュニケーションの連鎖が織り成す「教室で英語を学ぶ」ことの諸層』立教大学博士論文［未刊行］

Hanks, W. F. (1987). Discourse genre in a theory of practice. *American Ethnologist*, 14(4), 668-692.

Hanks, W. F. (1996). *Language and communicative practices*. Boulder, CO: Westview.

小林敏宏・音在謙介（2009）「『英語教育』という思想：『英学』パラダイム転換期の国民的言語文化の形成」『人文・自然・人間科学研究』第21号、23-51頁

Koyama, W. (2004). A historic drift of culture and communication: A social semiotic shift in linguistic theories and language teaching from the Medieval culture of the written "there and then" to the Modern culture of speaking "here and now" — Part I (before the 20th century).『異文化コミュニケーション論集』第2号, 45-54頁

Koyama, W. (2005). A historic drift of culture and communication: A social semiotic shift in linguistic theories and language teaching from the Medieval culture of the written "there and then" to the Modern culture of speaking "here and now" — Part II (the early-to-mid 20th century).『異文化コミュニケーション論集』第3号, 23-39頁

小山亘（2008）『記号の系譜：社会記号論系言語人類学の射程』三元社

小山亘（2012）『コミュニケーション論のまなざし』三元社

久保田竜子（奥田朋世・監訳）（2015）『グローバル化社会と言語教育：クリティカルな視点から』くろしお出版

ラミス, D.（1976）『イデオロギーとしての英会話』晶文社

McHoul, A. W. (1978). The organization of turns at formal talk in the classroom. *Language in Society*, 7(2), 183-213.

Mehan, H. (1979). *Learning lessons: Social organization in the classroom*. Cambridge, MA: Harvard University Press.

仲潔（2008）「言語観教育序論：ことばのユニバーサルデザインへの架け橋」『社会言語学』第8号, 1-21頁

中村敬（2004）『なぜ、「英語」が問題なのか？：英語の政治・社会論』三元社

大石俊一（1990）『「英語」イデオロギーを問う：西欧精神との格闘』開文社

Rampton, B. (2006). *Language in late modernity: Interaction in an urban school*. New York, NY: Cambridge University Press.

Seargeant, P. (2009). *The idea of English in Japan: Ideology and the evolution of a global language*. Bristol, UK: Multilingual Matters.

寺沢拓敬（2014）『「なんで英語やるの？」の戦後史：《国民教育》としての英語、その伝統の成立過程』研究社

津田幸男（1990）『英語支配の構造：日本人と異文化コミュニケーション』第三書館

Wortham, S. (2006). *Learning identity: The joint emergence of social identification and academic learning*. New York, NY: Cambridge University Press.

Wortham, S., & Reyes, A. (2015). *Discourse analysis beyond the speech event*. Oxon, UK: Routledge.

第 3 部

人類学・社会学的視点を生かしたことばの教育

|||| 第8章 ||||||||||||||||||||||||||||||||||||||||||||||||||||||||||||||||||||

大学における多文化協働フィールドワークを通じたことば・文化の学び

村田 晶子（法政大学）

||||||||||||||||||||||||||||||||||||||||||||||||||||||||||||||||||||||||||||||

1. 文化人類学のエスノグラフィー

　人類学・社会学のことばの教育への貢献は理論とともに方法論においても多様な可能性を秘めている。本章では筆者が行っている関東の私立大学における多文化協働フィールドワークに焦点を当て、海外からの交換留学生と学部生が複言語を用いて協働で行うフィールドワークプログラムのデザインと学びを分析する。そして、人類学の視点に基づいたフィールドワーク教育が、学生たちの多文化協働、そしてフィールドにおける他者との関わり、自己と他者との関係性の分析にどのように役立つのかを明らかにする。

　第1章で述べたとおり文化人類学のフィールドワークとは、もともと未開の植民地の人々を分析し、客観的に記述することを志して始められたものであり (Malinowski 1984)、フィールドワークの結果をまとめたエスノグラフィー（民族誌）は、自己の集団と異なる人々の差異を記述することを通じて、他者との境界線を構築し、対象化する言語実践であったとも言える。しかし、1980年代以降の人類学の研究者たちの自己批判を通じて、エスノグラフィーにおける文化の分析、記述が内包する課題が指摘されるようになり (Marcus & Fisher 1986; Clifford 1986)、人類学者が植民地の「他者」を描き出す行為自体が批判の対象となるようになってきた。こうした流れの中から、人類学者自身の立ち位

置に内在する政治性、権力性を問う研究が増え、人類学者は真空管のような中立的な立場から他者の文化を記述するのではなく、調査者自身もまた現場の人々と関わる中でデータを収集する現場の当事者であることを自覚し、フィールドで関わる人々と自己との関係性に注意を払った調査をすることが求められるようになってきている（佐藤 2002; 桜井 2002）。

　フィールドワーカーが調査における自己の当事者性を意識することは、調査対象者を「他者」として切り離すのではなく、自己と他者の関連性を含めて分析する自己再帰的な姿勢（Clifford 1986, Saltzman 2002, 藤田・北村 2013: 30）につながる。そして他者をみつめる行為は、逆に他者化された人々からみつめ返される逆転の可能性を常に秘めており（Clifford 1986）、相手の目に映る自分自身を知る学びの機会でもある。

　こうしたフィールドワークを通じた学びは、学生が多様な他者と関わり、自己、他者、社会の関係性を見つめ直す機会としても非常に貴重であり、学生がグループで協働フィールドワークを行う場合は、現場での他者との関わりだけでなく、グループ内での他者との協働の仕方を学ぶことにもつながる。第1章で述べたとおりエスノグラフィーの新しい方法の中には、チームエスノグラフィー（複数のメンバーでフィールドワークを行う手法）も取り入れられており、協働フィールドワークの手法はメンバーの背景や視点の違いを生かした多面的な分析を可能にする。本章で分析する「多文化フィールドワーク」（留学生と日本の学生の協働フィールドワーク）もまたこうした協働フィールドワークの1つとして位置づけられ、言語文化的な背景の異なる学生メンバーが協働することによる多面的な学び合いが期待される。本章はこうした学生間の多文化協働フィールドワークの実践分析を通じて、人類学、社会学的な視点と言語コミュニケーションとの関わりを浮き彫りにすることを目的とするが、具体的な実践分析に入る前に、高等教育において留学生と日本人学生の共修が重要視されるようになった背景について簡単に述べたい。

　社会経済のグローバル化の流れの中で、高等教育における学生の国際移動が加速化しており、日本政府は企業のグローバル化に対応した人材育成（いわ

ゆる「グローバル人材」の育成）の一環として、大学生の海外留学促進、そして日本の経済発展に貢献する外国高度人材の卵としての留学生の受け入れに力を入れている（留学生30万人計画、スーパーグローバル大学創成支援事業等）。こうした流れの中で多くの大学が「キャンパスの国際交流」の一環として外国人留学生と日本人学生が学び合う科目（共修科目）に注目し、その設置を進めている。共修科目の効果として、学生の多文化理解、コミュニケーション力の向上、協働力の向上、自文化の理解などさまざまな点が指摘されている（Leask 2009、Leask & Carroll 2011、加賀美 2013、末松 2014）。

しかし、共修科目のポジティブな効果が注目されることは、その背後にある差異，境界線をみえにくくする危険性を伴う。国家プロジェクトとしての「グローバル人材」の育成において、日本人学生の英語力の育成が重点課題として取り上げられており、それに連動する形で英語での専門科目の中に共修科目が位置づけられていることが多い。英語での共修科目は、ディスカッションを中心とするため、履修には一定の英語力が求められ、英語に自信のない学生にとって共修科目は「敷居の高い科目」である。本来、キャンパスの国際化の文脈における国際交流の機会は、多くの学生に開かれたものであるべきであるが、こうした共修科目は、英語がある程度できる日本人学生と留学生のグループにおける閉じられた学び合いの場となっており、すべての学生が参加できるような形にはなっていない。こうした点を踏まえ、より多くの学生が参加できる共修活動をいかにデザインするのかが重要な課題となっている（村田 2017, 2018）。

また、大学の共修科目の多くが教室活動を中心としているため、大学という閉じたコミュニティーの中での同世代の若者の交流にとどまってしまっていることも否めない。こうしたキャンパス内での交流を超えて、多様な人々と関わるための活動の1つの方法としてフィールドワーク教育が挙げられる。フィールドワークでは、学生グループが自分たちのテーマにふさわしいフィールドを選び、そこに足を運んで現場の人々と関わることが求められる。こうした活動は、学生達が多様な人々と関わり、現場での体験を振り返ることで自己と他者、社会の関係性を問い直す上で大きな可能性を持っているのではないかと筆者は

考える。

　以上、留学生と日本の学生の共修科目をめぐる課題、そして多文化協働フィールドワーク教育の可能性について述べたが、多文化協働フィールドワークのプログラムデザインの分析や学生のフィールドワークの実践データの蓄積はまだ始められたばかりであり（村田・佐藤 2016; 村田 2017, 2018）、今後の言語コミュニケーション教育への応用を考える上でフィールドワーク教育の実践を紹介し、その意義を明らかにすることが求められている。本章はこうした点を踏まえて筆者の大学で実践している多文化協働フィールドワークを分析する。

2. フィールドワーク科目の概要

　筆者が関東の私立大学で行っているフィールドワークプログラムは、大学キャンパスの国際化のイニシアティブの一環として実施されているもので、キャンパス内での学生間（留学生と日本の学生）の複言語を用いての協働力を高めることとともに、学生グループが大学キャンパスを出て、協働調査活動（フィールドワーク）を行い、現場の人々から話を聞き、学ぶことを通じて多様な他者と関わる力（多文化協働力）を育てることを目的としている。プログラムの概要は**表1**のとおりで、本章では2013年から2016年7月までのデータをもとに分析する。

　分析の対象となったデータは主に教員の指導記録、作成した教材、学生のディスカッションの録画、学生のフィールドワークの録音、録画、SNSのログ記録、研究発表の録画、学生が作成したエスノグラフィー（フィールドワークの調査結果の質的分析）などである。

2-1. 協働グループの構成

　プログラムの参加者は、留学生と学部生がそれぞれ約半数となるように定員

表1　フィールドワークプログラムの概要

1.	実施期間	2013年12月〜2016年7月まで（2年半）各学期実施
2.	プログラム名	Discover Japan
3.	プログラムの背景	大学の交換留学生、学部生に開講している科目（単位履修可能）で、大学の国際化の一環として実施。留学生と日本の学生の共修活動の促進を目的とする。
4.	活動概要	留学生と日本の学生で小グループを作り、日本社会、文化に関連するテーマで協働フィールドワークを行う（テーマ例：少子高齢化社会、格差社会、ソーシャルマイノリティー調査他）
5.	参加者数	247名（留学生134人、日本の学生113人）
6.	グループ形式	6名程度の小グループ（留学生・日本の学生の割合は半々になるよう調整）
7.	使用言語	英語と日本語（2名の教員が連携し、両言語でサポート）
8.	目的	・多様な背景をもつ学生間の協働力を高めること ・日本社会文化の調査テーマの理解（社会学、文化人類学の文献レビュー） ・質的な社会調査の基本的な技法を身につけること ・協働フィールドワーク、エスノグラフィー作成を通じて他者の文化を語ることの政治性、調査者の立場、他者や自己についての内省を深めること
9.	教員（チームティーチング）	教員2名（日本人教員1名、アメリカ人教員1名） ・日本人教員：教育人類学博士、日本語教育プログラムコーディネーター ・アメリカ人教員：教育社会学博士、英語教育プログラムコーディネーター
10.	授業の流れ	①フィールドワークの事前指導（3週間） ②フィールドワークの実施（1月間のフィールドワークを1学期間に2回） ③成果発表会と振り返り（ディスカッション） ④個別のエスノグラフィー作成 ⑤教員と学生との最終個人面談（各15〜30分）

（村田 2017, 2018）

を設定し、学生を小グループに分ける際には、教員が学生の背景（出身国・地域、言語レベル、専門など）の多様性に配慮してグループを編成し、学生たちが日英の両言語（あるいはその他の共通に理解できる言語）を使ってお互いに助け合いながらグループ活動を行うようにデザインした。学生の組み合わせ例は**表2**のとおりである（学生はすべて仮名）。

表2　学生の組み合わせ例

	学生	名前（仮名）	英語レベル	日本語レベル
1	交換留学生	スミス	第一言語	初級
2		リリー	上級	上級
3		リー	中級	中級
4	学部生	田中	上級	第一言語
5		中山	中級	第一言語
6		吉田	中級	第一言語

　ここでは、留学生のスミスは日本語レベルが初級であり、英語、あるいは日英を併用したディスカッションでないと理解が難しい。その一方で、中山、吉田は英語でのディスカッションに困難を感じることが予想される。こうした学生たちを組み合わせることで、メンバー間で複数の言語を必要に応じて用いる状況が起きるように計画的にデザインしている。また、2言語を学生が使うようにフィールドワークの成果発表会では、学部生は英語、留学生は日本語で発表を行うことを基本とし、グループでどちらかの言語だけを使用することがないようにした。これにより最終発表前に学生間で相互の発表原稿をチェックすることを通じて相互支援が起きるようにした。

　しかし、多様な学生の協働活動に対し、学生によってはストレスを感じる場面もあり、教員の継続的なサポートが必要であった。例えば、グループ・ディスカッションでは全員が情報を共有できるようにお互いに配慮するように指導しているが、グループでの情報共有から疎外されていると感じて相談に来る学生も時々おり、また、グループのリーダーがメンバーの状況をみて心配して教員に相談に来ることもあった。教員は、学生たちの葛藤やフラストレーションに個別に対応すると同時に、学生たちの様子を毎週のチュートリアルを通じてチェックし、必要に応じて日本語教育、英語教育の立場からアドバイスを行うようにした。また、フィールドワークの指導において2名の教員は日本語教育、英語教育の要素を入れて、インタビューの手順（相手への声かけ、自己紹介、調査の目的の説明、調査協力の依頼、録音録画の許可、インタビューの作

り方)を日本語、英語で練習させて、教員の日本語教育、英語教育の指導経験、そして専門分野(フィールドワーク教育)の知識を生かして活動をデザインした。

2-2. フィールドワークの流れ

学生間のフィールドワークの流れを次の**図**1に示す。まず教室において教員がフィールドワークの事前指導を行った後(図の①)、学生はグループに分かれ調査計画を作成する(図の②)。その後、各グループで調査地に赴き、フィールドワークを実施し、インタビュー、観察などを行う。教員は毎週、各グループとフィールドワークのチュートリアルを行い、調査の方法とデータについて検討する(図の③、④、⑤)。そして最後に学生グループが教室で成果発表会を行い、最終報告書(ミニエスノグラフィー)を提出する(図の⑥)。

①:事前指導

90分授業3コマを使って実施し、まず学習者参加型の活動に関するオリエン

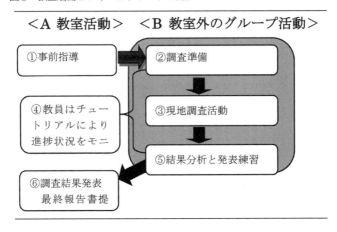

図1　教室活動とフィールドワークの流れ

テーションと参加者間の相互理解活動を行い、次に人類学のフィールドワークについてディスカッション、グループワークを行うことを通じてフィールドワークの意義をクラスで検討する。その際に、文化の定義の多様さ、文化について語る際の一般化の問題点について実例を挙げながらディスカッションを行い、文化を語ることの政治性（Clifford 1886）、調査者の立場性（佐藤 2002; 桜井 2002）、自己再帰性（Saltzman 2002）の重要性について学生の意識化を促す。また、調査現場の人々の生活世界を、彼ら彼女らが生きる世界の文脈を壊さずに記録する「分厚い記述」（Geertz 1973）を行うためにどのような点に気をつけたらよいのかを事例に基づいて検討する。

②：調査準備

　事前指導後，学生は小グループに分かれ、フィールドワークの計画を立てる（調査テーマ、リサーチクエスチョン、調査地、調査対象、観察対象、調査方法などの検討）。学生グループは、調査したいテーマをグループ・メンバーと相談して決め、調査テーマにふさわしい調査地を選び、協働でフィールドワークを行う。これまでの学生のフィールドワークのテーマは少子高齢化、格差社会、教育問題、家族、ジェンダー、社会的マイノリティーなど多岐に渡る。テーマが決まった後、フィールドワークの具体的な方法を練習する（調査法に関しての参考書として箕浦 1999; 箕浦 2009; 佐藤 2002; 桜井 2002; Bernard 2006; LeCompete & Preissle 1993を学生に紹介する）。教員はインタビューの手順（相手への声かけ、自己紹介、調査の目的の説明、調査協力の依頼、録音録画の許可、インタビューの作り方）を日本語、英語で練習する時間を作り、言語的な手当てを行う。

③・④・⑤：フィールドワークの実施と教員によるチュートリアル

　研究計画の検討後、学生はグループで1ヶ月程度のフィールドワークを実施する。教員は学生たちの様子を毎週のチュートリアルを通じてチェックし、フィールドワーク中の調査協力者との関わり方をインタビュースクリプトや現地での写真を用いて振り返り、調査者としての質問や関わり方が適当なものであ

ったのかグループ・ディスカッション、クラスディスカッションを行う。この際、必要に応じて日本語教育、英語教育の立場からのアドバイスも行う。

⑥：結果の発信

最後に、学生たちはフィールドワークの結果の分析し、グループでの調査結果発表を行い、まとめとして各自がミニ・エスノグラフィーを作成する（日本語の場合3000字、英語の場合2000字程度）。

3. フィールドワークを通じた言語コミュニケーションの学び

留学生にフィールドワーク終了後にインタビューを行い、日本語使用の機会があったか聞いたところ、レベルによる差があったものの、日英の両言語に触れる機会として役立ったと述べている。以下、簡単に学生のインタビュー結果をまとめ、具体的なフィールドワークにおける協働について分析する。

3-1. 留学生のフィールドワーク中のことばの使用

初級レベル（日本語で簡単な会話を行うことができるレベル）の学生は、インタビュー活動全体に参加することは難しいが、事前指導において各グループで自分の貢献できる形で参加するように役割分担表を作成し、自分たちの言語レベルで貢献できる役割を担った（初級レベルの学生の場合、最初の調査協力者への声かけ、簡単な日本語を使った質問の読み上げ、写真撮影、録音、録画などを担当）。彼らのフィールドにおける理解を深めるために、学部生が（英語のレベルによって差があったが）簡単に結果を英語でまとめて説明するなど支援を行っており、チュートリアルの時間にも学生間の情報共有、協働のデータ結果の時間を取っていたことから、初級の学生も調査結果のだいたいの情報を共有できていた。

一方、中級レベルの学生は、簡単なインタビューのやり取りを行うことができるため、より積極的にインタビューリストに沿った質問に参加していた（教員によるチュートリアルにおいても、言語的な配慮として、簡単な日本語によるインタビュー表現を各グループで考えること、また、質問リストを作成する際、表記をなるべく漢字ではなくひらがなにするなど、留学生がインタビューを行いやすい状況を作るように指導した）。また、中級レベルであっても、質問以外の追加質問，メモ取りは難しかったため、多くの場合学部生とペアになり、質問は留学生が行い、フォローアップの質問は学部生が行うなど、役割分担がみられた。

　初級、中級の学生は、構造化されたインタビュー以外の対応は難しかったが、学生同士の接触や野外活動が増え、自分一人では行かないような調査地に行けたこと、また、多様な背景をもつ学生たちが集まり、調査準備やフィールドワークのために学内外でともに過ごし、交流する機会としてよかったというコメントが多く出された。また、交流の機会を通じて、日本語を使うことに自信がついたというコメントが多く出された。

　日本語上級レベルの学生は、インタビューで日本語を使って調査活動を行い、学部生のインタビューの質問の仕方からさまざまなことを学んだと述べていた。例えばインタビューに際しての失礼のない態度、服装、その場にあわせた話し方、相手の話の受け止め方、敬語の使い方、準備した質問リスト以外の臨機応変な対応、追加質問の仕方、メモの取り方、聞き取った内容の要約の仕方などが挙げられ、学部生のインタビューの仕方や相手との対話を観察し、それを「みようみまねで」インタビューに取り入れたことが役に立ったと述べている。また，学部生と連携することで、インタビューの日本語の内容でわからない部分をインタビュー中、あるいはインタビュー後に確認することができ、安心してインタビューに臨めたというコメントも多く挙げられた。また、日本語学習だけでなく、留学生がフィールドワークの最終発表に向けて原稿やパワーポイントの英語のチェックをすることも多く、自分たちも学部生を支援できてよかったというコメントも挙げられていた。

3-2. 学部生にとってのフィールドワーク中のことばの使用

　学部生にとって、フィールドワーク科目における言語使用場面は大きく2つに分けられる。1つは教室での調査準備における話し合いの際の言語使用で、各グループには日本語初中級レベルの留学生が入ることが多いため、全員が情報を理解するために話し合いの共通言語は主に英語になっていたが、状況に応じて日本語を用いていた。このため、英語の運用力に自信があると述べた学生は、ディスカッションに大きな問題を感じていなかったが、英語の能力が足りないと感じていた学生の多くは、グループ・ディスカッションであまり発言できず、自分たちは貢献できなかったのではないかと述べている。一方でフィールドワークにおいては学部生が中心的な役割を果たすことが多く、ほぼ全員の学部生が留学生の支援ができたことが自信になったと述べている。

3-3. フィールドワークを通じた他者、社会との関わり

　学生の複言語を使用した協働はフィールドワーク教育と言語コミュニケーション教育の直接の接点を示すものとして重要であるが、より広義の言語コミュニケーション活動の可能性を開くという意味でも非常に重要な意味をもつ。図2が示すように、フィールドワークを通じて、学生たちは学内の協働だけでなく、大学という共同体の境界線を超えてさまざまな現場（フィールド）に赴き、現場の人々の話に耳を傾け、対話することを通じて多様な他者、社会について多くのことを学ぶことができる。また、学生たちが調査結果を他の学生たちに発信することでフィールドワーク経験を参加する機会がなかった学生たちと共有し、学び合うことにもつながる（図の①・②の流れ）。

　言語コミュニケーション教育からみれば、日英の複言語のディスカッション、日本語でのインタビュー、結果をまとめレポートの作成は、ことばの運用能力の育成のための豊富な学習リソースと考えられるが、より広い視点から、学習者の社会参加や自己と他者、世界とことばを用いてつながる機会を創出すると

図2　フィールドワークを通じた他者との関わりの広がり

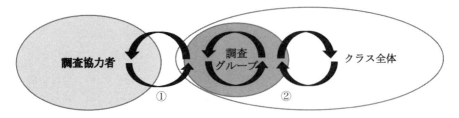

いう意味においてもフィールドワーク教育の意義は大きい。

4. ケーススタディー
　　刺青のフィールドワークの分析

　以下、具体的に学生たちがどのようにフィールドワークを進めるのかをケーススタディーから分析する。分析するグループのメンバーは**表3**の6名で、留学生が4名（イギリス、スイス、フランス、中国）、学部生が2名である。
　この学生グループは、日本では入れ墨を入れている人々は公衆浴場に入れないなど制約があることに興味をもち、「刺青に対する差別を調査する」というテーマでフィールドワークをすることとなった。

4-1. 協働作業のプロセス分析

　グループは刺青に関連した現地調査を開始するにあたり、調査場所の見学の許可、関係者へのインタビューの打診、具体的なインタビューの予約を取るなど、調査関係者とさまざまな交渉をする必要があった。このため、学部生2名（真美、幸子）がフィールドへの「道先案内人（幸子のコメント）」として率先して調査協力者を探し、コンタクトを取った。幸子は、道先案内人としてのイニシアティブについて「自分たちが明らかにホーム、だから自分たちが働きか

表3 刺青調査グループの参加者の背景

	学生	国籍	日本語能力	英語能力
1.	幸子	日本	第一言語	上級
2.	真実	日本	第一言語	上級
3.	ダン	イギリス	初級	第一言語
4.	ノア（リーダー）	スイス	初級	上級
5.	レオ	フランス	中級	上級
6.	リリー	中国	上級	上級

(学生はすべて仮名)

けないとだめだと思った。」と述べている。二人は、刺青の彫師との調査予約を取り、食事会を設定したり、スポーツジム関係者への電話取材を行うなど、積極的にフィールドとの橋渡しを行っているが、こうした経験は、留学生支援としてだけでなく、彼ら自身にとっても大きな学びとなっており、彫師との会合で通訳をすることにより、自分も知らなかった刺青の世界について彫師から学んだと述べている。

　また、留学生もフィールドワーク調査計画の段階でさまざまなアイディアを出しており、調査の方向性に関しても積極的に発言している様子がグループのSNS上のディスカッションの記録から見て取れた。特にリーダーであったノアは「兄貴のような役割（真美のコメント）」を果たし、グループのディスカッションのとりまとめを行い、日程調整の確認や、関係者へのコンタクトを真美と幸子に促したり、意見の少ない学生の声をなるべく拾うようにしたりするなど、グループ・メンバーへの配慮やグループワークをスムーズに行うための調整行動がみられた。

　フィールドワークにおいてメンバーが行った協働作業では、プロジェクト・マネージメント（調査の進捗状況をチェックし、調査の方向性を決め、メンバーに仕事を分割し、データを統合する作業）、調査協力者との関係性の構築（フィールドでの調査協力者とのアポイントメントを取り、インタビューを実施し、その後、関係性を広げていく）など、さまざまな取り組みがみられた。当初内気だったリリーもまた、メンバーたちの協力と相互支援、そしてフィールドに

おける調査協力者との関係性の深まりの中で、自身の考えを次第に述べることができるようになったと述べており、多様な学生間の学び合いがみられた。

　もちろんこうしたグループ間の協働がどの程度機能するのかは、グループごとの文脈によって異なり、グループのメンバーの背景、参加意欲、日英の言語レベル、学生のフィールドワークに取れる時間的な余裕、調査テーマの難易度など、それぞれのグループの状況や協働のダイナミクスによって異なる。教員はフィールドワーク期間中、毎週チュートリアルを行い、各グループの進捗状況をチェックし、学生たちのグループ・ディスカッションの様子をモニタリングすると同時に、フィールドワークのインタビュースクリプト、現地での録画や写真を学生とともにみながら、フィールドワーク、グループの協働が進んでいるかどうかをチェックし、必要に応じてカウンセリングを行うことで学生の学び合いを支援した。

4-2．調査協力者との関わり

　グループは彫師と聞き取りを行ったが、1回の聞き取りが何度にも渡る食事会へと発展し、調査グループ以外の学生も彫師との食事会に参加するようになり、彫師との親睦を深めていった。真美はその点を以下のように述べている。

　　（彫師との）1回のインタビューが（結果的に）何回もの飲み会になり、そのたびに参加する学生が増えて、人々をつないで、知識を深めるという一番大切な目標が実現できた。

　こうした関係性の深まりは、メンバーのテーマ理解にも影響を与えた。リリーは当初のグループで刺青の調査を行うことが決まった際、刺青のもつネガティブなイメージを払拭できず、調査に不安を感じていたが、関係性の深まりとともに、以下のように視点が変化した。

刺青というテーマは面白いと思ったが不安だった。彫師はヤクザや違法なドラッグの取引と関係があるのではないかと思い心配だった。しかし実際に話してみると驚いたことに彫師は非常に私たちに優しく、熱心に刺青のことを話してくれた。彫師の話し方から、彼の刺青への愛情や自分の作品への熱意を感じた。自分が日本のマイノリティーについてこんなに特別でワクワクするような方法で知ることができるとは思ってもみなかった。(原文英語)

　メンバーの一人であるレオもまたフィールドワークの経験が、教室では出会えない多様な人に出会たことで「(人と)つながり、世界や自分について新しいことを発見するために役立った」と述べており、教室を超えて調査現場で人と関わることを通じた学びと変容を学生たちは感じていた。

5. エスノグラフィー作成のもたらす可能性と振り返りの重要性

　フィールドワーク科目では、グループでフィールドワークの結果を発表し、最後に各自が調査データをもとにエスノグラフィーを作成する。エスノグラフィー作成の目的は調査結果を各自が自分の言葉でまとめるとともに、調査経験を通じて自分をみつめなおすことにある。前述したように伝統的な人類学においては、人類学者がアウトサイダー(外部者)として未開の土地に行き、土地の人々(インサイダー、内部者)の声に耳を傾け、彼らから社会制度や文化について学ぶことが多いが、近年の人類学の自己批判において、特権的なアウトサイダーが、社会的な弱者を他者として描こうとすることにあまりにも無自覚であることが問われており、他者の分析を自己とのつながりの中で捉える自己再帰的な分析が求められるようになっている。こうした点は大学という共同体の中で学ぶ学生たちの調査にもあてはまる。学生たちの調査活動において、調

査に協力してくれた人々を「自分とは関係のない他者」、「調査対象」として切り離し、他者化するのではなく、自分自身がどのように現場の人々と関わったのかをもっと深く考えてもらうこともフィールドワークの課題として出している。以下、学生たちがフィールドワーク中の自分たちの立場をどのように分析したのかを検討する。このグループは秋葉原のオタク文化に興味を持ち、「オタク」と思われる人々に声をかけて、話を聞くことを中心にフィールドワークを行った。4名の学生はそれぞれ自分とフィールドで出会った人々との距離感を表4のように説明している。

多くの学生が、協働でのディスカッションだけでなく、最後に自分一人でフィールドワークの経験を振り返って書くこと（ミニ・エスノグラフィーの作

表4　エスノグラフィーにおける学生自身の立場性の記述

①	私の立場から言うと、きっと（オタクの）<u>内部者</u>だと思う。中学校のごろから、アニメに夢中になって、それほどオタクとはいえなかったけど、その後、ジャニーズのアイドルグループがすきになって、およそ6年ぐらいジャニヲタの生活を送ってきた。（中略）だから、こんな私の立場からみると、好きなものが同じではないけど、こういう気持ちはきっと違っていないのじゃないかと思っている。（インタビューした）あの三人の学生たちがラブライブについて嬉々として語っている様子をみると、私が強烈な響きを感じて、感動してしまった。
②	高校のときアニメやマンガに夢中だった。今でもコンピュータプログラミング、ビデオ編集や音楽作りが好きだが、大学後は非オタクの友人とつきあい、旅行するようになった。だから自分はいわゆる<u>オタクと非オタクのハイブリッド</u>だと思う。（中略）私は過去のおかげで今の自分があると思うので、オタクは非オタクが思うほど悪い人たちじゃないと個人的には言いたい。オタクは悪い人だと一般化するのではなく、個人を雪のひとひらとして考えてほしい。そうしたらもっとよい社会が作れると思う。
③	実際、自分がタイムマシンにのって若い頃の自分を垣間見るように、オタクの人々を通じて自分自身をみつめることが出来た。それで、自分が日本の一部になりたいと思う気持ちは、実際は自分の生きてきた世界をみつめる自分でもあることがわかった。（原文英語）
④	今回のオタク調査において自分は自分をオタクとして物事を考えるという視点が抜けていたのではないかと考える。事実、<u>自分はオタクではない</u>のだが、彼らを理解し、より深いデータを得るためには彼らともっと溶け込む努力をすべきだったのではないかと考える。自分がオタクを軽蔑しているわけでは決してないが、オタクが多様化した今も自分をオタクだとはどう考えてもできなかった。（中略）私たちのグループでは、自分自身をオタクであると考える人も多く、このテーマについて調べることは自分はどのような人間なのかという自己のアイデンティティーを探ることにも繋がると考えた。

（下線は筆者）

成）によって、自分と他者の関係性をより深く考える上で役に立ったと述べており、こうした振り返りを作ることが重要であることがわかる。例えば④の学生は、調査協力者に失礼なことをしてしまったと記述しているが、この学生はフィールドで感じたこのような気持ちをグループ・メンバーと共有しておらず、エスノグラフィーの作成にあたってはじめて「みえる形にした」と述べている。エスノグラフィーの作成は、彼ら自身の立場性を問い直し、それを可視化、言語化して振り返り、今後どうしたらよいのか考える上で役立つと言えるだろう。

　プログラムでは、エスノグラフィーの作成とともに学生と教員が最後にディスカッションを行い、フィールドで感じたことを自由に話してもらい、最後に「居心地の悪い瞬間」があったかどうか、それはどのようなものであったかについても話し合う時間を設け、多様な他者と関わることの意義だけでなく難しさについても考えてもらうようにしている。そしてフィールドワークの経験を今後の人との関わりや社会参加においてどのように生かせるのかを学生と話し合うようにしており、フィールドワークの経験を一過性のものにせず、今後に生かすことを考えてもらっている。

6. おわりに

　高等教育のグローバル化が進み、大学内の国際交流の活性化が叫ばれ、学部生と留学生が社会や言語的な違いを超えて学び合う共同体を創出しようという目標を多くの大学が掲げており、本章で分析した多文化協働フィールドワークは、そうした学生間の協働を通じたことばとコミュニケーションの教育として位置づけられる。しかし、学生たちが学内の中だけで交流することで自己完結してしまっては、それは恵まれた環境で学ぶ大学生同士の「閉じた国際化」にとどまってしまう。本章で分析したような留学生と学部生の協働フィールドワーク教育は、多様な現場の人々と関わり、相手の話に耳を傾け、また対話していく中で互いを理解しようとする姿勢を養う上で、非常に大きな可能性を秘め

ている。

　本章では学生にとってのフィールドワークの意義を検討した。最後にこうしたフィールドワーク教育は言語コミュニケーション教育に携わる教員にとってはどのような意味があるのか考えたい。筆者はフィールドワーク教育の外国語学習における応用を研究しており、セミナーでフィールドワーク教育の意義について話した際、外国語教育に携わる教員からコメントをいただき、こうした協働フィールドワークが具体的に外国語能力、とりわけ4技能の育成に役立つので、インタビューのスキル教育として取り入れたいというお話を伺った。

　筆者はこのコメントを聞いて、2つのことを感じた。一つは狭義の言語コミュニケーションにおけるフィールドワーク教育の意義である。確かに、こうしたフィールドワーク中のコミュニケーションは、外国語のスキル（4技能）の育成という側面からも見て教育的な意義が大きい。例えば、「グループでディスカッションする」「相手に会って話を聞く」「相手と対話する」「経験を振り返って書く」などの行為は全て言語コミュニケーションのスキルとして捉えることができる。本章でフィールドワークを指導した2名の教員は、英語教育、日本語教育の立場から、フィールドワークで必要となる言語実践を様々な形でサポートをしており、フィールドワークを下支えするための日英の言語教育関係者による協働の教材開発の意味は大きいと考える。

　同時に、フィールドワークとは、現場に赴き、他者と関わり、相手の文脈を壊さないようにしながら相手をまるごと理解しようとする、他者理解のためのコミュニケーションの機会であり、さらに言えば、それは自己と他者と社会との関係性を模索する社会実践でもある。学生がフィールドワークで現場の人々と関わる際、関係性の構築がスムーズにいくこともあれば、拒絶されることもある。刺青師の例のように学生達と現地の人々との関係性が深まる場合もあれば、秋葉原のオタク調査のように居心地の悪い瞬間、緊張を強いられる場面に遭遇することもある。そうした多様な他者と関わる経験を積み、それを振り返っていくプロセスは、脱文脈化した4技能のスキル教育という枠組みを超えて、「今」「ここ」での社会参加を通じた体験として学生の記憶に残っていくだろう。

教員は学生による体験の可視化、振り返りを促進するためにどのようにプログラムをデザインし、フィールドワーク中の支援をしていったらよいのか考えていく必要があるだろう（村田 2018）。フィールドワークを脱文脈化したスキル教育に落とし込んだフォーマットとして教えることはもちろん可能であるが、より広義の視点から学生たちの他者や社会との関係性の作り方を注意深く見守り、支援してくこともまた私たち言語コミュニケーション教育に携わる者たちに求められているように思う。

　本章のような学生間の協働フィールドワークの教育や研究はまだこれからの分野であり、本章での実践が教育関係者の今後のリソースになることを願っている。今後さらに教育実践データを蓄積し、こうした取り組みがことばとコミュニケーションの教育で生かせるように情報発信をしていきたい。

謝辞
本研究は科研費（研究課題番号16K02823）の助成を受けたものである。

参考文献
加賀美常美代［編著］(2013).『多文化共生論――多様性理解のためのヒントとレッスン』明石書店
桜井厚（2002）『インタビューの社会学：ライフストーリーの聞き方』せりか書房
佐藤郁哉（2002）『フィールドワークの技法――問いを育てる、仮説をきたえる』新曜社
末松和子（2014）「キャンパスに共生社会を創る――留学生と日本人学生の共修における教授法の確立に向けて」『留学交流』42, 11–21.〈http://www.jasso.go.jp/ryugaku/related/kouryu/2014/__icsFiles/afieldfile/2015/11/18/201409suematsukazuko.pdf（最終閲覧日：2017年12月5日）〉
藤田結子・北村文（2013）『現代エスノグラフィー：新しいフィールドワークの理論と実践』新曜社
箕浦康子（1999）『フィールドワークの技法と実際：マイクロエスノグラフィー入門』ミネルヴァ書房
箕浦康子（2009『フィールドワークの技法と実際II――分析・解釈編』ミネルヴァ書房
村田晶子・佐藤慎司（2016）「人類学の方法論に基づいた日本語教育におけるフィー

ルドワークプロジェクト」ヨーロッパ日本語教育20:90-95.
村田晶子（2017）「異文化協働プログラムの両義性と境界線 —— 境界線を乗り越えるための教育デザインの実践分析」『異文化間教育』46:30-46.
村田晶子（2018）『大学における多文化体験学習への挑戦：国内と海外を結ぶ体験的学びの可視化を支援する』ナカニシヤ出版
Bernard, R. (2006) Research Methods in Anthropology: *Qualitative and Quantitative Approaches*. Walnut Creek: Altamira Press.
Clifford, J. (1986) *Writing Culture: The Poetics and Politics of Ethnography*. Berkeley: University of California Press.
Geertz, C. (1973) *The Interpretation of Cultures*, New York: Basic Books.
Leask, B. (2009). Using formal and informal curricula to improve interactions between home and international students. *Journal of Studies in International Education*, 13(2), 205–221.
Leask, B., & Carroll J. (2011). Moving beyond 'wishing and hoping': Internationalization and student experiences of inclusion and engagement. *Higher Education Research & Development*, 30 (5), 647–659.
LeCompete, M & Preissle, J. (1993) *Ethnography and Qualitative Design in Educational Research*. San Diego: Academic Press.
Malinowski, B. (1984) *Argonauts of the Western Pacific*, Illinois: Waveland Pr Inc.
Marcus, G. & Fisher, M. (1986) *Anthropology as Cultural Critique*. Chicago: University of Chicago Press.
Salzman, P. (2002) On Reflexivity. *American Anthropologist*, 104(3):805–811.

第9章
ミニ・エスノグラフィーと言語文化教育
個人の役割に焦点を当てて

川村 宏明（米国オハイオ州フィンドレー大学）

1. はじめに

「百聞は一見に如かず」というが、これは異文化や外国語を学んでいる学習者にそのまま当てはまる概念であろうか。筆者は、これまでの3～4週間の超短期留学プログラムの運営、指導経験を通して、「百聞は一見に如かず」の危険性をしばしば感じて来た。確かに経験は大切である。しかし、質の高い異文化体験を得るには、ただ体験するだけでは不足ではないだろうか。本章では、対象文化についてステレオタイプの形成を避け文化の中での個人 (agent) の役割を考察するために、文化人類学の基本手法であるエスノグラフィーを使用することを提唱し、その応用方法について考察する。

2. 超短期プログラムの運営、指導を通じて

「今日見学した小学校での1日を振り返ってみよう。まずは朝のホームルームを観察して気がついたことは何かある？」これは、筆者が10年ほど前に、4週間の日本研修旅行中のある晩に行ったミーティングでの問いかけの一端である。その日は全員で小学校を丸1日見学した。夕食を終えて一息ついたあと、

次の日の予定を話すとともにその日に体験したことを皆で話し合うのがこのプログラムの日課であった。出てきたコメントは、「子供達はかわいかった」「日本の子供はみな礼儀正しい」「生徒はよく先生の言うこと聞く」などの概観的なコメントのみで、なかなか日本人というマクロの枠を越えて日本文化の中でそれぞれの個人がどの様に行動しているかに言及したコメントはなかった。例えば、「日本の小学校教育で強調されているメッセージは何だと思う？」という問いかけに対しては「皆で何かをすることを強調している」や「協調性が大切にされているように思う」などのコメントが出たが、もう1歩突っ込んで「では、子供達はそのメッセージに対してどのように反応していたかな？　どの生徒も同じ反応だった？」などという問いには、なかなかコメントが出てこなかった。

　筆者は、超短期（1ヶ月前後）の日本研修プログラムの運営を通して、プログラム参加者の多くは滞在中に周りが「見えていない」「聞けていない」という状況の中にいるのだということを強く認識した。「この人は日本に行ったことで、それまでなかったステレオタイプを形成して帰って来たのではないか」または、「あの人は、元々持っていたステレオタイプをただ強めて帰って来たのではないか」と感じたことさえあった。よく耳にするコメントは、「日本はどこに行ってもきれい」、「日本人は皆優しい」、「日本人はいつも丁寧」などである。これらの観察には、文化分析の際に大切なレベルの視点が欠けている。日本人というマクロなレベルの下には様々なレベルのサブカルチャーが多々存在している（例：地域性、所得層、マイノリティー＆マジョリティー、性別）。文化は最終的には個の集合体であり、そしてこれらの個はお互いに様々なコンテクスト（誰と、どこで、いつ、どのような意図で）の中で行動している。上記のコメントは、日本をマクロな視点でのみ捉えていて、そこには個が存在していて、個人と個人、個人と文化は様々な関係を持っているという認識が欠落しているのである。

　この現状は、米国人学生の日本超短期研修プログラムの参加者に限ったことではない。日本から超短期プログラムの研修団を受け入れる時にも同様な経

験がある。筆者の勤務する大学では、超短期プログラムの最後のパーティーで参加者1人1人自分が感じたこと、学んだことを英語のスピーチとして披露するのが恒例であるが、そこで「アメリカは自由だ」や「アメリカは上下の区別がなくみな平等だ」などのコメントを耳にすることがある。また、これは超短期プログラムの参加者だけに限られていることでもない。1学期間（約4ヶ月）、1年間（約9ヶ月間）の学生の場合にも、上記のような見方をする学生がいないわけでもない。「オハイオのフィンドレーでは」や「フィンドレーの大学生とXの場で接するときは」という、コンテクスト（場、状況）の視点が欠けているのである。「百聞は一見に如かず」の一見こそが、ステレオタイプを生み出す危険がある、という点を指摘しておきたい。国際交流や超短期研修の受け入れをするプログラムの関係者の中には、筆者と同じような経験をもつ方が多いのではないだろうか。

　これらの気づきは、「人間の体験、特に異文化の中での体験とはどのようなものなのか」「異文化を効果的に体験するためには、どのようなアプローチが必要なのか」などの問題提起につながった。それ以来筆者は、自己の人類学や応用人類学のフィールドワークの経験に基づき、「文化人類学の理論、手法を言語文化教育に応用することはできないのだろうか」と模索を続けている。

　「エスノグラフィー」という言葉は非常に広く使われている。文化人類学者が「エスノグラフィー」という言葉を使うときは、伝統的には、母文化とは異なる対象文化の言語の学習をも含める長期（1〜2年間）にわたるフィールドワーク、対象文化の中で実際に生活してその中でデータを集める手法の使用などが前提とされる。ここで大切な点は、調査者が生活を通しての自分自身の反応をデータ収集・分析の大切なツールとすることである。しかし、人類学というフィールドの中でさえ、サブフィールドによっては（例：応用人類学）では、エスノグラフィーという言葉は長期のフィールドワークを意味せず、伝統的なフィールドワークのイメージである研究対象とする地域に住み込んでデータを集めるという手法も意味しない。今日では、何がエスノグラフィーかという基本的な問いに関して、簡単には答えられない状況となっている。しかし、エス

ノグラフィーの基本的概念（ホーリスティク (holistic) なアプローチ、イーミック（内的、当事者の）の視点 (emic)、研究調査の対象者の見方、文化相対論 (cultural relativism)）は大枠においては変わらないであろうし、また調査者が自分自身をデータ収集・分析のツールとして使うという点においても同じであると思われる。本章で扱う「エスノグラフィー」という言葉は、長期にわたるフィールドワークを伴わないエスノグラフィック・アプローチのことを指していることを、最初に断っておきたい。

　エスノグラフィーは、言語文化学習に様々な形で応用されてきた。Jurasek (1995) は、米国インディアナ州のアーラムカレッジの留学前のオリエンテーションで、参与観察を中心とするエスノグラフィーのテクニックを用いて、留学前の学生の観察能力を高める活動を行なった。Robinson-Stuart and Nocon (1996) は初級スペイン語学習者を対象に、Barro et al. (1993) は上級学習者に、それぞれエスノグラフィック・インタビューのテクニックを用いた。Robinson-Stuart and Nocon (1996) は、エスノグラフィック・インタビューの経験を通じて、学習者は対象文化に対して肯定的な態度を示すようになり、自文化にも理解を深めたと報告している。そして、エスノグラフィーはKramsch (1993) の唱えるところの言語学習者の社会変化プロセスへの個人的、そして対人関係を通して参加することに役立つとも述べている。Huszti (2004) はエスノグラフィーの外国語教育への応用について、その可能性と限界について考察した。可能性はホーリスティックなアプローチとイーミックの視点に焦点を当てた参与観察にあり、学習者は対象文化を母文化の枠の中だけでは思いつきもしなかった観点から分析、理解することができるとしている。逆に限界点は、教員が自己の参与観察を用いてデータ収集する時に、参加者と観察者としてのバランスを保つのに苦労する点であると指摘している。Byram and Fleming (1998) はエスノグラフィーを外国語教室で使うことで、学習者が母文化を外部の目で見る訓練の場を提供し、その外国語を使用してコミュニケーションすることへの動機となると述べている。エスノグラフィック・アプローチが学習者の文化理解を深めるという点においては、先行研究がその効果を実証していると見て良

いと思われる。筆者自身の経験もこれらの先行研究の報告を裏づけしている。

　ここで注意しなければいけないことは、学習者が観察する文化は、個人の行動に影響を与える静止した「環境」という視点からのみ捉えてはいけないという点である。文化や社会制度が個人の行動、思考に強い影響を与えると言うのは自明の理であるが、文化は絶え間なく変動しており、個人の行動はその文化、社会制度の変容を生み出すプロセスの1部の役割を果たしている。細かい点を見ることができない観察者は、ステレオタイプを生み出してしまう危険がある。自分自身をデータ収集、分析のツールとして使うという点がエスノグラフィーの一つの特徴であるが、フィールドワークを超短期間で行うときにはどうしても振り返りの時間が少なくなるので、ステレオタイプを作り出さないように気をつけねばならない。

　ここで効果を発揮するのが、ガイダンス、コーチングを伴ったエスノグラフィーである。BagicとVrhovac (2012) は、クロアチア人の高校生が英国に留学する際に与えられるタスクについて報告した。「ガイダンス付き観察日記」「イギリス文化についてステレオタイプの調査」そして、「道路で見かける標識についての調査」などが紹介されている。「観察日記」では、その日に興味深かった点、最も不快に感じた点を記録することをタスクとした。また言語学習者として、自分の対象言語使用についても記録し、話し合うことを課した。この課題の目標として以下の4点を挙げている。

1. 対象文化と母文化の違いに気づき、理解し、受け入れる。
2. 対象文化について抱いていた否定的な見方を修正する。
3. 対象言語に接する際に、学習者の感覚を研ぎ澄まし反応を敏感にする。
4. 異文化受容度を高める。

　1番の「受け入れる」は背伸びしすぎのような気がするが、目標としては適切かもしれない。伝統的なエスノグラフィーでは、調査者が自分自身を文化観

察、分析の際のレンズとして使用し、自分の反応を振り返りながら観察、分析、考察を続けてゆく。観察、分析、考察の時間が限られたエスノグラフィック・アプローチの場合にはその時間がないので、ガイダンス、またはコーチングをもとに周りからのサポートが非常に大切になってくる。このプログラムでは、以下の4つのタスクが与えられている。

1. 学習者は自分の観察したことや気づいた文化の違いについて書き取る。英国の家族（筆者注：ホームステイファミリーのこと）、学校、友人関係などに関して観察し、興味深く感じたり不思議・奇妙だと思ったことを書き取る。そして、それらをクロアチアでの自分たちの例と比較する。
2. 学習者は文化から生じる問題点と、それをどう扱ったかを記録する。
3. 学習者は英国人と英国でのメディアを通して、英語、英国文化にどれだけ接したかを書き記す。
4. 学習者は自分の観察についてグループで話し合う。英国とクロアチアの文化の類似点、相違点について話し合い、自分がどれだけ英語と英国文化に接したかについてのディスカッションを行う。

　この観察日記の考えを言語学習者に特化して応用したものが、Noda, et al. (2017) の *Action! Japan: A Field Guide to Using Japanese in the Community* である。学習者が見えにくい・見えていない文化を可視化して、それを言語活動に結びつけるという目標は以下の様に述べられている。

　　　アクション！ジャパンは、学習者が自分の文化の外で、人々がどのように関わり対話しているかを、探り理解することを手助けするガイドブックである。このガイドブックを用いながら対象言語の世界を探ることで、学習者はそれぞれの言語タスクを、自分の言葉で理解し、対象言語で演じ、そして徐々に意識せずに使いこなすことができるようになる。

(筆者訳)(Noda, et al. 2017: 1)

　日本語の初級学習者は、挨拶(「今日は」、「今晩は」など)という言語タスクを、最初は発音、イントネーション、お辞儀のタイミング、ボディーランゲージなどを意識しながら演じていたのが、徐々に意識せずとも文化的に適切な形で演ずることができるようになる。このガイドブックは、このプロセスをより複雑な文化言語タスクにおいて行えるように、学習者を導くことを目指している。
　それぞれのタスクについてパフォーマンスウォッチング(Performance Watch)という欄があるが、これは学習者の観察眼を鍛えることを意図し、以下の項目を含んでいる。

- 観察日/Observation Date
- 時間・状況/Time/Circumstances
- 場所・場面/Place
- 役割/Roles
- スクリプト(含ボディランゲージ)/Script (including non-verbal behavior)
- 題名/Title
- コメント/Comments

そして、それぞれのパフォーマンスウォッチングは以下の指示で始まっている。

　あなたが暮らしている地域で、日本人が対話している様子を観察できる場を探しなさい。ある程度自分の力で理解できるやり取りを探し、話されていること、なされていること、それとあなたの場の観察(時、場所、参加している人)に基づいて、そのコミュニケーションに参加している人の役目と目的を分析しなさい。(筆者訳)

Noda, et al. (2017) のガイドブックは、外国語習得のプロセスをパフォーマンス（performance）という概念で捉えることから出発している。Walker and Noda (2000) は、外国語習得のプロセスを以下のようにまとめた。学習者はインストラクターが教室内に設定する擬似文化環境において、言語をパフォーマンスする。ここでいうパフォーマンスとは、言語コードには限らない。例えば「ありがとう」と「ありがとうございます」のパフォーマンスではお辞儀の長さ、深さ、タイミングが異なるであろう。もう1つの例であるが、「すみません」のパフォーマンスでは、設定によっては英語の"Thank you"（誰かがプレゼントをくれた時）"Excuse me"（誰かの前を横切る時）"I am sorry"（約束の時間に遅れた時）になる。それぞれのパフォーマンスでは、表情も異なる。教室内でこのパフォーマンスの練習を続けていくことで、それぞれの文化状況内での言語コード、非言語（ノンバーバル）コミュニケーションの使い方（story）を覚えていく。それを続けることで、母文化とは違う感覚を身につけ始める。そしてそれは母文化とは違う第2文化の構築となる。そしてこれを続けることで、学習者は元の自分とは違う人格（ペルソナ（persona））を作り上げてゆく。これには、Kramsch (1993) の言うところの母文化とも対象文化とも違う"Third place"に通ずるところがある。

　このモデルは、文化に包まれてのみ言語は存在しているという認識のもとに成り立っている。「フルーエント（流暢な）・フール（愚か者）」（Fluent fool）(Bennett 1993) とは、文法や語彙を文化から剥離した状態で使うために、文法、語彙、発音などは正しくても文化的には運用法を間違ってミスコミュニケーションにつながるという警告であるが、Walker and Noda (2000) の手法は"Fluent fool"を避けるために効果的である。例えば、しばらく会っていないと話者が認識している時に使用される「お元気ですか」を英語の"How are you?"と同じように毎日使ってしまう、または学生が教員に「先生、今日の授業はとても良かったです」などと言ってしまうことは、日本語を文化の翻訳抜きに言語コードの翻訳のみで、アメリカ文化の中で使ってしまうという間違いの例である。Action! Japanは、留学中に学習者が"Fluent fool"の間違いを犯さないように、

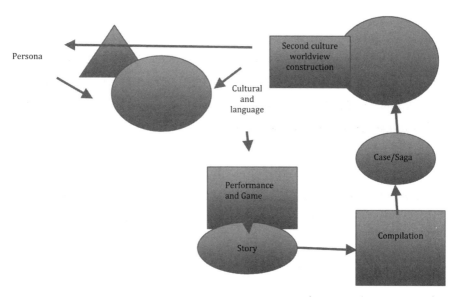

(Walker and Noda 2000: 197)

より鋭い観察眼を養うことを目的としている。

　ここでの注意点は、人間の文化の中での行動および言語使用パターンは非常に複雑であるという点である。例えば、前述の「お元気ですか」だが、2分前に別れた人に会った時に、冗談として使う人もいるであろう。または、毎日会いに来るべきだが来ていなかった人に会って「お元気ですか」と言ったら、これは皮肉の意味を持つかもしれない。パフォーマンスを行う際に、ステレオタイプを作り上げてしまわないよう留意しなければならない。「自分は学生だから、先生にはXXと言わなければならない」などというシンプルな公式は存在しないのである。例えば、日本語学習者がよく日本で言われる「日本語お上手ですねえ」に対しての受け答えであるが、筆者はまずは「いえ、いえ。そんなことはありません」や「いえ、いえ。まだまだです」という返答を教えパフォーマンスの練習をするが、しかし可能性のある受け答えはこれだけではない。「もちろんです。先生がいいですから」などの冗談もありうる。全ては、その場の性質とその場に参加している人（agent）の間の関係、そしてそのコミュニケーションの目的による。100円を借りる時と1万円を借りる時（コミュニケーションの目的）では、その時のパフォーマンスは異なる。1万円の時は、言い訳

じみた理由づけから入る時が多いのではないだろうか。しかし、これも今まで
にその人にお金を借りたことがあるかどうかなどの要因も関係して来る。数か
ぎりないほどの要因が作用して人の言語活動は成り立っているのである。中間
言語語用論（interlanguage pragmatics）を視野に入れての言語観察、言語使用練
習が必要となる。

　パフォーマンスを通じて言語を学んでゆくためには、「日本人は……」のよ
うなマクロレベルのみでの分析では不十分である。つまり、ステレオタイプを
持っている限りは、適切な言語パフォーマンスは不可能であり、柔軟な言語習
得も不可能なのである。そこで、パフォーマンスを通じて言語を学ぶ学習者は、
マクロレベルの一般的な文化観察を越えたところで文化を理解しなくてはなら
ない。

3. エスノグラフィック・アプローチの言語学習への応用実践例

　次に、筆者の実践を振り返り、それぞれの実践例に関して考察を試みる。

3-1. 留学オリエンテーションへのミニ・エスノグラフィーの応用

　筆者もアーラムカレッジの実践例に類似したやり方で、ミニフィールドワー
クを行ってきた。これは留学オリエンテーションの1部として行なったことも
あるし、日本からの留学生のアメリカ文化理解促進のために行うこともある。
その1つを紹介したいと思う。

　アメリカの大学には、1年生、2年生は全員キャンパスに住むという方針を
持つ大学が少なくない。これは、大学内でコミュニティーの意識を高めたい
という理由によるが、このような大学に通う学生と話すと、「カフェテリアは
嫌だ！」と言う学生がいる。理由は様々であるが、「いつもメニューが同じだ」、

「高い」、「自分が好きなものを食べたい」「カフェテリアまで食べに行くのが面倒だ」などの不満を口にする学生がいる。しかし、学生のカフェテリアを見る目は往々にして狭い。広い視野（ホーリスティック）から物事を見る習慣をつけるために、というよりはいかに自分が日常狭く自分本位な視点でのみ物事を見ているのかという自己発見を理解させるためにミニ・エスノグラフィーを行う。筆者が使う主なタスクのリストは以下のようなものである。

(A) カフェテリアの入り口に立って、誰が利用しているか。何時にどんな人が利用するかについて調べる。これは、調査者の中で手分けをして、月曜日から日曜日まで全ての時間帯を網羅する。使用者の分類は、「学部1年生、2年生、3年生、4年生」、「大学院生」、「教職員」、「地域住民」、「通学学生」、「キャンパスに住む学生」などのカテゴリーを使用した。調査者はそれぞれの利用者の身分について手短に聞き取りをして記録する。（観察および聞き取り）

(B) 1人で食べる人とグループで食べる人を数える。（観察）

(C) ランダムに人を選んで、カフェテリアで過ごしている時間を測る。（観察）

(D) 調理することが可能な寮に住む学生が、1週間のうち何回カフェテリアを利用するか記録する。（聞き取り）

(E) カフェテリアを利用者として訪れ、中ではどのような会話がなされているのか、どのメニューが好まれているのか、どのようなグループが存在するのかを調べる。（参与観察）

(F) 調査の一環としてカフェテリアで働く機会を作り、(E)とは別の視点で利用者を観察する。（参与観察）

(G) カフェテリアの利用者、アルバイト、従業員、大学管理者などへの聞き取りを行い、カフェテリアの役割について調べる。（聞き取り）

同じようなプロジェクトを、学生会館、図書館などを用いても行った。これ

らは全て、学習者が常に「参加」していると思っている場所であり、熟知していると思い込んでいるところである。プロジェクトの目的は、「参加している、イコール、その場を理解していることではない」という点を認識させることである。このプロジェクトをすると、ほとんどの学習者が「いつも使っているところなのに、自分が知らない点があった」と言う。例えば、カフェテリアの使用者はキャンパス内の寮に住む学生だけだと思っていたが、教職員、ひいては地域住民の利用も少なからずあった。カフェテリアの意味を「食事の場」のみとして捉えていた学生が、カフェテリアの持つ社会的要素（コミュニケーションの場、新しい友人との出会いの場）に気付かされた。カフェテリアでは持ち出しメニューを使う利用者も多く、社会的要素に重きを置く大学関係者の意図とは別に、カフェテリアの機能は変化しているなどが判明した。人間の社会行動がいかに意識化されないままに行なわれているかという点を理解することが、エスノグラフィーの出発点であろう。

3-2. 海外研修旅行中の活動へのエスノグラフィーの応用

　これは筆者が研修旅行に同行した際に使うミニ・エスノグラフィーの手法である。まずは、参与観察のための特定の場と時間を決めるが、ここでは、日本での宴会を例にあげる。

- (A) 誰がどこに座るか。それぞれの人は、どのようにして自分の席を決めるか。(参与観察)
- (B) 誰が席順を決めるか。座席を決める際に考慮される要因は何か。(インタビュー)
- (C) 宴会の次第について。(観察)
- (D) 誰が乾杯をするか。乾杯の時の挨拶のメッセージで網羅されるポイントは何か。その挨拶に対して、適切な反応の仕方は何か。(参与観察)

(E) 宴会で大切なルール（不文律のもの）は何か。タブーは何か。（参与観察、インタビュー）

　宴席で何が最初に起こって次に何が起こるか、そして宴会の場での不文律のルールを可視化し、それに対して言語を用いてパフォーマンスするという点を目的とする。参加者はどのようなトピックについて話しているか、お酒を飲まない人はどのように参加しているか、誰が誰にお酒をつぎに行くかなどを観察する。グループで観察分担を決めて、「XXさんはあの人を」「YYさんはこの人とこの人を」と観察を分業することもある。言語学習者の場合は、乾杯の挨拶の中の決まり文句を聞き取るという作業も入れる。

　この手法は、グループでカラオケに行った時にも使ったことがある。Kelly (1998) による日本でのカラオケについての論文を読んでから日本人とのカラオケに参加する。そして、参加の仕方を叙述し、後でフィールドノートとKellyの論文の内容を比較するという課題である。また、電車の乗り降りの仕方、電車の中でのマナーについても行うことがある。この課題を行う上で好ましい条件は、学習者が似たような場を1度以上経験することができるというものである。

　この手法は、日本への留学時のみに使用するのではなく、日本から超短期（1ヶ月）の研修団を受け入れたり、短期（1学期、1年）の交換留学生を日本から受け入れる時にも使用している。例えば、教員志望の学生を受け入れるときは、小学校に1日送り込んで、先生が生徒に注意する時、褒める時の言葉の使い方などを観察させる。そして、その書き取りのデータをもとに様々な表現を練習して放課後のやボランティアの学校訪問などで使う機会を作るのである。

3-3. 留学中のミニ・エスノグラフィー

　上記の研修旅行とは異なり学習者と教員が別々の環境にいる時、筆者は観察ガイドとスカイプミーティングを使ってミニ・エスノグラフィーを試みてみ

た。使用した観察ガイドは以下のようなものである。

　学習者がフィールドを選ぶ際には、以下のアドバイスを出した。

- フィールドは、自分が定期的に長い期間をかけて参与観察出来るものが好ましい。(例：所属するクラブのミーティング)
- フィールドにおいての自分の立場は、ある程度同じであることが好ましい。これは観察の回数を増やすことができるからである。ただし、別の立場で参加することも可能であれば試みる。(例：クラブで企画があるときに、ある時は企画の側に入ってみる。)
- フィールドへの「参加」の定義は、必ずしもメンバーになることではない。例えば、お祭りに観客として「参加」することも出来る。ただし、このプロジェクトのためには、少なくとも2〜3の祭りに参加することが好ましい、またお祭りは最初から最後まで、できれば準備と片付けの時間も含めて「参加」することが大切である。

　筆者が勤務する大学では学習者が留学中に受けるコースがあり、そこでこの手法を使うことが多いが、学習者が出発前に前述のキャンパスでのミニ・エスノグラフィーをしておくと、留学中にスカイプミーティングをする際に手法のことが話しやすくなる。

　このやり方は、言語習得に焦点を当てる時と文化理解に焦点を当てる時では、少し観察に違いが出てくる。前者の場合は、日本語母語話者が使う表現(使用構文、語彙、運用方法)についての記述が多くなる。特に、非言語コードの使用方法を含めての運用方法についての記述が大切である。後者の場合は、Geertz (1973) の言うところの「厚い記述 (Thick Description)」に焦点を当てて、それぞれの観察対象者の考えをより深く理解するなどのタスクに重きがおかれる傾向にある。

　今までの学習者からのフィードバックによると、3-3.の短期的な言語習得への効果は上記の3-2.に比べると落ちると感じているようである。コメントとし

イベント（できるだけ詳しく記述する。企画した人の意図、参加する人の意図なども含めて記録する。）	日・時間・場所	参加者（それぞれの参加者についてできるだけ詳しく記す。イベント参加への意図。参加出来るけれどしなかった者の叙述も含む。）	イベントの観察（出来事を時間を追って記述する。）

ては、「記述、記録に時間がかかりすぎる。文化学習には効果があったが、言葉の使い方が上手になったとは思えない」「これは、文化理解の課題で、言語を練習するための課題ではない」などが出された。ここには、学習者が文化理解と言語習得を分けて評価しているという問題点がある。ただし、学習者が言語使用学習に効果があったと感じていない所にも問題がある。また、筆者自身も、その場ですぐにフィードバックを返せる3-2.の手法に比べると、3-3.の効果は見えにくいと感じることが多々あった。現在は、短期の留学の場合は受け入れ校の教員と協力して、ティームティーチングを行う可能性を模索している。

　ミニ・エスノグラフィーを行う際の注意点は、学習者の主体的な学びの活動を最大限に尊重することである。これは、エスノグラフィーの調査者が自分自身をデータ収集、分析のための大切なツールとして使うという原則があるからである。調査者以外の人があまり直接的な指示を出してしまうと、エスノグラフィーの最大の利点が失われてしまう。これはアメリカで日本人の留学生にコーチングをする場合であるが、1学期、1年間の短期留学生が何か困って来たときに、筆者はなるべく自分で関係部署に電話して問題を解決しないようにしている。学生に事情を聞いて緊急でない限り、「その場では、XXという表現を使ってごらん」とオフィスでその学生と使用可能な表現を練習してから、学生を送り出すようにしている。そしてその後、「どうだった」と聞いて簡単に振り返りを行なっている。

　学習者の主体的な学びを尊重するというアプローチは、母語話者同士の対話と非母語話者を含んでの対話は異なることがある、という認識の上からも大切な点である。日本で、日本人同士の会話では起こらない言語使用が外国人を対

象とした時に生じることがある。その典型的な例が、「お箸が使えるんですか。すごいですねえ」や「納豆は食べられますか」である。更に、外国人と言っても、国籍、人種、文化背景によって日本人の使用言語は変わってくる。例えば、「おはしが使えるんですか。すごいですねえ」は、アメリカ人であっても日系アメリカ人や中国系アメリカ人にはあまり使わないようである。これは、日本人の人種についての意識の表れである。学習者は常に、自分という「個」と文化の関係に留意しつつ参与観察を行う必要がある。

　上記の筆者の実践をまとめると、以下のことが明らかになってくる。

(1) エスノグラフィーの手法を用いて言語文化学習者にコーチングをすることは、対象言語文化の可視化に繋がり非常に効果的である。
(2) コーチングの利点の一つは、個人に焦点を当てることが可能になり、ステレオタイプの形成を防止することが容易になることである。
(3) ここでいうコーチングとは、「ここではXをしなさい」、「あそこでは、Yをしてはだめだ」という指示ではなく、「ここでXをしてみて、どのような反応がくるか見てごらん」、「あそこでYをしたら、どのような反応が返ってきたか」などのように、「個」の学習者が他の「個」と、そしてその場の文化をどのように経験するかの理解の手助けをすることである。
(4) コーチが学習者と共に「場」を経験して、そこでコーチングを行うアプローチは、効果が高い。しかし、これを実践することは常に可能ではない。そこで、留学前にミニ・フィールドワークを行って、留学前に学習者の意識を高めておく、またはNoda, et al. (2017) のようなガイドブックを利用しながら学習者の異文化体験の手助けをする、受け入れ校の教職員とパートナーシップを組みティームティーチングを行う、などの取り組みが必要であろう。

4. 結び

　「百聞は一見に如かず」の危険をどうやって乗り越えるか。この課題は、クリティカル・シンキングの問題である。Paul and Elder (2004)、クリティカル・シンキングを行うための出発点として、「考えるという行為に影響を与えている様々な社会システムを把握する」（筆者訳）ということをあげた。筆者は、エスノグラフィーは異文化間でのクリティカル・シンキングのスキルを向上させるために有効なアプローチであると考える。エスノグラフィーは、当事者が意識していない文化を可視化するための手法として有効だからである。

　しかし、外国語学習者は長期にわたるフィールドワークをしないので、一歩間違えるとエスノグラフィーがステレオタイプの形成に陥ってしまう危険性がある。そこを補正するものが、「コーチング付きフィールドワーク」ではないかと思う。コーチは、学習者自身の体験を大切にしつつ、学習者の視点を「個」の方向へ誘導する。学習者は、個人がどのように文化と、そして他の個人と関係を作っているか、そしてその関係がどのように文化構築に関わっているかを理解することを目的とするのである。

　コーチの役割は、現地の状況を理解していて、かつ参与観察などができる人材でないと果たすことができない。時々学習者が「教室日本語」という言葉を使うのを耳にするが、これは教員がコーチの役割を果たさず、社会と教室での日本語学習を結びつける努力を怠ったことから出てくる現象ではないだろうか。教室はあくまで社会の一部であり、教室が社会から分断されることは不可能なはずである。

　エスノグラフィーの言語文化学習への応用には、多くの可能性を秘められている。実学、学びの応用の重要性が重視される今こそ、エスノグラフィーの基本理論（イーミックの視点からの文化分析、相対化された価値観の中での文化考察、ホーリスティックな視野のもとでの観察）をもとに、学習者を導くことができるコーチの育成が求められているのではないだろうか。

参考文献

Bagic, T. & Vrhovac, Y. (2012). Developing Intercultural Competence of Croatian High School Students on a Study Abroad by Means of Ethnographic Research Tasks. *Croatian Journal of Education* 14(2): 417-436.

Barro, A., Byram, M., Grimm, H., Morgan, C., & Roberts, C. (1993). Cultural studies for advanced language learners. In D. Graddol, I. Thompson, & M. Byram (Eds.), *Language and Culture* (pp. 55-70). Clevedon, England: British Association of Applied Linguistics.

Bennett, M. (1993). *How Not to be a Fluent Fool. The Language Teacher* 18(1):13-15.

Byram, M. & Fleming, M. (Eds.). (1998). *Language Learning in Intercultural Perspective: Approaches through Drama and Ethnography*. Cambridge: Cambridge University Press.

Geertz, C. (1973). *The Interpretation of Cultures: Selected Essays*. New York: Basic Books.

Huszti, I. (2004). Ethnography in Foreign Language Teaching. *Profile* 5(1): 110-116.

Ishihara N. and Maeda M. (2010). *Advanced Japanese: Communication in Context* (ことばと文化の交差点：文化で読み解く日本語). New York: Routledge.

Jurasek, R. (1995). Using ethnography to bridge the gap between study abroad the on-campus language and culture curriculum. In C. Kramsch (Ed.), *Redefining the Boundaries of Language Study* (pp. 221-249). Boston: Heinle & Heinle.

Kelly, W. (1998). Japan's Empty Orchestras: Echoes of Japanese Culture in the Performance of Karaoke. In Martinez, D.P., (Ed.), *The Worlds of Japanese Popular Culture: Gender, Shifting Boundaries and Global Cultures* (pp. 75-87). Cambridge: Cambridge University Press.

Kramsch, C. (1993). *Context and Culture in Foreign Language Teaching*. New York: Oxford Press.

Krashen, S. (1988). *Second Language Acquisition and Second Language Learning*. Prentice-Hall International.

Noda M., Ramdeen Y., Luft S., and Mason T. (2017). *Action! Japan: A Field Guide to Using Japanese in the Community* アクション！ジャパン：フィールドガイド. New York: Routledge.

Paul, R. and Elder, L. (2010). *The Miniature Guide to Critical Thinking Concepts and Tools*. Dillon Beach: Foundation for Critical Thinking Press.

Robinson-Stuart, G. & Nocon H. (1996). Second Culture Acquisition: Ethnography in the Foreign Language Classroom. *The Modern Language Journal*, 80(4):431-449.

第10章

拡張現実（AR）を活用した英語での学習
学習者の日常を拡げ母語と指導言語の溝を埋める

青山 玲二郎（香港理工大学）

1. 新技術の教育利用は必要か

　本章は[1]、講義の指導言語が英語に統一されることで学習者が抱えてしまう課題を指摘し、その課題を拡張現実技術（AR）を使うことによって乗り越えられるか探る。ARはAugmented Realityの略であり、人が知覚する環境をコンピュータで拡張する技術や、拡張された現実環境それ自体を意味する。この技術を使うと、私たちの周りの建物や人々に関する詳細な情報を可視化することができる。たとえばスマートフォンをかざして目の前の建物を見ると、建築家の名前、竣工年度、建築様式などのデータが建物の上に表示される。

　私たちは自分の身の周りにある物や身近にいる人々に関する情報に気が付くことなく過ごしている。目の前にある机を誰が設計したのか、どこで生産され

1 　当研究は香港理工大学で行ったAugmented Reality for Culture and History Learningプロジェクト の一環であり、2016年7月-2017年6月にかけて香港政府・香港理工大学から助成金598,720HK$を獲得した。研究チームは青山玲二郎（研究代表者）、HOYEE TSE（アシスタント）、IRIS EU（アシスタント）、JACK CHUN（教育担当アドバイザー）、PAK-SHEUNG NG（歴史担当アドバイザー）、GREEN LUK（IT技術者）、ALAN KO（IT技術者）、DAVID WATSON（IT技術者）、ALAN PANG（映像制作者）、ALBERTO GEROSA（映像制作者）、LEO PANG（原稿校閲者）、JOYCE LEE（原稿校閲者）、Grayscale Ltd（ウェブサイト構築）からなる。

たのかを知らずに生活している。話している相手が何に興味を持っているか気が付かないまま別れてしまう。ARを使い周辺環境に潜む情報を視覚化することによって、学習者自身が住んでいる地域や周りの人々について学習する機会を得ることができる。本章では香港の学習者にARを体験してもらい、彼女ら彼らの通学路を拡張し教室に変容させ、スマートフォンを教科書に変えることによって、学習者の日常体験と大学で学ぶ学術的知識を結びつけられるか考察する。

　新しい技術の教育利用は全てが成功して来たとは言えない。1920年代には映画という当時先進的な技術を教室に持ち込むことで、紙の本は学校で時代遅れなものになると既に唱えられており、1930・1940年代にはラジオが主役となり、教室でラジオ受信機が黒板と同じくらい使われると予想されていた (Cuban 1986)。同じようにその後、1950年代にテレビ、1960年代にコンピュータ、そして20世紀終わりに情報技術が登場し、企業関係者、政府関係者、そして教員たちが新しい技術が教育を革新的に変容させると唱えて来たが、全ての技術が彼らの主張通りの変化をもたらしたとは言えない (Cuban 2009; Mayer 2010)。

　新技術導入の問題点の一つは技術中心的な手法にある (Norman 1993; Mayer 2010)。新しく手に入った技術を使いたいという衝動に任せ、新技術を使うため新しい教授法を生み出し、その教授法に教師や学習者が合わせることを強要する。技術中心的手法は新技術導入を目的とするため、学習する主体である学習者についての考察が希薄となる。歴史的に数々の新技術が必ずしも教育に革新的変容をもたらさなかった事実を顧みれば、技術ありきではなく、学習者がどのように知識を習得しているのか、学習者がどのような学習環境に置かれているか、学習者が知識を習得する上で何が障害となっているかなど、学習者を主体とした考察が第一に必要とされる。その後に新技術が学習者の抱えている課題解決に役立つか、という実証的調査が望まれる。

　新技術導入にはまず学習者がどのような環境におかれているか理解することが必要であることを踏まえ、本章では英語で歴史や文化など人文学科目を学

ぶ学習者を対象にし、指導言語に関わる問題点に焦点を当て考察する。現在、様々な地域で英語が高等教育の指導言語として選ばれていく中、英語が母語でない学習者が抱える課題は学習者個人だけの問題ではなく、学習者の置かれた社会文化的環境、教育機関や国家の通時的方針、そしてグローバル市場の拡大と複雑に絡まっている（吉野 2014; Dearden 2014; Gunderson 2017; Pennycook 2017）。そこでまず当研究のフィールドとなる香港で、どのように英語教育が導入されて来たのかを振り返り、なぜ現在大学の講義が英語で行われているか、その歴史的経緯を紐解く。その後、香港（中国）の歴史文化など現地に関係する科目を英語で教えることによって、学習者がどのような困難に向かい合っているかを観察調査から浮かび上がらせる。指導言語を英語とすることにより学習者が抱える問題は、自然科学、社会科学、人文学など学習分野によって異なる。特に文化や歴史など人文科目では自己の体験を踏まえ批判的思考を養うことが求められるが、中国語で培われた学習者の日常体験が、英語で著されている学術知識の習得過程に十全に生かされていない点を指摘する。

その後、学習者が母語で培った日常体験と英語で習得する学術知識を結びつけられるようARという新技術の活用を提案する。ARで学習者の日常を拡張することによって、学習者が普段の生活の中で教員の指導を必要とせずフィールドトリップに赴ける環境を整えた。具体的には英語で構成された映像や文章を、通学路や大学キャンパスといった学習者が日常的に訪れる場所に埋め込み、学習者がスマートフォンを使い身近な環境の中で自律的に学習できるようにした。本章では学習者のAR体験を紹介し、学習者がどのように社会的地域的文脈に触れたか、母語と目標言語という二つのことばの断絶を乗り越えられたか、どのような技術的問題が生じるのか、具体例を提示し分析する。

2. 多言語社会・香港とエリート英語教育

香港では広東語と北京語という二つの中国語と、職場で用いられる英語の三

つが主に話し言葉として使われている。このような多言語社会ではどの言語をどの場面で使うかが政治的、歴史的、社会的な選択となる。政府の記者会見、企業広報、教育現場などあらゆる場面で、どの言語を使うべきかを巡り激しい交渉が繰り広げられている。香港特別区行政基本法に従えば、政府発表は中国語と英語の両方で行われるべきだが、前行政長官・梁振英は一年間に中国語で61回の口頭発表をしたのに対して、英語では28回しかしなかったと批判された (South China Morning Post 2014a)。政府のホームページは中国語と英語の併記になっているが、当時の財政司長など行政に関わる高官のブログは中国語のみになっており、英語話者から問題視された (South China Morning Post 2014b)。香港政府高官が英語を使わなくなった理由の一つは、北京の中央政府の政治的影響が大きくなったがゆえである、と読み解く人々も多い。つまり香港では公式の場で英語が必ずしも支配的とは言えず、グローバルな言語である英語、ナショナルな言語である北京語、ローカルな言語である広東語の三つが、それぞれの場面、時期、話者によって決定される。

　一方、香港で育つ子女にとって英語はどのような意味を持つのだろうか。香港政府統計調査によれば英語母語話者は人口の1.4％にすぎず、香港大学の電話調査ではわずか0.6％である (The Government of HKSAR 2016; Bacon-Shone et al 2015)。一般の香港の子どもたちにとって英語は自然に身に着くことばではなく、日本と同じように学校教育を通して学習することばだ。日本との大きな差異は、英語が高等教育において支配的な位置を占める点だ。香港の大学の講義はわずかな例外を除いて全て英語で行われている。つまり香港で生まれ育った子どもは他の科目で優れた成績を収めていたとしても、英語ができなければ大学教育を十分に享受することができない。また職場においても話し言葉としては広東語が使われているが、書き言葉としては英語が最も重要な言語となっている。調査によれば85％以上が資料を読むため、社内でのコミュニケーション、社外とのコミュニケーションの両方に英語を使っている (Bacon-Shone el al 2015)。これら調査結果から、英語ができなければ高等教育が受けられず、英語が書けなければ職業選択の幅が限られてしまう現実が見えてくる。

香港での英語使用はもちろん英国の植民地であった歴史に基づくが、1997年の返還以降も高等教育や企業活動で英語が支配的地位を占める理由は、香港という都市が中国大陸と世界を繋ぐ結節点として機能している点が挙げられる。英語使用が現在のように拡大する過程では市場経済、政治権力、香港在住市民の間で複雑なせめぎ合いが為されて来た。

　香港島は1842年から1997年の返還まで英国の植民地であったが、1990年代まで英語使用は植民者である英国人と、彼らに関わるわずかなエリート階層に限られていた。19世紀後半に聖ポールカレッジなどミッションスクールが陸続と開校し、1911年に香港大学が設立され、英語を指導言語とするエリート教育が確立された。しかしこれらの学校で学ぶ学生はごく僅かな限られた富裕層の子女であり、英語は一部エリート階層の言葉であった。1941年から1945年にかけて日本軍の香港占領で香港大学をはじめとし英語で教育をしていた学校は一時閉鎖を余儀なくされたが、1960年代には学生数を増やし医学や自然科学だけでなく、社会科学も英語で享受できる環境が整う。しかしそれでも英語で教育を受けられるのは社会的経済的に恵まれた子女だけであり、彼らの多くがエリート小学校からエリート中学へ、そして香港大学へ進学していた。英語使用者の数が増加したとはいえ、香港に在住する一般市民の大半はまったく英語に触れる機会が無く、選ばれた学生だけが中国語を母語としながらも英語教育を受ける状況はエリートバイリンガリズムと呼ばれた（Paulston 1980）。

　その後、英語教育は徐々に広がっていくが、1980年代初めでも大学に進学できる学生は人口のわずか2%から4%に過ぎず、英語による教育は限定的であり、英語を日常的に使う人は僅かであり、教室外での英語使用も政府関係業務など特定産業に限られていた。英語による教育が大衆化するのは1970年代に始まった教育改革が1990年代に実を結んでからだ。この改革によって初等教育・中等教育が義務教育となり、一般家庭もしくは貧困家庭出身の子女が中等教育を受けるようになり、そこで英語の教科書が使われた。結果として英語による教育を受ける子女が増加し、1996年には大学進学率が17%に急上昇し、かつてのエリートバイリンガリズムが大衆バイリンガリズムに移行しつつある

と評された (Bolton 2002)。

　現在、公教育において初等教育では中国語[2]が使われおり、中等教育は英語を指導言語として使う学校と中国語を使う学校が併存している。高等教育においては、一部科目が中国語で教えられる例外を除き、8つある公立大学は全て英語を指導言語としている。つまり初等教育の中国語、高等教育の英語はほぼ安定しつつあり、中等教育において指導言語を英語にするか中国語にするかという選択が香港の教育界に恒常的な論争を巻き起こしている。この論争では政府、雇用主、学校長、教師、父母といった様々な主体が、子どもたちにとって最適な指導言語を巡りそれぞれの意見を声高に叫んでいる (Li 2009)。

3. 指導言語を巡る政府と現地の人々の衝突

　この指導言語を巡る闘いの歴史は50年近くに及び複雑だ。1973年、英国植民香港政府は小学校から中国語で勉強してきた児童が、中学校に入っていきなり英語で学ぶことに適応できないと判断し、中学校でも中国語を指導言語として教育し、英語は第二言語として教えるよう推奨した。一般的な科目は英語で教えるのではなく中国語で教え、英語は日本の学校と同じように独立した科目として教えるよう指導した。つまり政府は大半の科目は中国語で教えるべきだとの方針を明確に示した。しかしこの方針は学校や父母からの強烈な反対に遭い、翌年、香港政府は指導言語の決定をそれぞれの学校長に任せるとし、決定を先送りにした。英語による教育は植民政府が強制したのではなく、子女の将来を憂えた現地の人々による選択となった。

　その後、英国植民香港政府は指導言語に関して不干渉政策を維持したが、1997年3月、中国への香港返還を目前にし、突然460校ある中学校のうち100

2　指導言語としての中国語には広東語と北京語の二つの可能性があるが、初等教育では指導言語として広東語が使われており、北京語は別途に科目として学ぶことが多い。

校だけに英語を指導言語とする教育を許可し、それ以外の学校には原則として中国語で教育するよう指示した。中国語、特に広東語は大半の学習者の母語であり、広東語を指導言語として用いた方が、学習効果が上がりやすいと判断を下し、英語を使うことによる学習者の負担を軽減する方針を示した。1997年の返還以降も、香港政府は2つの書き言葉（中国語、英語）と3つの話し言葉（広東語、北京語、英語）を「両文三語」として公用語とする言語政策を推進してきており（Civil Service Bureau 2017）、多数の中学校に指導言語として広東語を使用するよう推奨してきた。

しかしまたも父母たちは英語による教育が子供たちの良い将来に繋がると信じ（Li 2009）、広東語で指導する教師は能力が低く、学校はレベルが低いと見なした。また大学では英語が指導言語として用いられるため、子どもを大学に進学させたい父母は英語能力を特に重視した。父母が教育熱心であればあるほど、子どもを英語で指導する中学校に送り込むようになり、結果として成績の良い子どもたちばかり英語で指導する学校へ集まってしまい、英語指導校と広東語指導校の学校間格差が生じてしまった。このような混乱の中、政府は雇用主、父母、学習者、学校長、教師からの要望に応え、それぞれの中学校に指導言語を選ばせる方針に2010年から転換し、再び不干渉政策に転じている。

現在、中学校の指導言語選択は市場原理に委ねられている。父母や雇用主の要請を受けた学校長は英語を指導言語として選択する傾向にあるが、現実問題として、小学校まで広東語で授業を受けてきた子どもたちが、いきなり英語による教育についていけるかどうかは未だに課題として残されており、指導言語の変化に対応できず落ちこぼれてしまう中学生が多数存在する。香港で中学生が英語を教室以外で使う場面は依然として限られており、未だに外国語習得の個人差にも十分な配慮がされていない、更に教師の英語力自体が十分でないとの報告もある（Li 2009; Dornyei 2005）。

指導言語の選択は中等教育において過熱し易い論点となっているが、高等教育においても論争の種となった。香港中文大学は条例で中国語も英語とともに主要な指導言語と指定しているが、2004年に学長が国際化方針を発表し英語

を指導言語とする講義を大幅に増やすことを決定した。この決定に対して教員、学生、卒業生の間に論争が巻き起こり、大学当局の方針を"偽国際化"と呼ぶ裁判が始まるなど感情的な反応が巻き起こった (Li 2002)。

当時は英語教育を偽国際化とする議論に一定の賛同者が存在したが、2018年現在の香港の高等教育の環境は大きく変化した。現実問題として広東語を解さない大陸の学生や非中国語圏の学生が急増しており、広東語だけによる教育は多くの学生を排除する不公平な結果をもたらす。このような実際的な要請から、多くの大学では学生による講義評価の中に「教員が英語を使って授業をしたかどうか」を採点する項目が設けられており、教員が英語で行われるはずの講義で、広東語を過度に交えた場合は注意される仕組みとなっている。香港の高等教育は、中国文学や中国社会など一部の教科を除いて、英語を指導言語とする制度へと完全に移行しつつある。

4. 英語を指導言語とする講義の観察調査

更に中国文学や中国社会など現地に深く関係する科目でも、指導言語を英語とすることがある。たとえば香港理工大学では一般教養科目としてWays of Chinese WisdomやHistory of Hong Kongという中国知や香港史に関するコースがあり、学習内容は中国もしくは香港という現地に関係する要素が大部分を占めるが、指導言語には英語が選ばれている。

多言語社会・香港の難しさは、現地で話されている広東語が留学生の大半を占める中国大陸出身者に解されないことだ。指導言語を広東語にしてしまうと、香港出身者と広東省出身者以外の学習者が排除されてしまう。そのため中国に関わる科目は指導言語を北京語として開講されることもある。香港出身の学習者の母語は広東語だがその大半が北京語を解するので、北京語を指導言語とすれば香港出身者も大陸出身者も講義を理解できる。しかし非中国語圏出身者の多くは北京語を解することはできず、欧米、中東、アフリカからの留学生は選

択できなくなってしまう[3]。指導言語を英語にすることには、香港出身者、中国大陸出身者、非中国語圏出身者の全てが参加できるという明らかなメリットが存在する。

　一方、教員と大半の学習者が中国語母語話者で、学習内容も中国や香港に深く関わる環境の下で、指導言語や教材を全て英語にすることによってどのような課題が生じるだろうか。香港において英語で中国文学や香港史を教え学ぶことに問題は生じないのだろうか。上記の「中国知」と「香港史」の担当教員と学習者に協力してもらい調査を実施し、現地に深く関わりのある人文学のコースを英語で教えることによって生じる課題を聞き取った。調査は二名のリサーチアシスタントの協力の下、調査用紙を用い基本情報を収集し、3時間講義を4回にわたり学習者として参与観察し、参与観察後に総計11回のインタビュー調査を実施した。

　まず簡単に上記科目の概要を説明したい。上記二科目はどちらも一人の香港出身教員によって担当されている。彼の母語は広東語であり専門は中国歴史学だ。米国で博士号を取得しており、英語と北京語を問題なく操ることができる。講義のシラバスは全て英語で書かれており、参考文献や講義中に配布されるハンドアウトも全て英語となっている。教員は講義の初めから終わりまで英語を使っており、学習者同士のディスカッションも英語で行うよう促している。学習者は全てが英語話者だが、その英語能力にはネイティブスピーカーの学習者から流暢さを著しく欠いた学習者までばらつきがある。

　中国知のコースは学習者数が38人であり全員が英語話者だ。そのうち36人の学習者が北京語話者であり、25人が広東語話者、2人の学習者が非中国語話者であった[4]。香港史のコースは学習者数が42人であり全員が英語話者、その

3 　非中国語圏出身者でも人文科学、社会科学を専攻している場合、北京語を習得していることがあるが、工学系・理学系の学習者の多くは中国語を習得していない。

4 　広東語話者の全てが北京語話者であった。非中国語話者の母語は、英語、タイ語、ベトナム語、フランス語であった。出身地別にすると、香港出身者が18人、大陸出身者が14人、シンガポール出身者が2人、タイ出身者が1人、

うち39人の学習者が北京語話者、32人が広東語母語話者、3人の学習者が非中国語話者であった[5]。つまり、どちらのコースも90％以上の学習者は中国語話者となる。当該科目は一般教養科目であり香港理工大学の学生であれば誰でも登録可能であり、彼らの専門は工学、理学、看護学、観光学、社会学、言語学、歴史学とさまざまである。

　講義をそれぞれ2回ずつ、全4回観察させてもらったが、学習者はグループディスカッションの途中で英語から広東語もしくは北京語に言語を変化させることが多かった。特にグループの全員が広東語話者の場合にはかなり早い時点で英語から広東語にスイッチしていた。また広東語・北京語が分からない学習者がいるグループは最初のうちは英語でディスカッションをしているが、道教の風習や中秋節の習慣など地域文化に密接した内容になると、広東語もしくは北京語に変化した。

　英語から広東語・北京語にスイッチが起きると、非中国語話者の留学生はディスカッションについて行けなくなってしまう。中国語話者の学習者たちは北京語で発言してから、北京語を解さない学習者のために発言内容を英語に翻訳し説明していた。時に議論が勢いを増すと中国語話者の学習者たちは英語に翻訳することを忘れてしまい、非中国語話者が取り残されることもあった。そのような場合には非中国語話者の隣に座る学習者が、ディスカッション内容をかいつまんで要約して英語に翻訳していた。しかし、いずれの場合も英語への翻訳が上手くいかず、途中で断念することが多かった。また翻訳できたとしても、中国語では描写に富んだ具体的な発言であったものが、英語ではかなり単純で抽象的な内容に変化していた。教員は講義を通して英語を使っており、学習者

　　　ベトナム出身者が1人、フランス出身者が1人、アメリカ出身者が1人であった。非中国語話者の2人はフランスとアメリカの出身者。

5　広東語話者の全てが北京語話者であった。非中国語話者の母語は、英語、ペルシア語、イタリア語であった。出身地別にすると、香港出身者が24人、大陸出身者が14人、シンガポール出身者が1人、イラン出身者が1人、イタリア出身者が1人、アメリカ出身者が1人であった。非中国語話者の3人はイランとイタリアとアメリカの出身者。

が広東語で質問した場合でも英語で返答することが多いが、学習者が理解していないと見ると広東語を交えて説明することもあった。その場合は、広東語で質問して来た学習者にまず広東語で返答した後、クラス全体に向かって英語で同じ内容を翻訳し直し説明していた。

5. 英語で人文学を学ぶ時に学習者が抱える課題

　以上の観察をふまえ、講義後に行ったインタビューで、学習者がなぜディスカッションの途中で言語をスイッチしたのか質問した。これに対して中国語話者と非中国語話者で異なった意見が返ってきた。中国語話者は、始めは指導された通り英語で発言しようと心がけていたが言いたいことが言えなくなり北京語もしくは広東語にスイッチしたと答えた。中国の文化や歴史について、小中学校では中国語で習ってきており、英語で表現することに限界を感じ中国語に変化せざるを得なかったそうだ。また旧正月の習慣や清明節のお墓参りなど自分の経験を踏まえ表現する時に、英語を使うことに困難を感じていた。インタビューを重ねていく中で、工学や理学を専門とする学習者に、専門科目の講義で英語から中国語へスイッチした経験があるか尋ねたところ、大半の学習者が全くそのような経験は無いと言った。さらに数人の学習者は専門科目では英語で話す方が中国語より自分の考えを明確に表現できると述べた。

　リサーチアシスタントの二人には私と一緒に講義に学習者として参加してもらい、その後インタビューに応じてもらった。リサーチアシスタントの一人は香港出身広東語話者であり上記の学習者と同じ意見を述べた。議論の前提として中国の歴史上の事件や道教の道士など文化歴史的語彙を使う必要があったが、それらの語彙の英語翻訳語を知らなかった。しかし中国語で話せばグループ内の他の中国語話者とすぐに分かりあえるため、英語から中国語にスイッチしてしまったと報告した。

　一方、非中国語話者の学習者はディスカッションで英語以外の言語が使われ

ることに理解を示していた。一人の非中国語話者は文化と言語は深く結びついており、中国の風習を中国語を全く使わずに表現すること自体が不可能だと語った。ディスカッションの時も誰かが翻訳してくれれば、香港人や中国人の実生活や経験に基づいた考え方を知ることができ勉強になると言った。この科目を通して、広東語もしくは北京語を学ぶ意欲が出てきたと説明してくれた学習者もいた。リサーチアシスタントのもう一人は非中国語話者だが、彼女は参与観察時にグループディスカッションを十分に理解できないフラストレーションを感じたとフィールドノートに書いていた。彼女は学習者たちが広東語にスイッチしてしまうと、自分だけのために英語に戻して欲しいと言いにくくなったと言った。なぜ言いにくくなったか内省してもらったところ、学習者たちが広東語で話している時は議論が活発であり笑いが有り声に感情が籠っていたが、英語に戻してもらった時はその後の議論が深まらず、発言内容も教科書に書かれている内容に沿った意見だけになったためだと説明してくれた。そのため、学習者たちに無理に英語で話してもらってもそれ程自分が得られる内容が無いと感じたと報告してくれた。私自身も参与観察をしてみて上記のリサーチアシスタントと同じように感じた。グループディスカッションで学習者たちが広東語で話し始めた時に、分からないので英語で話してと頼んでみたが、その後の議論は発言数が少なくなってしまった。次の機会は学習者たちが広東語で話しているのをそのまま聞いていたら、隣の学習者が英語で翻訳してくれてある程度議論の流れが理解できた。

　最後に、上記の学習者とのインタビュー結果と参与観察したリサーチアシスタントのフィールドノートを踏まえた上で、担当教員にディスカッションでの使用言語について複数回にわたって詳細に質問した。担当教員は学習者にディスカッションでも英語を使うよう奨励しているが、中国語を使うことも意図的に許容していると言った。彼は英語を使うことについて、自分が生まれた土地や身に着けた文化について母語以外の言語で表現することによって、自文化や自国を客観的に分析する訓練になると語った。その一方、学習者が母語である中国語を使うことを禁止するのは意味がないと言った。ディスカッションでは

学習者が自身の体験や考え方をクラスメートと共有し内省を深めることに主眼を置いており、その過程で学習者が母語を使って話し始めるのは、自身の考えを深めるために必要な行為であり、排除すべきではないと考えていた。また担当教員は学習者が英語で自分の経験を用いて意見を述べることに困難を感じていることを明確に認識しており、学習者に英語学習の機会を与える必要を強く感じていた。しかし講義は歴史や文化を主題としており英語学習だけに割ける時間はないと語った。

　以上、学習者と担当教員に対するインタビュー調査、参与観察したリサーチアシスタントや私自身の内省から現地に深く関わる学習内容を、現地語を使わず英語だけで教え学ぶ時に生じる課題が明らかになった。学習者と担当教員の双方が英語を用いて教え学ぶ中で困難を抱えているが有効な解決策を見出せていない。

　Kuteeva & Aireyは学術分野を跨いだ統一的言語政策に疑義を提示しており、自然科学では同じ学術的土壌の下に知識が累積されていくため専門用語が言語の差異を超えて共有され易いが、人文学では文体、統語、語彙を通してその言語独自のディスコースが生まれ、言語間の翻訳自体が知識創造の実践となる、と説明している（Kuteeva & Airey 2014）。英語を指導言語とする事が英語非母語者の学習に及ぼす影響は、自然科学、社会科学、人文学といった学術分野に応じて異なると認識する必要がある。私たちの調査でも学習者たちが理学や工学の講義では問題を感じていないと発言したが、中国知や香港史の講義では英語で発言することに困難を感じており、上記の研究に符合する。

　彼女たちの研究は、スウェーデンの大学でローカルなスウェーデン語とグローバルな英語という二つの言語の併用が推奨されるなか、自然科学分野において併用がスムーズに為されたが、人文学においてはスウェーデン語と英語という二つの学術リテラシーを創り出す負担が学習者に生じたと結論付けている。人文学の教員や学習者にとって、二言語併用は単なる言語間の翻訳以上の意味を持つ。私たちの調査において担当教員が英語を推奨しながらも学習者が中国語を話すことを許容した理由は、人文科目において二つの学術リテラシーを創

り出す負担を理解した上での方針であろう。学習者がディスカッションにおいて英語から中国語にスイッチした理由は、理学や工学を専攻する学習者が人文科目の学術語彙に不慣れだったり、自分の考えを表現する英語力に限界があったりするだけではなく、学習者が中学高校時までに中国語で習得してきた学術用語を英語に置き換える時に混乱が生じたからだと考えられる。歴史学や民俗学など人文学で使用される学術的語彙は、言語によって独自の文脈を持っていることが数多くある。人文学が専門の学習者であっても、異なる言語における文脈の差異とニュアンスを習得するには、かなりの時間と経験を要する。異なる言語における文脈の差異は、学習者に翻訳の困難さとして圧し掛かる。

また担当教員が指摘したように、人文学では学術的知識を単純に覚えるのではなく、自己の体験や考え方に基づいて学術的知識を批判的に考察し内省する姿勢が求められる。特に自分が生まれ育った現地の文化や歴史について話す時には学習者が家族との会話から得た知識や、冠婚葬祭などに従事した経験が直接関係する。学習者が自分の日常的体験を学術的知識と結びつけることで人文学に対する洞察が生まれる。しかし学習者の日常的体験は中国語で形成されており、習得すべき学術的知識は英語で書かれている。二つの言語の違いによって、日常的体験と学術的知識の間に深い断絶が存在してしまう。この断絶のため、学習者は自己の体験や既存知識を人文学の習得に十分に生かすことができなくなっている。

6. ARを用いて状況的学習を促し経験と知識の断絶を越える

上記のような学習者が抱える課題を乗り越えるためには、学習者の日常的体験と学術的知識を結びつける実践が求めらる。文化人類学では具体的経験と抽象的知識を繋げる方法としてフィールドワークが用いられてきた。研究者が書籍や論文で得た知識だけでなく、当該フィールドに自ら赴き現地の人々と一緒

に生活することによって、現地文化に関する深い認識に辿り着く方法だ。学習者も研究対象について教室で論文を読み抽象的な理解を得、その後フィールドに自ら赴くことによって実体験を通しより重層的多角的な認識を得ることができる。香港史や中国知の科目履修者も、講義や教科書で得た抽象的知識を、実際に街に出て人々と話し調査すれば、その比較考察の中でより深い学習を得ることができる。フィールドワークは学習者の具体的体験と抽象的知識を結ぶ付けるのにふさわしい手法だ。

　一方、学習者をフィールドに向かわせるためには多大な準備と長い時間が必要となり、必ずしも全ての講義で実施することができるわけではない。大半の学習者にとって香港史や中国知の講義は教養科目の一科目であり専攻科目ではなく、学習者は専攻科目で忙しく歴史や文化の講義に費やせる時間が限られていた。多くの学習者が中国知や香港史に興味はあるが、週に数十時間もの学習時間を割くことはできないと語った。担当教員と話したところ、彼自身もフィールドトリップやインタビュー調査を組み込みたいと考えていたが、限られた講義時間を大きく割くことはできないと考えていた。この科目の最大の課題は、専攻の勉強に追われている学習者に歴史や文化に興味を持たせることであると語ってくれた。文化人類学で用いられるフィールドワークは長い時間と丁寧な準備が要求され、このような環境に置かれている履修者や担当教員にとって最適の方法とは言えない。担当教員が講義内容を大きく変更せずに、学習者の限られた時間を有効に活用する手法が求められる。

　そこで学習者をフィールドに向かわせるのではなく、ARを使い学習者の日常を拡張することによってフィールドを創り出す方法を探った。具体的には、英語で書かれた文献、画像、動画、論文を、学習者の通学路、大学キャンパス、公園、寺院といった学習者が日常的に訪れる場所もしくはその近辺に埋め込んだ。習得目標となる英語で書かれた学術的知識を、学習者に身近な環境と結びつけることによって、学習者が抱える二つのことばの断絶を乗り越える方法を模索した[6]。

6　本章で示すデータは上記プロジェクトAugmented Reality for Culture and

先行研究によれば、ARを学習ツールとして使うことによって学習者の自然環境内に没入感のある学習体験を創出できると考えられている（Azuma et al 2001; Dede 2009）。ARを教育に活用する実践は既に数多く行われており、特に社会的活動に参加するなかで学ぶ状況的学習との親和性が論じられている（Wu et al 2013）。状況的学習理論は学習者が学習経験に積極的に関与することを重視しており、教室での学習が抽象的な知識の伝達に重きを置くのに対して、状況的学習では学習者が活動、文脈、文化の中で意図せずに知識や技術を習得すると考えられている（Lave & Wenger 1991）。

　状況的学習を促すためにARがどのように有効かについても先行研究が存在しており、ChouとChanlin（2014）は大学キャンパスツアーで位置情報に基づくツアーシステムを開発し、学習効果と楽しさの両面で肯定的な成果があったと報告している。また中学校の環境保護意識向上を目的としたフィールドトリップでも、生徒の内容理解や感情移入に成果があったとする研究がある（Kamarainen, Metcalf, Grotzer, Browne, Mazucca, Tutwiler & Dede 2013）。他にもARを駆使した結果、文化遺産の訪問者やホスピタリティ産業の利用者に教育効果がもたらされた事が示唆されている（Chang, Hou, Pan, Sung & Chang 2015; Bernardos, Cano, Iglesias & Casar 2011）。

　このようにARは既に教育に様々な形で活用されて来たが、現在はスマートフォン用の無料ARアプリケーションが各社から提供されており、ARの教育利用はかつてなく身近となっている。教員や学習者がコンピュータなど機材購入やプログラミング知識を習得する必要が全くなく、スマートフォンとWi-Fiを利用したネット接続だけで、誰もがARを広範囲に教育活用することができる。小規模の実践であれば、学習者にARアプリケーションをスマートフォ

History Learningで開発したものであり、ARの活用方法を説明するため一部が別論文と重複するが再掲する（青山2018）。プロジェクトの目標はARを活用して文化・歴史の新しい教授法を探るものだが、ここでは指導言語に関わるデータだけを活用する。プロジェクトで開発したウェブサイトはhttp://www.arculture.hk/である。

にダウンロードしてもらうだけで事前準備が完成する。

　本実践では私たち研究チームはAurasmaというヒューレッド・パッカード社の配布する携帯アプリケーションを使用した[7]。Aurasmaは誰でも無料でダウンロードできる視覚ベースのARアプリケーションであり、スマートフォンのカメラを使い画像を認識して、その上に映像や画像を映し出すことができる。たとえば図表1のように研究室の表札に図表2のような講義の映像を付与することができる（青山 2018）。学習者が図表3のようにスマートフォンでAurasmaアプリを開き研究室の表札にかざせば、図表4のように講義の映像が現れる。新入生が研究室を訪ね教員が不在であっても、研究室の表札にスマートフォンをかざせば、教員の自己紹介、近年に出版した研究、新学期の講義に向けて学習者が準備するべきこと、など教員からのメッセージを視聴することができる。

　図表1の研究室の表札のように映像を呼び起こす画像をトリガーイメージと呼び、図表2の講義の映像のように呼び起こされて出て来る映像をオーバーレイと呼ぶ。トリガーイメージはどのような画像でもよく、本の表紙でも道の標識でも現実環境から選び出して何でもトリガーイメージにすることができる。オーバーレイはスマートフォンをトリガーイメージに向けると呼び起こされるものだ。この例では映像をオーバーレイにしたが、写真が現れるようにしたり、新聞記事を出現させたり、録音など音声を置いても良い。たとえば、研究室の表札の例で言えば、教員の論文の要旨を画像として貼り付けたり、講義音声の一部を置いておいたりできる。

　またオーバーレイにリンクを貼り付けておいて別のウェブページに移動できるようにし、学習者が単に映像を視聴するだけでなく、質問に答えるなどインターラクティブにすることが可能だ。図表5のように学習者が映像をタップすれば図表6のように問題が出現し、学習者は選択式問題に答え自分の意見を書き込める。例えば、講義映像を置いておき学習者に選択式内容確認問題を解かせたり、講義の紹介映像を置き学習者のフィードバックを集めたりできる。こ

7　Aurasmaは2018年6月現在は改良されHP Revealという名称に変更されているが、基本機能は同様である。

図表1　研究室の表札(トリガーイメージ)

図表2　講義の映像（オーバーレイ）

図表3　スマートフォンを研究室の表札にかざす

図表4　埋め込んで置いた映像が現れる

図表5　映像（オーバーレイ）をタップする　　図表6　映像に関する問題が現れる

　のやり方で訪問者を対象に簡単なアンケート調査を実施しても良い。
　ここではトリガーイメージの例として研究室の表札のような持ち運びできないものを挙げたが、本の表紙や紙幣など持ち運べる物をトリガー画像にすれば、どこでもオーバーレイを見ることができる。たとえば名刺をトリガーイメージとし自己紹介映像をオーバーレイにすれば、名刺を受け取った人が家に帰ってから自己紹介映像を見ることができる。たとえば名刺の「田中一郎」のような名前部分をトリガーイメージとして、自己紹介映像をオーバーレイとして浮かび上がらせれば、名前と顔が結びつき、使った人の印象に残り易い。たとえば自著を友人に贈る時に、本の表紙をトリガーイメージにし、本の内容を簡単に解説した映像をオーバーレイとして付けて渡すこともできる。現実環境をトリガーイメージとして使う利点は、QRコードのような一見しては意味をなさな

い記号を使うよりも、現実環境と学習項目を学習者が視覚的に結び付けられる点だ。

　以上のような教育実践に必要な条件は、①教員と学習者双方がスマートフォンを所持していること、②スマートフォンに無料アプリケーションAurasmaをダウンロードしていること、③教員のAurasmaアカウントを学習者がフォローしていること、の三点だ。②と③は数分で可能であり一番大きな障害は①だろう。学習者全員がスマートフォンを持っているとは限らず、また持っていたとしてもインターネット接続が可能とは限らない。学習者全員を対象として教育実践を行うためには、スマートフォンを所持していない学習者への配慮、たとえば教員が数台の貸し出し用スマートフォンを用意する、ことが求められる。

7. ARを用いて学習者の日常を拡張する実践

　上記では研究室の表札と学校内を例としたがトリガーイメージはどこにでも設定することができる。しかもAurasmaのようなあらゆる画像を認識するアプリケーションを使えば、フィールドを物理的に改変することなく、こちらが出したい情報を現実世界に埋め込むことができる。QRコードを壁に貼り付けたり、貼り付けるために許可を取得する必要が無い。このようなARの特徴は、学習者が毎日のように訪れる通学路、大学キャンパス、公園に英語で書かれた文献、画像、動画、論文を埋め込むことを容易にする。

　この節では学習者が抱える中国語と英語の断絶を乗り越えるために、いかなる場所にどのような教材を埋め込んだかを具体的に例を挙げて説明する。私たちは総計で40か所の学習拠点を設けたが、その一つは香港人が頻繁に使う交通機関であるスターフェリーの中に設けた。スターフェリーは香港島と九龍半島を隔てるヴィクトリアハーバーを運航する渡し舟サービスだ。1888年にKowloon Ferry Companyという名で運航し始め1898年からは現在のスターフェリーに改名し、現在に至るまで観光客を魅了するアトラクションとなってい

図表7 フェリー内にある禁煙のサイン（トリガーイメージ）

図表8 船長のインタビュー映像（オーバーレイ）

る一方、香港人の通勤通学の足として欠かせない交通機関となっている。1972年にヴィクトリアハーバーに地下トンネルが開通されるまでは香港島と九龍半島を繋ぐ主要な公共交通手段であり、香港の都市としての発展に多大な貢献を果たしてきた。

　私たちは、まずフェリーを長年運航してきた船員にインタビューをし、変化の激しい香港社会の中で、世紀を越えて乗客を運び続ける船員の仕事について振り返って頂いた。インタビューは英語と広東語で行い、広東語で行ったものには英語字幕を付けた。インタビュー自体は1時間近くに及んだが、要点となる箇所を編集し2分弱に短縮し、**図表8**のようにオーバーレイとした。トリガーイメージは**図表7**のようにフェリー内にある禁煙のサインを選んだ。学習者が禁煙のサインを見つけて、彼らのスマートフォンをかざせば、船長のインタビューが画面に現れるという仕組みだ。

　学習者は通学でフェリーに乗る時に、自分のスマートフォンで気軽に船長の映像を見ることができ、誰が運航しているのか、船長はいかなる技術を身に着けているのか、緊急時にどのような対応をするのか、を知ることができる。た

だ映像を見るだけだと受動的な学習になりがちなため、全てのオーバーレイにはリンクが付いている。例えば、船長のインタビュー映像をタップすると、ヴィクトリアハーバーで過去にどのような船が運航していたのか、のように視聴した映像に関する内容確認問題が現れる。学習者は解答すると報酬として問題に関係する写真を受け取ることができ、例えば上記のような問題であれば、香港でかつて運航していたジャンク船の写真が受け取れる。

　このような学習拠点がフェリー内に4つ設けてあり、学習内容は船長や船員のインタビューだけでなく、植民地時代のスターフェリーの映像、フェリーに関連する暴動や労働争議を扱った論文、公共交通機関がもたらす社会変容に関する論文、ヴィクトリアハーバーを題材にした小説など多岐に渡る。学習者はフェリー内で、トレジャーハンティングのようにトリガーイメージを探し、映像や論文などのオーバーレイを読み込み、問題に答え、報酬としての写真を受け取る。報酬として写真を受け取ることはスタンプラリーのように全ての写真を集めたくなる動機付けの効果があり、一般的にゲーミフィケーションと言われる仕掛けだ。更に学習者は香港中に全40か所ある学習拠点（**図表9**）のどれを既に訪れたか自身の学習進捗状況が確認できる。またウェブページにはFacebookへのリンクがあり、学習者は先に同じ場所を訪れた他の学習者の感想を読み、自分の意見を残せるようにした。

図表9　学習拠点の例

	学習拠点の例	概要
1	**香港理工大学**	学習者が通う大学キャンパス
2	**スターフェリー**	19世紀末から香港島と九龍半島の間を運航するフェリー
3	**香港トラム**	1904年以来、香港島を東西に結ぶ路面電車
4	**ペニンシュラホテル**	1928年の開業、日本軍占領時代には東亜ホテルと呼ばれた
5	**チョンキンマンション**	南アジア系、アフリカ系住人をはじめ多文化多民族な建築
6	**香港動植物公園**	1860年創立、錬鉄製のステージや温室などビクトリア様式が残る
7	**文武廟**	文学と戦闘の神を祀る寺院
8	**零炭建築**	再生可能エネルギーを用い二酸化炭素排出量をゼロにした建築

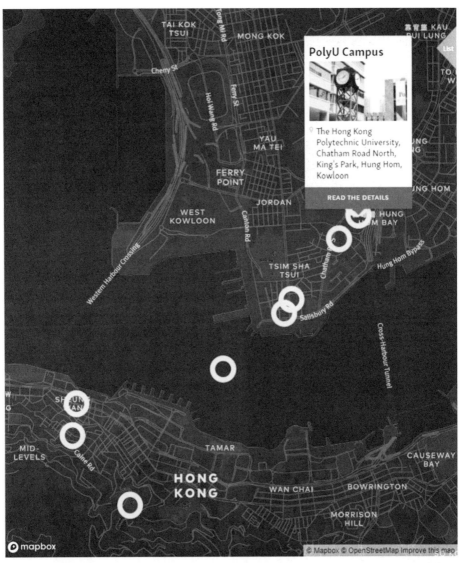

図表10　学習拠点を示すインタラクティブマップ。円をクリックすると学習拠点のより詳細な情報に移る

第10章　拡張現実（AR）を活用した英語での学習

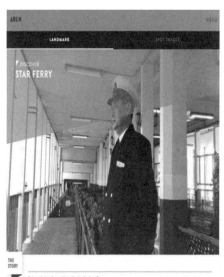

図表11　学習拠点の文化歴史的背景

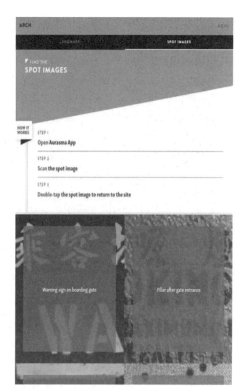

図表12　学習拠点にあるトリガーイメージ

　学習者が自分のスマートフォンで自律的に学習できるように、Aurasmaのダウンロード方法、ARの体験方法、トリガーイメージの探し方、問題の答え方、など使用方法を一括してスマートフォンに最適化したウェブサイトに記した。特に、学習者に当実践の全体像を掴んでもらった上で学習拠点に行きトリガーイメージが見つけられるよう、香港の地図を模したインタラクティブマップ（**図表**10）を用意した。この地図を見ることで**図表**10にあるような学習拠点がどこにあり、一つの学習拠点を学び終わったら次の学習拠点に移り易くした。

図表13　トリガーイメージの場所を矢印で指し示した360度画像

　学習者が**図表**10のインタラクティブマップに現れる円をクリックしていけば、学習拠点の歴史文化的背景を説明したページ（**図表**11）が現れ、クリックすれば学習拠点の付近にあるトリガーイメージ（**図表**12）が表示される。トリガーイメージは完全に見せてしまうと、学習者が現地に行かなくてもスマートフォンを二つ使うなどしてオーバーレイを呼び起こせてしまうので、トリガーイメージにカバーを付けた。技術的知識が全くない学習者でも自律的に学べるように、学習拠点への行き方、トリガーイメージの見つけ方、オーバーレイの視聴方法など、クリックするだけで自然に学べるよう設計した。

たとえば**図表**13はトリガーイメージの場所を示した360度画像だ。スマートフォンで見ると自分が向いている方角に合わせて画像が動くのでトリガーイメージを楽しく簡単に見つけることができる。学習者が一般的なスマートフォンの使用方法さえ知っていればスムーズにAR体験に導かれるよう、インターフェイスをできるだけ直感的動作で進めて行けるよう心がけた。ゲーミフィケーションの考え方を援用して、問題正答後に報酬としての写真を授与し、収集した写真を個人ページで確認できるようにし、学習者同士がワンクリックでフェイスブックに繋がり意見交換を出来るよう設計した。

8. 学習者への聞き取り調査とその結果

　以上のような学習拠点40か所を築いたあと、香港理工大学で香港史と中国知の科目をとる80名の学習者にAurasmaをダウンロードしてもらい、ARを使って学習するよう促した。まず教室内に学習拠点の例としてトリガーイメージとオーバーレイを設け、学習者にARを使う体験を実際にしてもらった。当実践では、学習者が自身の好奇心から自発的に学習拠点を訪れるかどうかを計測したかったため、学習者の成績に関わるタスクにはしなかった。また学習者が非専攻科目である当該科目に余分な時間を割けない、という条件を尊重するため、教室での紹介時間約30分以外は学習者の参加を求め強制することをしなかった。

　80名に対する事前調査でARという言葉を聞いたことがあるか尋ねたところ、77名は聞いたことがあり、ポケモンGOなどのゲームを例に挙げる学習者が多かった。次に学習にARを用いたことがあるかどうか聞いたところ、あると答えた学習者は1人もいなかった。更に学習にARを用いることが効果的と考えるかどうか意見を聞いたところ、80名中72名の学習者が肯定的評価を下していた。

　紹介から3か月後に科目履修者全員に再度尋ねたところ、80名中18名の

学習者が一つ以上の学習拠点を訪れ、62名の学習者は全く訪れていなかった。18名のうち、10か所以上の学習拠点を訪れた学習者が12名、30か所以上の学習拠点を訪れた学習者が4名であった。

　どの学習拠点にも訪れなかった学習者62名のうち8名に対して、5名と3名のグループインタビューを実施した。全員が専攻の科目の試験やレポート提出に追われており時間的に学習拠点を訪れることができなかったと言った。私が学習拠点は彼らの日常的行動範囲にあると指摘したところ、学習拠点が存在することやAurasmaを開くこと自体を忘れていたと言った。再度、ARを使った学習方法に興味があるか尋ねたところ、トリガーイメージを見つけオーバーレイを出現させることには興味を抱いており、この学習方法が成績に関係する課題になっていたらトリガーイメージを探して問題を解いただろうと答えた。

　一つ以上の学習拠点を訪ねた学習者18名のうち15人に対して、5名、3名、3名、4名ずつでグループインタビューを4回行なった。彼らは全員がAR体験の学習効果について肯定的な意見を抱いていた。たとえばスターフェリーの学習拠点についての意見をまとめると、自分が実際に乗っているフェリーを誰が運転しているのか想像したことも無かったが今ではどの船長が運転しているか毎日確認しているという意見があった。また学習拠点でスターフェリーの百年を越える歴史を学んだため、フェリーに乗っている時に植民地時代の香港の様子や人々のかつての生活に思いを馳せるようになったと答えた学習者がいた。インタビュー映像に出て来る船員を見つけて直接話しかけ、彼らの経験を聞き出した学習者もいた。またスターフェリーに乗っている時にトリガーイメージにスマートフォンをかざしていたところ、隣の高齢な乗客が興味を抱いて話しかけて来たそうだ、学習者が香港史の科目を履修していると説明すると、そのお爺さんが学生であった1950年代の話を丁寧に教えてくれたそうだ。この体験をしてから、次の学習拠点に行くのが楽しみになったそうだ。

　学習拠点での学びが授業に役立ったか聞くと、香港経済の発展についてのディスカッションをしている時に自分が利用してきた交通機関、香港トラム、バス、地下鉄、フェリーを例に出して論じることができた、と言う意見があった。

また大学構内のレストランで働く南アジア出身シェフの映像を見ていたため、文化的差異についてのディスカッションで、シェフの例を出して他の学習者に香港が移住者の都市であることを説明することができたと言った学習者もいた。実際にシェフが英語で話した内容を引用して説明することができたので、説得力のある言説になったと言っていた。

　ディスカッションにおいて英語で話し易くなったかどうか聞いたところ、学習拠点である建築物や旧市街、博物館を自分が訪れた経験をディスカッションの中で具体例として使うことができたとの意見が複数あった。実際に訪れた旧戦地跡でオーバーレイとして引き出した論文を読んでいため、戦地跡を思い浮かべながら戦争時の人々の気持ちになって語ることができたと言った。またチョンキンマンションという東南アジア出身者やアフリカ出身者が多く働いている学習拠点では、学習者が外国人移住者と英語で会話することができ、その経験をクラスで共有できたと言った。フェイスブック上では他の学習者と次はどこの学習拠点に行こうかと相談し合い、日常的に香港の歴史について意見交換する学習者のグループもいた。

　30か所以上の学習拠点を訪れた学習者は、当初は一人でトリガーイメージを探していたが、その後クラスメートと一緒に探しにいくのが楽しくなったと言った。映像を見たり、問題の答えを一緒に考えたりするのが楽しく、多くの学習拠点を訪れるようになったそうだ。彼女は自分で新しい学習拠点を創って、トリガーイメージを指定したり、オーバーレイとなる映像や論文を見付けたくなったと言った。

　一方、幾つかの学習拠点に訪れたがその後止めてしまった学習者は大学キャンパス内や通学路上にあったトリガーイメージは試してみたが、わざわざ遠くにあるトリガーイメージを探しに行く意欲が湧かなかったと言った。たとえばペニンシュラホテルの創立経緯、歴史、役割などは、インターネットを自分で調べて情報収集することが可能であり、わざわざその場所まで赴くことにそれほど意義を感じなかったそうだ。その場所を訪れてレポートを書くことが課題となっていたり、同じ問題が期末テストに出題されたりするならば行くだろう

と答えた学習者が多かった。

9. ARの英語学習への活用と今後の課題

　以上のインタビュー結果から、学習拠点を訪れた学習者がARを用いた学習の効果に肯定的な評価を下しており、自分の体験を英語で表現して講義のディスカッションに活用できていたことが分かった。またARを体験した学習者は日常生活と講義での学習内容が結び付いていることに気が付くことができた。学習者は彼らが毎日乗っているフェリーをどのような人が操舵しているのか、香港の交通手段が百年を越える時の中でどのような技術的変化を遂げてきたのか、香港という都市にとってヴィクトリアハーバーとそれを繋ぐフェリーがどのような意味を持つのかを、フェリーに乗り香港島と九龍半島を見渡しながら考えることができ、自己の体験と交えて考察することができていた。この結果は、伝統的な教員が引率するフィールドトリップや長期間にわたるフィールドワークから得られる学習効果が、学習者が自律的に参加するAR体験でも代替できることを示唆している。

　学習者たちは私たち研究チームがインタビューし映像に収めたフェリーの船長や博物館の受付係、建物の管理人に、彼ら自身で話しかけていた。オーバレイの映像を見て親近感が湧いており話しかけやすかったようだ。ここまでは研究チームが想定していた学習機会であったが、学習者がスターフェリーで隣に座っていたお爺さんと話し始めるような例は、研究チームが設計したものではなく偶発的に発生したものだ。トリガーイメージを探してスマートフォンをかざしオーバレイを見つけるという行動が、周囲の人々の好奇心を誘い、企図しない偶発的なミュニケーションを生み出す。このような偶発的なコミュニケーションから、学習者がコミュニティで生活する人々から学び、コミュニティで生活する人々が学習者に教える機会が生まれる。コミュニティの文脈に依存した状況的学習が生まれていると言えよう。ARを活用した実践が学習者やコ

ミュニティで生活している人々に状況的学習の機会を生み出した。今後の課題としては、偶発的コミュニケーションが発生し易くなるように、たとえば老人たちが集まって木陰で碁を打っている場所にトリガーイメージを指定するなどの工夫が考えられる。英語学習に焦点を当てた場合は、チョンキンマンションの例のように、移住者が生活している場所にトリガーイメージを置き、学習者と移住者の間で会話が生まれるように仕掛ける方法が考えられる。

学習者は一人ひとり個人で学習拠点を訪れるだけでなく、学習者同士がチームを組んでトリガーイメージを探しに行き、その過程で情報を交換し合うなど、より協働的な学習方法があることが分かった。今後の改善点として、学習者が協力すると解決し易い課題をあらかじめ設計しておく工夫が考えられる。

一方、AR体験をコースの成績と紐づけない限り、学習者が好奇心から自発的に学習拠点を訪れることは少ないことも分かった。数多くの学習拠点が香港理工大学構内や30分以内で行ける場所にあるにも関わらず、80%近くの学習者が学習拠点を訪れたりトリガーイメージを探そうとしたりしなかった。学習拠点を訪れトリガーイメージを探すことは時間の無駄であり、インターネットによる調査や教室学習活動に比べて効率が悪いと判断されたようだ。学習者はARを使った学習を試したことがなく、それがどのように学習に繋がり役に立つのか分からないため、積極的にAR体験を試みなかった。解決策としてはフィールドトリップ後にエッセイを書かせ採点する、または学習拠点を訪れオーバーレイから学んだ問題をテストに出すなど、成績評価に組み込む方法が考えられる。

当研究では香港の学習者が、大学の指導言語が英語であることによって抱えてしまう課題を指摘し、その課題を乗り越えるためにARという新技術を活用し学習者を教室外に導き出した。学習者の普段の生活のなかに英語の情報を埋め込むことによって、学習者が自律的にフィールドに赴き英語で会話し学習し、その経験を教室内に持ち帰り学習に生かせることが示せた。また当研究では学習者や担当教員に新たな機材購入や時間負担を求めるやり方を技術中心主義として避けた。講義内容の変更を求めず、学習者に新たな課題を強制せず、フィ

ールドにQRコードを貼り付けるなど物理的改変を加えることなしに、上記のような結果が得られたのは一定の成果と言える。一方、学習者をAR体験に導く方法については課題が残った。単純に英語で書かれた情報をばら蒔いただけでは学習者の現実を拡張したとは言えない。より多くの学習者が自発的にAR体験を求めていくように、ゲーミフィケーションの要素を増やしたり、AR体験から生まれる状況的学習の意義を事前に説明したり、という改善が必須となる。

10. 人類学・社会学的視点からみた新技術の活用

　最後に本書のテーマである人類学・社会学的視点から、ARのような新技術の教育導入を批判的に内省したい。新技術の導入は往々にして以下のような言説と共に推奨される。「コンピュータとインターネットによる情報技術革新は印刷革命に匹敵する」「メディア革命は人の考え方や人間関係を本質的に変容させており、教育の在り方も急激な変化に迫られている」などだ。私たちがコミュニケーションに用いるメディアが変化しているのだから、学習者も教員もそれに合わせて変化するしかなく、変化しなければ取り残されると説かれる。チョークと黒板のような旧態依然とした道具を使っていれば教育効果がなく、人口知能など新技術を活用すれば画期的な教育ができるという考え方だ。人類学・社会学的視点は、このような考え方を安直に受け入れることなく批判的に問い返す（宮武2000）。

　コンピュータやインターネットなどの情報技術の革新は、川が流れ、草が伸びるように自然に起こったものではない。「誰が」、「どのように」、「なぜ」、新しい情報技術を開発したのかという重要な問いが残されている。インターネットはアメリカ国防総省の資金提供を受けたARPANETが開発したTCP/IPとパケット通信という技術を基礎にしている。情報技術は自然に発生してきたのではなく、個人や組織が何らかの目的を持って資金を集め競争の中で開発されてき

たし、現在も資本、政府、市場の論理に従って新技術が生まれ続けている。人類学・社会学的視点を持つことによって、私たちは情報技術の革新を避けられないものとして受け入れるのではなく、誰が、どのように、なぜ、という問いを投げかけることができる。どうしてスマートフォンやクラウドサービスを私は使うのかと問い返し、人類学・社会学的視点を保ち続けることによって、私たちは情報技術の変化に無抵抗な受身な存在から主体的に技術を選択する個人となる。

　また人類学・社会学的視点は人々が築いてきた社会の地理的文化的歴史的多様性を尊重する。たとえばインターネットやコンピュータが人々の関係を変えてきたと言うが、このような言説は全ての人に当てはまるのだろうか。International Telecommunication Union（2017）によれば、コンピュータを保持している世帯は世界総世帯数の47.6％に過ぎず、インターネットを使っている個人は世界人口の48％だ。つまり情報技術の普及が声高に叫ばれているが、いまだに世界の半分以上の人々はその恩恵にあずかっていない。情報技術は地理的に不平等に分配されており、インターネット普及率はアイスランドで98.4％に達しているが、エリトリアでは1.2％に満たない（ITU 2016, 2017）。人類学・社会学的視点は、ある地域で毎日のように使われている技術や機械が決して人類全体や社会全体に共有されていないことを喚起する。当研究でAR技術の教育利用ができたのは、香港の学習者全員がスマートフォンを所有しており、インターネットの高速接続が可能であったという特殊環境による。さらにいえば学習者がスマートフォンにアプリケーションをダウンロードし、アプリケーションを開きユーザー登録をし、画面をクリックし画像をスライドするという操作を既に習得しているから可能であった。同じような実践が他の地域や環境で応用できるとは限らない。

　人類学・社会学的視点は制度の自明性を疑う。本章では、香港で英語が指導言語として使われる歴史的経緯を、英国植民政府による教育方針、教育機関の対応、グローバル市場の要請、父母の要求というステークホルダー間のせめぎ合いのなかに見出した。人類学・社会学的視点を持つことによって、わたした

ちはこのような歴史的経緯の結果として築かれた現在の教育制度を単純に受け入れるのではなく、その制度が現在に生きる学習者個人にどう圧し掛かっているかを注視することができる（ましこ 2012; 吉野 2014）。単純に英語を便利な道具として受け入れたり、逆に植民地支配の遺産と拒絶したりするのではなく、英語が指導言語になることによって誰がどのような体験をしているのかを問い続ける必要がある。学習者に圧し掛かる教育制度は長い時間の中で築かれてきており、あらゆる不正義や不公平を内包している。たとえばARという新技術の導入が英語で人文科目を学ぶことを促進するだけになってしまえば現制度の無批判な肯定に過ぎない。新技術の導入は学習者を「なぜ英語で香港の歴史を学ぶのか」という現行制度への問いにいざなうべきだ。

参考文献

青山玲二郎（2018）「日本語コミュニティを学習者のパートナーとする——拡張現実（AR）を使い日本語学習者と話者を結びつける」『日本学刊』第21号 152-170.

ましこひでのり（2012）『ことば／権力／差別——言語権からみた情報弱者の解放』三元社

宮武公夫（2000）『テクノロジーの人類学——現代人類学の射程』岩波書店

吉野耕作（2014）『英語化するアジア——トランスナショナルな高等教育モデルとその波及』名古屋大学出版会

Aoyama, R. and Tse, H. (2017) Using augmented reality and gamification to make history field trips more engaging for university students. *Proceedings of the 6th International Conference on Language, Education, Humanities and Innovation 2017, the Interdisciplinary Circle of Science, Arts and Innovation*, 142-151, Singapore.

Azuma, R., Baillot, Y., Behringer, R., Feiner, S., Julier, S., and MacIntyre, B. (2001) Recent Advances in Augmented Reality, *IEEE Computer Graphics and Applications*, 21 (6), 34–47.

Bacon-Shone, J., Bolton, K. R., & Luke, K. K. (2015) *Language use, proficiency and attitudes in Hong Kong*. Social Sciences Research Centre, the University of Hong Kong.

Bernardos, A. M., Cano, J., Iglesias, J., and Casar, J. R. (2011) Mobile Indoor Augmented Reality: Exploring Applications in Hospitality Environments,

Proceedings of the 1st International Conference on Pervasive and Embedded Computing and Communication Systems, 232-236. Vilamoura, Portugal.

Bolton, K. (2002) *Hong Kong English: autonomy and creativity (Vol. 1)*. Hong Kong University Press.

Chang, Y.-L., Hou, H.-T., Pan, C.-Y., Dung, Y.-T., and Chang, K.-E. (2015) Apply an Augmented Reality in a Mobile Guidance to Increase Sense of Place for Heritage Places, *Educational Technology & Society*, 18 (2), 166-178.

Chou, T.-L., and Chanlin, L.-J. (2014) Location-Based Learning through Augmented Reality, *Journal of Educational Computing Research*, 51 (3), 355-368.

Civil Service Bureau, *The Government of the Hong Kong Special Administrative Region*　http://www.csb.gov.hk/english/aboutus/org/scsd/1470.html Accessed 15 Feb 2017

Cuban, L. (1986) *Teachers and machines: The classroom use of technology since 1920*. Teachers College Press.

Cuban, L. (2009) *Oversold and underused*. Harvard University Press.

Dearden, J. (2014) *English as a medium of instruction-a growing global phenomenon*. British Council.

Dede, C. (2009) Immersive Interfaces for Engagement and Learning, *Science*, 323 (5910), 66–69.

Dornyei, Z. (2005) *The Psychology of the Language Learner: Individual Differences in Second Language Acquisition*. Mahwah, N.J.: Lawrence Erlbaum Associates.

Gunderson, L. (2017) *English-only instruction and immigrant students in secondary schools: A critical examination*. Routledge.

International Telecommunication Union (2016) *Country ICT data*. https://www.itu.int/en/ITU-D/Statistics/Pages/stat/default.aspx

International Telecommunication Union (2017) *Global and regional ICT data*. https://www.itu.int/en/ITU-D/Statistics/Pages/stat/default.aspx

Kamarainen, A. M., Metcalf, S., Grotzer, T., Browne, A., Mazucka, D., Tutwiler, M. S., and Dede, C. (2013) EcoMOBILE: Integrating Augmented Reality and Probeware with Environmental Education Field Trips, *Computers & Education*, 68, 545-556.

Kuteeva, M., & Airey, J. (2014) Disciplinary differences in the use of English in higher education: Reflections on recent language policy developments. *Higher Education*, 67(5), 533-549.

Lave, J., and Wenger, E. (1991) *Situated Learning: Legitimate Peripheral Participation*, New York: Cambridge University Press.

Li, D. C. S. (2009) Towards' biliteracy and trilingualism'in Hong Kong (SAR) Problems, dilemmas and stakeholders' views. *AILA review*, 22(1), 72-84.

Li, D. C. S. (2002) Hong Kong parents' preference for English-medium education: Passive victims of imperialism or active agents of pragmatism. *Englishes in Asia: Communication, identity, power and education*, 29-62.

Mayer, R.E., (2010) Learning with technology. *The nature of learning: using research to inspire practice: OECD Publishing*, 179-98.

Norman, D.A. (1993) *Things that make us smart*. Addison-Wesley, Reading, MA.

Paulston, C. B. (1980) *Bilingual Education Theories and Issues*.

Pennycook, A. (2017) *The cultural politics of English as an international language*. Taylor & Francis.

South China Morning Post. (2014a) *Hong Kong must not lose sight of its competitive advantages as a bilingual city* <http://www.scmp.com/comment/insight-opinion/article/1823335/hong-kong-must-not-lose-sight-its-competitive-advantages> Accessed 12 June 2017

South China Morning Post. (2014b) *Official use of English being 'neglected' by Hong Kong government* <http://www.scmp.com/news/hong-kong/article/1818260/official-use-english-being-neglected-hong-kong-government?page=all> Accessed 12 June 2017

The Government of the Hong Kong Special Administrative Region. *Use of language in Hong Kong*. http://www.censtatd.gov.hk/hkstat/sub/sp453.jsp?productCode=C0000086anguage, Report No. 59. Accessed 12 June 2017

Wu, H.-K., Lee, S. W.-Y., Chang, H.-Y., and Liang, J.-C. (2013) Current Status, Opportunities and Challenges of Augmented Reality in Education, *Computers & Education*, 62, 41-49.

第11章

ことばにならない経験をことばにすること
多文化チーム・エスノグラフィーの実践をふりかえる

井本 由紀（慶應大学）・徳永 智子（群馬県立女子大学）

1. はじめに

　薄暗い地下のお店に入っていくと、焼肉の匂いと油の熱気が立ち込めている部屋に、すでに学生20名ほどが三列の長テーブルに向かい合って座っていた。私たち教員2名も、新大久保でのフィールドワークを終え、その日のふりかえりを行うために合流した。部屋にはK-popの音楽が流れ、壁には韓国のバンドのポスターやサイン入りの写真が一面に貼られ、ハングル、日本語、英語での落書きが飾られている。普段の教室からはかけ離れた私たちにとっての非日常的空間だ。アメリカ、中国、ドイツ、インドネシア、オーストラリア出身の留学生たちと日本人学生とが、それぞれの班ごとに、午後から街を歩き、夜にはともに食べ・飲み・笑いあい、そのなかで経験を共有する。言語の壁によるとまどいや沈黙もあり、お互いの愚痴や笑い話も飛び交う。はじめは「英語は話さない」と交流に抵抗していた田中君[1]に対して、実は一番英語が話せるではないか、とメリナさんが文句を言う。あるいは、班のメンバーの中で、歩くペースや目的意識の意思疎通が取れず、大変だった、と苦労話をする斎藤君。ずっと日本語が通じない留学生だと思っていたら、実は日本人だった、と帰国生

1　学生の名前は、プライバシー保護のためすべて仮名としている。

と英語で話す場での困惑を見せる学生など。私たちが取り組む「多文化チーム・エスノグラフィー」(徳永・井本 2017)の実践では、さまざまな言語、空間、時間、人間が重なり合う中で、「ふりかえり」を繰り返している。ふりかえりの場としての飲み会の場を、文章であるいは教室の話し合いの場でふりかえり、時間を経てそれを私たち教員がふりかえり、その行為をさらにふりかえる、と螺旋状に鏡のイメージ (reflection) が重なっていく。本章では、そのような錯綜し、反射し合う「ふりかえり」の行為としてのチーム・エスノグラフィーの実践についてふりかえる。

　私たちは、今回、人類学・社会学・多文化共生をテーマとした授業を協働で担当し、「チーム・エスノグラフィー」の実践を「多文化クラス」[2]で試みた。多様な背景と視点の学生と教員が、多文化共生の象徴ともいえる場としての「新大久保」(新大久保の詳細は原〔2010〕を参照)に身を置き、そこで何を経験し、何をふりかえるか。人類学的エスノグラフィーの教育実践の核を「ふりかえり」と位置付け、人類学的エスノグラフィーを授業の中心的な取り組みとしながら、その過程を「ふりかえる」ことを試みる。

2. 「ふりかえり」とは

　教育の実践には常にコミュニケーションがかかわるが、必ずしもその全ての経験が(狭義の)言語で捉えられるわけではない。私たちは、フィールドワークという、言語に収まらない身体的な側面を多く含む教育実践の経験を、ことばとして記述し、「ふりかえる」ことについて、実践と考察を試みてきている。

2　「多文化クラス」(徳井 1997)とは、多様な文化的・言語的背景をもつ学生が日本語か英語、あるいは両方の言語を用いて、共に学び合う体験型の授業である。近年、異文化間教育や関連する領域で、その実践や研究が報告されている(末松・阿 2008；坂本・堀江・米澤 2017)

> 言語が現実を反映し、言語が文化への優先的な窓口であるということはかつてのように断定できない。ほとんどの社会的経験はことばを超えた領域にある。(Hastrup 1994: 6、筆者訳)

　以上のハストラップによる引用のように、かつて文化人類学者にとっては、ある文化に内在する構造や意味を、儀礼や言語の観察によって捉えることが最重要な課題であったが、90年代以降、言語によって現実をとらえることの限界と暴力性が認識されるようになった。客観主義的な立場に対して「現実」を放棄するような主観主義にとどまるのではなく、客観と主観、心と身体の二項対立を克服する手段、対立を包み込むパラダイムとして、身体化 (embodiment) と情動 (affect) への関心が高まっている (Csordas 1990,1993)。身体化とは、人間の生が、身体によって根をおろしているという事態を表すことばである (菅原 2013)。身体は私たちが何かを知覚し、行動し、思考し、コミュニケーションにいたるすべての過程の契機であり、基底である。つまり言語も身体化の一部として捉えられる。これは当たり前のようでありながらも、我々は日々、特に教育の場において、デカルト的な心身二元論の考え方に支配されている。しかしここで「情動」に意識を向けることによって、身体化された存在を浮かび上がらせることができる。情動とは、フィールドに共在する身体が互いに影響し合うことで生み出される感覚であり、それは主体的個人から湧き上がる感情ではなく、人とモノ、環境などのかかわり合いの中から受動的に生起する作用である。情動はふりかえり (reflection) 以前の知覚であり、そこからふりかえりによって、ことばとして、経験として現実が展開していく。近年の人類学は、認知科学と接近しつつ、この情動のプロセスに着目している。

　教育学においても、身体への関心は、認知科学との接合の中で議論されている。たとえば、諏訪 (2016: 127) は、身体感覚を意識化する重要性を説き、「身体の動きや体感、そして身体を取り巻くモノ世界に留意し、それらをことばと結びつけるためのメソッド」として「からだのメタ認知」を提案している。体感したことをことばにしていくからこそ、環境や身体の感覚に敏感になり、身

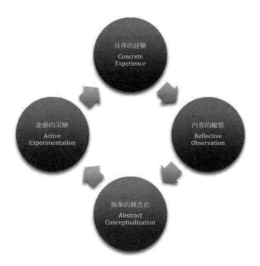

（Kolb 1984: 33 より）

体を通した深い学びとなる。私たちは教育の現場で文化人類学的なフィールドワークを実践することで、一つの客観的な答えではなく多様な経験からの多様な現実を重視し、経験のもとにある情動・身体感覚にも意識を向けていくことを目指してきた。限られた場であるが、人類学的フィールドワークの授業の場は「他者」に出会い、経験をともに作り出し共有し、それを言葉にしながらふりかえり、自己変容と気づきを続けていくプロセスであると考える。これは、「ことば」と切り離せないプロセスでありながら、ことばにかたどられない身体的な経験に意識を向けていく機会でもある。

　以上を踏まえて、本章の枠組みとしての「ふりかえり」について考察してみよう。「ふりかえり」（reflection）については、構成主義的な学習観にもとづき、Deweyを始めとする理論家によって議論されている。特にKolb (1984) の理論は「体験すること」を目的とするのではなく、上の図のように、具体的な経験を受け、それをふりかえることで概念化し、そこから行動とさらなる経験につなげていく円環のプロセスを強調している点で参考になる。

　Kolbの理論では、構成主義が前提とする主体的で能動的な自己、あるいは

言葉で概念化することの限界については触れられていない。そこで、経験によってその都度自己がつくられるような学びのプロセスを描いている西平直 (2005) のふりかえり観に注目したい。

まず西平は、森有正の「体験」と「経験」の定義付けを説明する。「体験」は自己が先に存在し、その自己が取り入れるものであるのに対し、「経験」では、「むしろ経験のほうが自分の中に入り込んで来て、自分があとからそれに気づく」。この際の経験は、言葉として認識が確立される概念化以前の状態ともいえる。

「ならば、経験として引き受けるためには、むしろ言葉など捨てた方が良いのか。言葉にこだわるから、せっかくの「経験」を「体験」に引き止める。自分の理解に合わせて現実を裁断してしまう。それよりも、柔らかい感覚に身をゆだね、生の実感の中で、現実に触れた方が良いのではないか。むしろ、「言葉にする」という作業それ自体が、そもそも「経験」になじまないのではないか。」と西平は経験と言葉のジレンマを検討しつつ、「ふりかえり」という「言葉」にこだわる作業——それは他者と話し合うことであったり、文字にすることであったりするが——の意義を問う（西平 2005: 237）。

西平は、「「言葉にならないこと」を大切にするからこそ、あえて言葉にする」とふりかえりの作業を肯定する。言葉にしようとしつつ、すくい取れない何かが残る。そこが経験のもっとも大切な部分でもあり、言葉との関係の中で深まる。

> 言葉にする工夫をすればするほど、より一層、言葉にならない深い領域に近づいてゆく。そうした意味で、言葉にすることによって、経験を深く自分の中に染み込ませてゆく。言葉によって内側を探れば探るほど、経験は、より一歩先へと逃げてゆく。より内側の深いところに入り込んでゆく。(西平 2005: 238)

そして西平は学び（気づき）とふりかえりを次のように結びつける。

その「わたくし」の内側に入り込んだ経験が、ある時突然、方向を変えて経験自身の側から姿を現わす時、それを「気づきawareness」というのだと思います。その意味で、言葉が「気づき」をもたらすわけです。
(西平2005: 238)

　以上のとおり、「ふりかえり」（＝エスノグラフィー）とは、経験を経て、経験により自分が変容する過程で「ことば」にすること（ある種の相容れない困難な行為）、そしてそのことばにすることはことばにならない深い領域に入ることでもあるとする。それは身体的なプロセスでもある。私たちも授業実践をふりかえることで、「ふりかえり」の概念化とそれに伴う経験を弁証法的に深めていきたい。その過程の一部を以下、言葉に留めてみたい。

3. 多層的なエスノグラフィー

　私たちは、大学で様々な教育実践を行うなかで、ふりかえりを重ねてきている（井本・徳永2017）。2015年度からお互いA大学で多文化クラスも担当していることから、多様な文化的・言語的背景をもつ学生たちが共に学び合える場の作り方、ディベート型の授業でなく感情や情動に意識を向けていく授業のあり方などについて、授業で感じた戸惑いや違和感を言葉にしながら、ふりかえっている。失敗談や反省点を共有しながら、それを次の実践につなげていくために記述する。
　本実践は、普段の教室での学びとは異なるコミュニケーションのあり方に触れる機会を増やそうと、井本の文学部の文化人類学ゼミ（ゼミ）と、徳永の留学生センターの授業（留セ）が協働して2015年後期と2016年前期に行ったものであり、ここでは特に2016年前期の授業に着目する（詳細は、徳永・井本〔2017〕を参照）[3]。普段交流することがほとんどない学生同士が共に新大久保でフ

---

[3] 本章では、井本の文学部ゼミの受講生を「ゼミ生」、徳永の留学生センターの

ィールドワーク・ふりかえりを行うこととした。井本のゼミは、社会学専攻の日本人学生が17名（主に3年生）受講し、徳永の「多文化共生とエスノグラフィー」の授業には、出身国、言語、専攻など多様な学生13名（3名が正規学生、10名が短期の交換留学生【出身国：ベトナム、インドネシア、中国、フランス、アメリカ、カナダ、ドイツ、オーストラリア、主に3、4年生】が参加した。

　それぞれの授業で多文化共生やエスノグラフィーについての学びを深めながら、2016年5月に新大久保での合同フィールドワークを行った。井本のゼミ生と徳永の留セ生による混合チームを4つ作り、グループごとに約3時間にわたって新大久保を自由に歩いた。前の週の授業で、多文化共生と関連する場所が記載されている地図を配布し、グループを決め、グループごとの打ち合わせも行った。フィールドワークの後は、新大久保にある韓国レストランで夜ご飯を食べ、おしゃべりを楽しみながら、ふりかえりを行った。その後、各学生が自分の視点を意識しながら、観察したこと、感じたこと、疑問に思ったことなどをフィールドノーツとして執筆し、それを互いに読み合い、授業でふりかえった。ゼミ生と留セ生のフィールドノーツも一部翻訳し、交換し、コメントをし合った。フィールドノーツを書くにあたって、従来の客観性を重視したフィールドノーツのまとめ方ではなく、主観も書き込むように指導した。

　ふりかえりを重ねるなかで、教員間、学生間、そして教員と学生の間での複層的な学び合いがフィールドワークを媒介して行われ、様々な視点・認識が組み合わさり、立体化していった。人類学的エスノグラフィーには、異文化との出会いや「他者」との交流（＝経験）を通して自分を見出す（自己内省と変容）というプロセスが含まれる。授業の一環での教育実践という制約の中で、フィールドの「他者」（つまり新大久保の住民、店員、来訪者）と交流することには限界があるが、同じフィールドに多文化クラスの学生らが共に赴くことで、学生間や教員と学生の間の交流を生かし、自己内省を導くことが可能となる。筆者らは、チーム・エスノグラフィーを通して、観察対象のフィールド、

　授業の受講生を「留セ生」と呼ぶ。

共に観察する共同調査者、そして自分という三者の眼差しがかかわり合うことから、多様で立体的な「多文化」の空間の認識が浮かび上がることを想定した。観察・交流（経験）と共有・ふりかえりのプロセスをフィールドノーツに書き、共有することで促していった。

4. チーム・エスノグラフィーの教育実践をふりかえる

4-1. ことばを使うことの難しさ

　ふりかえりの実践としてフィールドノーツを読み合うことで、個々人の視点からの新大久保の表象の多様性が立ち上がってきた。それは「多文化」な場所であるとされる新大久保の「多文化」の意味合いが実は多様で複雑であるという気づきをもたらす。そもそも、多文化であるかいなかは、すべての価値判断と同じく、程度・尺度・視点の問題である。私たち教員自身が多文化教育・政策を研究対象として固定化してしまっていた概念を、学生たちの視点を通して改めて相対化させられる機会であった。以下、新大久保の「多文化」を象徴する「多文化共生プラザ」に足を運んだ学生達と教員達の反応と描写をふりかえる。

　まず、2015年に筆者ら二人での街歩きをした際に、多言語教育の取り組みの場として印象深かった多文化共生プラザの場所を、学生たちに地図で示した。多文化共生プラザについて、ホームページでは以下のような案内が記載されている：「新宿区は、多文化共生のまちづくりを推進するため、日本人と外国人が交流し、お互いの文化や歴史等の理解を深める場として、『しんじゅく多文化共生プラザ』を2005年9月1日に設置しました。」「このプラザは、日本語を学んだり、日本文化や地域の情報を収集・交換するなど、様々なことに利用できます。毎年約2万人もの方々が利用しています。ぜひ、お気軽にお立ち寄りください。」（しんじゅく多文化共生プラザのウェブサイトより）

新大久保に関する学生たちの記述は以下のようなものであった。

> 新大久保は、想像していたよりずっと多様な場所であった。確かに、韓流のものがそこら中にあったが、そのほかに、インド系、ラテン系、中国系の人が歩いていたり、店にいた。新大久保はコリアンタウンと呼ばれているが、実際は実に多様である。とにかくいろいろな言語が聞こえてくるので驚いた。これまでに東京に数ヶ月暮らしていて、日本語と英語以外の言語をこんなに耳にしたのは初めてだった。(留セ生、ジュリアさん)

まずこのように、コリアンタウンとしてのイメージが根強い新大久保を、フィールドワークを通して「多国籍」「多文化」な場として捉え直す学生が多い。しかし多文化共生プラザの描写・解釈は様々であった。

> しんじゅく多文化共生プラザは私の想像とはかなり異なるものだった。新大久保ではほとんど見かけなかった大きくきれいな建物の11階にそれはあった。そこでは日本語教室を開講したり、さまざまな国から来た人々を視野に入れた交流会やイベントを開催したりしているという。このように、日本で暮らす外国人の支援をするための施設であった。ここで私は少し違和感を覚えた。なぜなら、困った外国人の相談に乗るという施設であるにもかかわらず、アクセスしづらかったためである。とても立派で警備員が何人も立っているようなビルの11階の奥の一室にあり、どう考えても一人でふらっと立ち寄ることは難しいのではいかと考えた。この多文化共生を掲げる施設は、実際に外国人の生活をサポートする役割を果たしているのか、かなり疑問に思った。(ゼミ生、小林さん)

このように、実際に訪れてみると、「多文化共生プラザ」という名前から想像する場所と実態の違いに疑問を感じる学生もいる。小林さんは、外国人をサ

ポートできる場所なのかどうか、と問題提起をしているが、「多文化共生」の政策的意図・支援的側面に意識が向けられていることがわかる。

次に留セ生のジナさんの記述をみると、別の視点からの意味付けが見られる。

> 一番驚いたことは、徳永先生が行くよう勧めていた多文化共生プラザだった。先生の説明とリーディングを読んで、この施設は新大久保の中心にあり、一つの建物だと思っていた。外国人住民が多言語でおしゃべりし、大きな声で笑い、日本での日々の苦労から解放されるような場だと想像していた。しかし、新大久保の中心からかなり離れ、オフィス街にプラザが入っていることを発見し、疑問に思った。プラザが入っている部屋に向かって廊下を歩くと、とても静かだった。フォーマル。とても日本的だ（So Japanese）。(留セ生、ジナさん)

筆者らにとっては当たり前となってしまっていた「多文化共生プラザ」や類似する施設の独特の構えが、留学生にとっては「日本的」に映ることは意外であった。多文化共生はそもそも自治体による政策的・官僚的な取り組みである以上、それが「フォーマル」で「日本的（ナショナルなもの）」に映るのも、納得いく視点である。教員間でのふりかえりを続けるうちに、私たちの多文化共生プラザに対する捉え方が一面的であり、省察的ではなかったことを反省させられた。つまり、施設のユーザー側に十分立っていなかったのであり、提供側の視点に立っていたのかもしれない。

同時に留学生が何を「日本的」と捉えているのか、それが「多文化共生」とは対極にあるものして位置付けられていることが上記のフィールドノーツの表現からはわかる。「多文化」とはどのような状況と場なのか、というのは「日本的」という概念と同様に、個々の立場によって異なり、多様であることにまずは気づかされた。さらに、「多文化」と「日本的」という形容が対立的なカテゴリーとして固定化される危険性についても、ふりかえりを通して考えさせられた。官僚的な施設を「日本的」と表現することについて、私たちはどう受け

止め、どう応対すればよいだろうか。授業で十分に「日本的」というステレオタイプを崩し、欧米と日本という二項対立を乗り越えることができたのだろうか。それとも、日本は官僚的・保守的・排他的・単一的であり、欧米（home）はよりリベラルで多文化である、という対立が強化されてしまったのではないか。そして私たち自身が今このふりかえりを書く過程の中で、二項対立を作り出してしまっているのだろうか。重要なのは、浮かび上がる問いに答えを出すことではなく、問いを意識化し、議論を重ねていくことであると考える。

　「多文化」や「日本的」に関する議論は、多文化共生プラザだけでなく、新大久保自体にも及んだ。アメリカとフランスから留学してきた2名の留セ生のフィールドノーツには、馴染みのある欧米諸国の移民コミュニティと比較すると、新大久保で彼女らが意味づける「多文化」をさほど感じなかったと書かれている。

> 今回のフィールドトリップの中で、細々した多様性は見つかったが、なんだか、多様性が日本的文化・社会に包み込まれているという印象が常にあった。外国の多文化が、日本の言語や慣習に覆いかぶされているという感覚だ。このような感覚は、私が米国の移民の状況に慣れ親しんでいるからだろう。多くの場合、彼ら、彼女らは何年もアメリカに住んでいたとしても、一言二言しか英語を話さず、自文化・自言語の中で暮らしている。アメリカでは、それぞれの文化や習慣を守って生きていればよいが、日本ではそのようではなさそうだ。(留セ生、ニナさん)

> 全体として、新大久保では、たとえば韓国やトルコなどの異文化の存在が強く感じられた。しかし、多文化的な街とは言えないと思う。これは、自文化中心的に聞こえるかもしれないが、フランスでは、まったくそこはフランスでないと感じるような場所がある。たとえば店員もほとんどフランス語を話さない。ただし多文化を感じないのは、わたしがまだあまり日本を十分に見ていなく、何がその場所を日本的にしてるかして

いないかを識別できず、また日本語標識なども読めないからかもしれない。同じ班の日本人の学生は、まったく日本にいないような感覚だ、と言っていたので、私が個人的に日本人ではないから、こういう感じ方をしたのかもしれない。(留セ生、セリナさん)

ふりかえりをするなかで気づいたことは、特に欧米諸国からの留学生が論争的なディスカッション形式の授業に馴染んでいるため、フィールドワークを行うなかで湧き上がる様々な感情や身体感覚に意識を向けて、それらを授業中に共有することの難しさである。感情を排除して文章を書くこと、ディスカッションでは論理的な議論をすることが「正しい」と訓練されてきた学生たちがいることで、授業中のふりかえりが多様な感情や思考が交錯する場ではなく、一つの「答え」や「結論」に収斂するための議論の場になってしまうことが多々あった。例えば、新大久保でのフィールドワークの感想を聞くと、留セ生のセリナさんのノーツに示されているように、新大久保は多文化共生の街と言えるか、言えないかという二項対立の議論がなされ、フランスやアメリカと比較して多文化な街とは言えない、という意見が出てくる。複数の学生が、はじめて新大久保に行き、欧米諸国の移民コミュニティと比べると多文化の要素が少なく、「I was disappointed」（がっかりした）と語る。欧米では多文化主義が進んでいて、日本では遅れている、という見解は留学生から頻繁に聞こえてくる。しかしフィールドワークで私たちが確認したいことは、「多文化」であるかないかに関するイデオロギー的・観念的議論ではなく、個々人の経験そのものを感じ取り、理解しようとすることである。これは欧米の大学院で教育され、欧米的な多文化主義あるいは「オリエンタリズム」の理論を内在化している私たち筆者にとっても難しい作業であり、新たな次元での学びのプロセスである。ふりかえりを重ねていくなかで、少しずつ日本の多文化化や多文化共生の見え方や語り方は変化していき、その多様性が捉えられてきたが、難しさは残る。

4-2. 情動・感覚に意識を向ける：異文化体験の先へ

　私たちが授業にフィールドワークを取り入れる意図は様々であるが（徳永・井本 2017参照）、その一つとして、前述したデカルト的心身二元論のうちの心（思考）に偏りやすい大学の教室空間の外に出ることで、身体での学習も取り入れたいという想いが挙げられる。特に今回の多文化チーム・エスノグラフィーの実践では、歩き慣れていない街で、知らないメンバー（国籍や生まれ、言語も異なり、初めて出会った人たち）と回ることから生まれる刺激や違和感から、身体感覚への作用と意識が高まりやすい環境が作り出せていた。教室内で議論し、テキストで知識を得た「異文化」の環境について、頭だけではなく体で感じ、「ふりかえり」の円環プロセスを実践することを試みた。新大久保のフィールドワークの中で、特に情動がゼミ生の多くのあいだで強く働き、それに連鎖して学生間での感情の表出が起こった場所として、モスクがある。以下、モスクという空間での情動から派生したやりとりをふりかえる。

　　　今回のフィールドワークを通して、私が「異文化」を一番強く感じたのは、このイスラム横丁だった。それは単に、外国料理屋や外国食品店が多いということによるのではない。街中に、判読できない看板が、それも一つの言語ではなく、乱立している。裏路地に入ると、お店の用済みのダンボールが散乱している。作業をしていた外国人店員が急に大声をあげ、どきっとして振り返ると仲間の店員と会話をしている。自分が持っている知識、信じている認識がここでは通用しないと気づいたとき、私は「異文化」を感じた。(ゼミ生、林君)

　　　雑居ビルの4階にモスクがある。メリナが入ってみようと言い出した。階段を上がっていく途中、ゼミ生の一人が「怖い」と言って脱落してしまった。ゼミ長も「何かあったときのために」と階段を上がらなかった。筆者は最後まで付いていったが礼拝の時間でモスクに入ることはできな

かった。

モスク前でのメリナの"Super religious."と落ち着いて言ったことが印象的だった。筆者にとっては、モスク前の雰囲気は恐怖であったのだが、メリナの中では、畏怖であったということだと解釈している。(ゼミ生、田中君)

宗教施設とわかった途端、この建物に畏怖を感じてしまう。私の感覚からすると、外国人の礼拝堂に無断で足を踏み入れるのは、タブーのように思われる。国内の旅先で見かけた神社や寺に、立ち寄って参拝してみるのとは訳が違う。信仰は、心の中にしかないからこそ他人がきやすく触れてはいけないと思うし、信仰心の薄い私たちが考えるよりずっと、彼らの人生では大きな意味を持っていると思うからだ。にもかかわらず、メリナは中に入りたいと言う。本当に入り込んでよいものかと躊躇したものの、留学生を盾に階段をのぼった。結論から言えば、中には入ることはできなかった。安心した。「今はお祈りの時間だから入ることはできない」とすれ違った教徒に言われた。ということは、お祈りの時間でなければ入ることも許されるのだろう。私が考えていたよりも、彼らの宗教は外に開かれたものだった。……結局、「異文化」感の正体とは、未知なるものへの恐怖・不安というところに帰結する。イスラム横丁を歩いたときの肌がピリピリする感覚、留学生どうしが中国語で話し始めたときの戸惑いは、まさしくこれに当たる。言ってみれば、はたしてここから無事に帰れるだろうか、ひょっとすると彼らは自分の悪口を言っているんじゃないだろうかというようなネガティブな感情こそ、異文化を感じさせる原因だと思う。(ゼミ生、堀君)

他の班の日本人メンバーのフィールドノーツに、モスクやムスリムのスーパーに入ることに対する不安や恐怖についての記述があった。このような異文化(中央アジアなど、東アジア、東南アジア以外の文化)に対

する反応は、やや単一的な日本の文化・社会、や、多文化に触れる機会が欠けていることから由来するのだろうか。それとも、その他のなにか私がまだ気づいていない、人種的・民族的な緊張関係によるものなのだろうか。私の班の日本人メンバーは、新大久保の環境でもリラックスしているようだったけれど、一人は、自分の感覚や行動は典型的な日本人のものではないと言っていたことも留意しておきたい。(留セ生、マイさん)

　日本人学生のモスクを訪れた際の反応などからは、異質なもの（特に中東、イスラム文化圏のもの）に対する恐怖と、恐怖が引き起こす「差別」を読み取ることも可能であり、イスラム文化に対する日常的な受容度の差が伺える。私たちは何を異文化と感じ、どのような作用がそこで起こり、それはなぜそう感じ、どう対応するのがよいのか。同じ場所、同じ事象に出会わせても、経験が異なることはなぜなのか。「恐怖」や「畏怖」（あるいはその欠如）というのは文化社会的な経験と動機付けにもとづいて身体に表出する作用であって、客観的な実態はないということ、もし確かな実態があるとすれば、それは自分自身の身体感覚に現れている経験だということを、ふりかえりを通して確認することができる。
　また、ゼミ生の間では、日本語を話さない留学生と共にフィールドワークをするなかで、コミュニケーションをとる難しさなどから、疎外感や不安感を感じる学生もいた。あるゼミ生は以下のようにノートに記している。疎外感を感じ、その感覚についてふりかえることによって、共感と気づきへとつながっていることがわかる。

　　私たちの班の留学生はフランス語で意思の疎通が取れるため、フランス語での会話も多く見受けられました。その会話を聞くたびにチームを感じるというよりは疎外感を感じました。でも、これは逆も意味しています。日本人同士が日本語で話しているときは彼らはきっと疎外感を感じたのではないでしょうか。各自がフィールドで感じたことを調査中に伝

え合えなかったことがすごく残念でした。彼らがどう感じていたのかフィールドノートを読んで初めてわかった部分が多かったからです。

　留セの授業では、なぜゼミ生（日本人学生）がモスクに近づくことに対して恐れや戸惑いを抱いたのか、その原因を話し合う時間が続いた。同じ場にいて恐怖の念をもたなかった留学生にとって、日本人学生の反応を受け止めるのは難しかったようである。ただ、今ふりかえると、その時のふりかえりは、ゼミ生本人たちがいないなか英語で行われ、その感覚を身体ごと受容しことばにするのではなく、論理的に原因を模索するというような、諏訪 (2012) のいう頭で考えただけの「受け売り」だったのかもしれない留セ生マイさんの語りにみられるように、日本人学生の異文化経験の少なさや単一文化で育ったことなど、日本人学生の異文化経験の少なさやに対する批判的な議論が多く行われたが、彼らの感覚や感情を感じ取ろうとし、ふりかえる作業は、十分に実現できなかったのではないだろうか。エスノグラフィーを書く際に、自分の経験をなるべく詳細に丁寧にとらえるようにという言葉による指示と問いかけだけでなく、教室内でのフィールドワークの準備として、グループ内での細やかな感情的・身体的経験の共有と話し合いの積み重ねをする必要があったのかもしれない。学生同士のアイスブレーキング（お互いの自己紹介、グループでの計画立案）のほか、新大久保の歴史と多文化共生の視点からの先行研究についての議論、街の地図と文化的景観の確認などをしてきたが、私たちが目指す身体化を重視する省察的な学びについての事前学習が不十分であった。合同でのふりかえりの時間を継続的に設けて、からだで感じたことを言葉にしていく練習を事前に積むべきであったのだろう (Davis, C. S. & Breede, D.C. 2015参照)。しかし、それは時間があればできるものでもないことは留めておきたい。

　西平は言葉が気づきをもたらすタイミングについて、次のように述べている。

　　「しかしただ言葉にすれば良いというわけでもありません。やはり、それに見合った「時」がある。経験を言葉にするのに、ふさわしい「時」

があるのだと思います。」(西平 2005: 238)

　大学の授業という限られた時空間で見合った「時」と出会うのは難しいかもしれない。しかし教員としてふさわしい「時」を随時感じ取り、対応できる思慮深さとタクト (Van Manen 1991) を養う努力も必要だろう。情動に意識を向けて、気づきを醸成するためのフィールドワーク教育の方法論はこれまであまり取り上げられてこなかったが、今後、認知科学やマインドフルネス研究からの知見を援用しながら、実践を繰り返しつつ方法を模索していきたい。

4-3. フィールドワークを行う暴力性・危険性

　エスノグラフィー研究では、フィールドで出会った人々と関係を築き、協力者に研究成果が還元されることが期待されており、私たちもエスノグラフィーの教育・研究実践において「調査されるという迷惑」(宮本・安渓 2008) や倫理的な調査のありかたについても、ふりかえりを重ねてきている。特に、新大久保のチーム・エスノグラフィーの実践は学生主導で行ったため、私たちの気づかないところでコミュニティに多大なる迷惑をかけている可能性があり、常にその暴力性と危険性についてふりかえり、話し合うことを心がけた。今後さらに、教員の立場、学生との関係性、それぞれのフィールドとの関係性について、反省的に問い続けていく必要があるだろう。

　フィールドワークの経験が少なく、新大久保に関して十分な予備知識や言語的・文化的知識を持ち合わせていない学生をフィールドにかかわらせることにはどのような暴力性や危険性が孕んでいるのだろうか。私たちが新大久保コミュニティとの関係性を築いていないにもかかわらず、学生を新大久保に送ってしまってよいのだろうか。多文化共生や多文化・異文化について学びを深めるために、新大久保を学習教材として利用し、消費しているだけではないか。コミュニティの人々の生活の邪魔にしかならないのではないか。

　例えば、前述のようにあるグループでは、イスラム横丁にあるモスクに近づ

いてよいのか、是非を問う議論が起こっていた。神聖な宗教的施設に近づき、その施設を観察してよいのか。あるグループは韓国系店舗を回り、店員にインタビューを行っており、何度も断られたと話していたが、そもそもこのような店舗でインタビューすることを許容してもよいのか、私たち教員の間で話し合った。と言いつつも、フィールドワークの暴力性や危険性を危惧し、敏感になりすぎて、調査のための関わり合いを避けることにも疑問が残る。

　ふりかえりを深めていくにつれ、「フィールドで迷惑をかけている」という認識も、内と外、自己（フィールドとは関係ない私たち）と他者の対立的な捉え方になるため、難しいことに気づかされた。時間をかけて関係を構築すれば暴力的ではないということでもない。私たちがフィールドとしている場は公共の場で、すべての人が共有している時空間であり、そこでどこまで自覚的に周囲に気を配りながら行動できるか、ということが重要なのではないか。どのようなフィールドも神聖な場で、敬意を持って接する必要があり、自分たちも常にその場に影響を与えており、相互的に場は成り立つ、という意識をもつことが重要なのではないか。

　暴力性をなくすことはできないが、少しでも緩和させるためにも、学生の自己反省を促し、フィールドにおいて「私」個人がどのような影響を及ぼしており、どのように見られ、反応されているかを考えること。それをフィールドノーツやエスノグラフィーに書き込み、意識化すること。モスクの事例で浮かび上がってきたように、チームでフィールドワークを行うことで、それぞれがもつ倫理観や安全性の意識が異なるので（特に「日本人」学生と「留学生」との間で）、そのズレや違和感をことばにすることも気づきへの一歩になるのかもしれない。今回の実践では十分にできなかったが、フィールドに出向く前にも、相手の立場に立って想像力を働かすなど、心構えのようなことを話し合う時間をもちたい。特に日本での滞在期間が短い留学生にとっては、日本の「見えない文化」が分かりにくい部分もあり、不安や疑問を聞いて文化を言語化したり、心や態度の準備を心がけたい。

5. おわりに

　本章で新大久保での「多文化チーム・エスノグラフィー」の教育実践を、対話をとおしてふりかえる過程で、多くの学び、気づき、発見が積み重なってきている。発展途上の試みではあるが、実践を時間をかけて幾度もふりかえることで、ことばやコミュニケーションについて逆に目を向け、自分たちの教育実践を概念的に深めていくことができた。そして、ふりかえりと概念化が、自分たちの意識と態度の変容を引き起こす契機となっている。今回は、学生同士の学び合いを教員がふりかえることに主眼を置いたが、今後は、教員同士のフィールドワークや学び合いをふりかえるなど、異なる側面にも着目して考察していきたい。

　自己と他者の二項対立を乗り越え、自己も他者もすべては身体的に経験される移り行く現象であることが、身体に意識を向けてエスノグラフィーを行うことでいずれ実感できるのでは、と私たちは考える。身体を使ってことばを紡ぐというエスノグラフィーの試みを授業で実現するには、教員も体感に自覚的になることが求められる。そのためにまずは私たちの日々のふりかえりと気づきを深めていくことが重要だ。そして授業のなかで、教師と学生がともに身体感覚や感情に意識を向け、経験について深く話すには、場づくりが重要になるだろう。自分の弱さやもやもやした感情をことばにするには、教員と学生、学生たちの間に信頼関係があり、自然と表現を共有できる場が醸成されることが前提である。場が開かれており、個々が場に開かれている必要があり、それはつまり自分の「外」の環境や人々の状況、自分の「内」側の感情や感覚の状況、そしてその内外の密接な関係性・一体性をしっかりと捉えるということである。

　一般的に議論される授業内容や教授方法では語られない、目に見えにくい授業の雰囲気をどう作っていくのか、机やいすの配置から教員の立ち位置など、空間と空気を意識し、ことばにしていき、工夫を重ねていくことも重要である。そのなかで、西平（2005）が述べているように、ふりかえりが強要されて出

くるのではなく、あるとき、ふと反対側から気づきとしてあらわれてくるのかもしれない。

　私たちが目指すのは、授業におけるふりかえりに留まらず、教員も学生も日々の生活のなかで継続的に身体感覚へ意識を向け、ことばへ意識を向け、自己変容のためのふりかえりを行っていくことである。毎回の授業のなかでふりかえりをし、様々な観点からことばを紡いでいくことで、それが慣習化、身体化されていくのではないか。授業を一つのきっかけとして、日常生活のなかでも時間をかけて、ふりかえりと経験と変容のプロセスを進めていきたい。

参考文献

Csordas, Thomas (1990) "Embodiment as a Paradigm for Anthropology." *Ethos*, vol. 18 (1), 5-47.

Csordas, Thomas (1993) "Somatic Modes of Attention." *Cultural Anthropology*, vol. 8 (1), 135-156.

Davis, C. (2015) Davis, C. S., & Breede, D.C. "Holistic ethnography: Embodiment, emotion, contemplation, and dialogue in ethnographic fieldwork." *Journal of Contemplative Inquiry*, 2(1), 77-99 (Vol. 2).

Hastrup, Kirsten (1994) *Social Experience and Anthropological Knowledge*. Routledge.

原知章（2010）「『多文化共生』をめぐる議論で、『文化』をどのように語るのか？」『多文化社会の〈文化〉を問う――共生／コミュニティ／メディア』岩渕功一（編著）青弓社、35-62.

井本由紀・徳永智子（2017）「越境する『私たち』と教育のフィールドワーク：対話的オートエスノグラフィーの試み」『かかわることば：参加し対話する教育・研究へのいざない』佐藤慎司・佐伯胖（編）東京大学出版会、115-140.

Kolb, David (1984) *Experiential Learning as the Source of Learning and Development*, Englewood Cliffs: Prentice Hall.

宮本常一・安渓遊地（2008）『調査されるという迷惑：フィールドに出る前に読んでおく本』みずのわ出版

西平直（2005）『人間教育学のために』東京大学出版会

坂本利子・堀江未来・米澤由香子（2017）『多文化間共修：多様な文化背景をもつ大学生の学び合いを支援する』学文社

しんじゅく多文化共生プラザ、ウェブサイト

http://www.city.shinjuku.lg.jp/tabunka/file03_00001.html
末松和子・阿栄娜（2008）「異文化間協働プロジェクトにみられる教育効果」『異文化間教育』28, 114-121.
菅原和孝（2013）『身体化の人類学：認知・記憶・言語・他者』世界思想社
諏訪正樹（2012）「からだで学ぶ"ことの意味：学び・教育における身体性」*Keio SFC Journal*, 12(2), 9-18.
諏訪正樹（2016）『「こつ」と「スランプ」の研究――身体知の認知科学』講談社
徳永智子・井本由紀（2017）「多文化クラスにおけるチーム・エスノグラフィーの教育実践」『異文化間教育』、国際文献社、46, 47-62.
Van Manen, Max (1991) *The Tact of Teaching: The Meaning of Methodological Thoughtfulness*. SUNY Press.
和栗百恵（2010）「『ふりかえり』と学習――大学教育におけるふりかえり支援のために（特集 FDの新しい動向）」国立教育政策研究所紀要, 139, 85-100.

執筆者紹介

佐藤　慎司（さとう　しんじ）||||||||||||||||||||||||||||||||||||||||||||||||| 第1章・編者
【現職】プリンストン大学・東アジア研究学部・日本語プログラムディレクター・主任講師
【専門】教育人類学、日本語教育
【主要業績】［著書］『かかわることば』（共編著、東京大学出版会、2017）、『未来を創ることばの教育をめざして』（共編著、ココ出版、2015）、*Rethinking Language and Culture in Japanese Education*（共編著、Multilingual Matters、2014）、『異文化コミュニケーションを問う』（共編著、ココ出版、2013）、『社会参加をめざす日本語教育』（共編著、ひつじ書房、2011）、『アセスメントと日本語教育』（共編著、くろしお出版、2010）、『文化、ことば、教育』（共編著、明石書店、2008）など

村田　晶子（むらた　あきこ）||||||||||||||||||||||||||||||||| 第1章・第4章・第8章・編者
【現職】法政大学教授
【専門】教育人類学、異文化間教育、日本語教育
【主要業績】［著書］『大学における多文化体験学習への挑戦：国内と海外を結ぶ体験的学びの可視化を支援する』（編著、ナカニシヤ出版、2018）、『未来を創ることばの教育をめざして：内容重視の批判的言語教育（Critical Content-Based Instruction）の理論と実践』（共著、ココ出版、2015）*Foreign Language Education in Japan: Exploring Qualitative Approaches*（共著、Sense Publishers、2015）、*Global Migration and Ethnic Communities: Studies of Asia and South America*（共著、Trans Pacific Press、2012）など

ましこ・ひでのり |||||||||||||||||||||||||||||||||||||||||||||||||||||||||||||||||||||| 第2章
【現職】中京大学国際教養学部教授
【専門】社会学
【主要業績】［著書］『あそび／労働／余暇の社会学――言語ゲーム・連字符カテゴリー・知識社会学を介した行為論』（三元社、2018）、『行動する社会言語学――ことば／権力／差別 II』（共編著、三元社、2017）、『コロニアルな列島ニッポン――オキナワ／オホーツク／オガサワラがてらしだす植民地主義』（三元社、2017）、『言語現象の知識社会学――社会現象としての言語研究のために』（三元社、2017）、『『ゴジラ論ノート――怪獣論の知識社会学』（三元社、2015）、『ことばの政治社会学（新装版）』（三元社、2014）、『ことば／権力／差別――言語権からみた情報弱者の解放』（編著、三元社、2012）など

岡野　かおり（おかの　かおり）|||||||||||||||||||||||||||||||||||||||||||||||||||| 第3章
【現職】ラトローブ大学人文社会科学部（オーストラリア）教授
【専門】教育社会学・人類学
【主要業績】［著書］*School to work transition in Japan*（Clevedon, Avon: Multilingual Matters, 1993）, *Education in contemporary Japan: Inequality and diversity*（Cambridge: Cambridge University Press, 1999）, *Young women in Japan: Transitions to adulthood*（London: Routledge, 2009）, *Handbook of Asian education*（共編著, New York: Routledge, 2011, with Y. Zhao et al）, *Minorities and education in multicultural Japan*（共編著, Routledge, 2012, with R. Tsuneyoshi & S. Boocock）, *Nonformal education and civil society in Japan*（共編著, London: Routledge, 2016）, *Rethinking Japanese Studies: Eurocentrism and Asia-Pacific region*（共編著, London: Routledge, with Y. Sugimoto, 2018）, *Discourse, gender and shifting identities in Japan*（共編著、London: Routledge, with C. Maree, 2018）

津田　和男（つだ　かずお）|||||||||||||||||||||||||||||||||||||||||||||||||||| 第4章
【現職】国連国際学校（UNIS）教諭、全米北東部日本語教師会（NECTJ）会長、Movement for Language and Culture（MLC）代表
【専門】日本語教育、日本語継承語教育、IB Japanese A, B, TOK
【主要業績】［著書］*Kisetsu 1: Haruichiban*（共著 MLC, 2000, 2011）、*Kisetsu 2: Ginga*（共著 MLC, 2010）、*Kisetsu 2: Haruichiban Workbook 1, Kisetsu 2: Haruichiban Workbook 2*（共著MLC, 2001, 2011）、*Kisetsu 2: Ginga Workbook*（共著 MLC, 2011）、*Kisetsu 3: Akimatsuri, Momiji-version*（共著 MLC, 2016）、*Akimatsuri, Icho-version; Akimatsuri, kuri-version*（著書 MLC, 2017）、『セオリー オブ ナレッジ 世界が認める知の理論』（翻訳編著, Person Japan 2016）, *Student HaikuAnthology 2006-2018*（編 MLC, 2018）、『漢字るワークブック1』、『漢字るワークブック2』（共著 MLC, 2018）、［論文］「中等教育と JHL──アカデミック・ランゲージとアイデンティティー」（『母語・継承語・バイリンガル教育（MHB）研究』、プレ創刊号、2003、2010）、「国連国際学校における継承日本語教育の取り組み(3) 模倣から創造へのプロセス-文学教育と言語教育」（『母語・継承語・バイリンガル教育（MHB）研究』、第2号、2006）

山下　仁（やました　ひとし）|||||||||||||||||||||||||||||||||||||||||||||||||||| 第5章
【現職】大阪大学言語文化研究科教授

【専門】社会言語学、ドイツ語学
【主要業績】［著書］『「正しさ」への問い――批判的社会言語学の試み』（共編著、三元社、2009）、『「共生」の内実――批判的社会言語学からの問いかけ』（共編著、三元社、2011）、『言語意識と社会』（共編著、三元社、2011）、『講座ドイツ言語学3 ドイツ語の社会語用論』（共編著、ひつじ書房、2014）、『ことばの『やさしさ』とは何か――批判的社会言語学からのアプローチ』（共編著、三元社、2015）など

照山　絢子（てるやま　じゅんこ）　第6章
【現職】筑波大学図書館情報メディア系助教
【専門】文化人類学、医療人類学
【主要業績】［著書］『障害のある先生たち――「障害」と「教員」が交錯する場所で』（共編著、生活書院、2018）、［論文］"Treatment and Intervention for Children with Developmental Disabilities"（Frühstück and Walthall (eds.) *Child's Play: Multi-sensory Histories of Children and Childhood in Japan.* University of California Press, 2017）、「発達障害の臨床における不確実性の経験」保健医療社会学論集29巻2号

堀口　佐知子（ほりぐち　さちこ）　第6章
【現職】テンプル大学日本校学部課程上級准教授
【専門】文化人類学（日本のメンタルヘルス、教育）
【主要業績】［著書］*Japanese Education in a Global Age: Sociological Reflections and Future Directions*（共著、Springer、2018）、*Life Course, Happiness, and Well-being in Japan*（共著、Routledge、2017）、*Foreign Language Education in Japan: Exploring Qualitative Approaches*（共編著、Sense Publishers、2015）、『「ひきこもり」に何を見るか――グローバル化する世界と孤立する個人』（共著、青土社、2014）

榎本　剛士（えのもと　たけし）　第7章
【現職】大阪大学大学院言語文化研究科准教授
【専門】語用論、記号論、教育言語人類学
【主要業績】［著書］『言語人類学から見た英語教育』（共著、ひつじ書房、2009）、［論文］「ここに書かれていることは、嘘です：フレーム、あるいは『ことばの使用』をめぐるこの身近な大問題」（『日本語学』、2017）、「特集 メタ・コミュニケーション：社会言語科学に

おける共通基盤を求めて」（共編著、『社会言語科学』、2016）、「多層的相互行為としての『ボーナス・クエスチョン』：教室におけるメタ語用的言語使用という視点から」（『社会言語科学』、2012）、［翻訳］マイケル・シルヴァスティン著『記号の思想：現代言語人類学の一軌跡──シルヴァスティン論文集』（共訳、三元社、2009）など

川村　宏明（かわむら　ひろあき）|||||||||||||||||||||||||||||||||||||||||||||| 第9章
【現職】米国オハイオ州　フィンドレー大学・言語文化学科・助教
【専門】先住民研究、シンボリズム、応用人類学（プログラム評価、言語教育）、日本語教育
【主要業績】［著書］"International Education as Intercultural Communication: Using Intercultural Development Inventory (IDI) as a Framework of Reference" in Mock, J., H. Kawamura, N. Naganuma (eds.), *Impact of Internationalization on Japanese Higher Education* （共編著、New York Sense Publishers、2016）、［論文］「日本人学生は海外インターンシップから何を学ぶのか：機械工学系インターンシッププログラムの事例分析」（村田晶子編『大学における多文化体験学習への挑戦：国内と海外を結ぶ体験的学びの可視化を支援する』ナカニシヤ出版、2018）、「ホームステイ：言語文化学習者にとってのパフォーマンストレーニング」（鎌田修、嶋田和子『対話とプロフィシェンシー：コミュニケーション能力の広がりと高まりをめざして』凡人社、2012）

青山　玲二郎（あおやま　れいじろう）|||||||||||||||||||||||||||||||||||||||||| 第10章
【現職】香港理工大学中国語双語学部研究助理教授
【専門】文化人類学
【主要業績】［著書］『世界に広がる日本の職人』（ちくま新書、2017）、［論文］"Global Journeymen: Re-inventing Japanese Craftsman Spirit in Hong Kong." (*Asian Anthropology, 14*(3), pp. 265-282. Oxon: Taylor & Francis, 2016). "Nostalgic Migration: Factors behind Recent Japanese Migration to Shanghai." (In Nagy, S. R., ed., *Japan's Demographic Challenges Revival – Rethinking Migration, Identity and Sociocultural Norms*, pp. 179-217. Singapore: World Scientific Press, 2016).

井本　由紀（いもと　ゆき）|||||||||||||||||||||||||||||||||||||||||||||||||| 第11章
【現職】慶應義塾大学専任講師
【専門】文化人類学・教育学

【主要業績】［著書］『若者問題の社会学——視線と射程』（共編著、明石書店、2013）、*Foreign Language Education in Japan – Exploring Qualitative Approaches*（共編著、Sense, 2015）、［論文］「ことばでエスノグラフィーを書くこと、自己を振り返ること：越境する「私たち」と教育のフィールドワーク——対話的オートエスノグラフィーの試み」（徳永智子との共著、佐藤慎司／佐伯胖編『かかわる言葉——参加し対話する教育・研究へのいざない』、東京大学出版、2017）など

徳永　智子（とくなが ともこ）　第11章

【現職】群馬県立女子大学国際コミュニケーション学部講師
【専門】教育社会学、教育人類学、異文化間教育
【主要業績】［著書］*Learning to Belong in the World: An Ethnography of Asian American Girls*（Springer, 2018）、*Japanese Education in a Global Age: Sociological Reflections and Future Directions*（共編著、Springer, 2018）、［論文］「多文化クラスにおけるチーム・エスノグラフィーの教育実践」（井本由紀との共著、『異文化間教育』46号、2017）、「国境を越える想像上の『ホーム』——アジア系アメリカ人の女子生徒によるメディア／ポピュラー・カルチャーの消費に着目して」（『異文化間教育』、40号、2014）、" 'I'm Not Going to Be in Japan Forever': How Filipina Immigrant Youth in Japan Construct the Meaning of Home"（*Ethnography and Education*, 6(2), 2011）など

人類学・社会学的視点からみた
過去、現在、未来のことばの教育
言語と言語教育イデオロギー

| 発行日 | 初版第 1 刷　2018 年 11 月 30 日 |

| 編著者 | 佐藤慎司＋村田晶子 |
| | 2018 © Sato Shinji + Murata Akiko |

発行所	株式会社 三元社
	〒 113-0033　東京都文京区本郷 1-28-36　鳳明ビル
	電話／03-5803-4155　FAX ／ 03-5803-4156
	http://www.sangensha.co.jp

| 印刷 | モリモト印刷株式会社 |
| 製本 | 鶴亀製本株式会社 |

| コード | ISBN978-4-88303-472-7 |

printed in Japan